跟名家读经典

孟子

钱
逊

译 导
注 读

中
华
书
局

图书在版编目（CIP）数据

孟子/钱逊导读、译注. —北京:中华书局,2018.10
（跟名家读经典）
ISBN 978-7-101-13240-3

Ⅰ.孟… Ⅱ.钱… Ⅲ.①儒家②《孟子》-研究 Ⅳ.B222.55

中国版本图书馆 CIP 数据核字（2018）第 106233 号

书　　名	孟　子
导　　读	钱　逊
译　　注	钱　逊
丛 书 名	跟名家读经典
责任编辑	梁　皓
出版发行	中华书局
	（北京市丰台区太平桥西里 38 号　100073）
	http://www.zhbc.com.cn
	E-mail:zhbc@zhbc.com.cn
印　　刷	北京瑞古冠中印刷厂
版　　次	2018 年 10 月北京第 1 版
	2018 年 10 月北京第 1 次印刷
规　　格	开本/880×1230 毫米　1/32
	印张 16⅜　插页 2　字数 300 千字
印　　数	1-6000 册
国际书号	ISBN 978-7-101-13240-3
定　　价	49.00 元

目　录

导 读

孟子其人其书

孟子，名轲，字子舆，战国时期邹（今山东邹城）人。其生卒年月已不可考，比较通行的说法认为孟子生于公元前372年，卒于公元前289年。关于孟子的生平，古籍没有记载。传说孟子早年丧父，在孟母养育下长大，"孟母三迁""断织劝学"等传说流传很广。《史记·孟子荀卿列传》记，孟子"受业子思之门人"，他自己说"予未得为孔子徒也，予私淑诸人也"（8.22章），"乃所愿，则学孔子也"（3.2章）。有学者描述孟子生平，是"四十以前，讲学设教；六十以后，归老著书"①。四十岁以后一段时间是周游列国，"传食诸侯"，向各国君主劝说，推行他的王道、仁政主张。到过齐、宋、薛、鲁、滕、梁等国，但都不被任用。据《史记》记载，孟子不为诸侯所用，晚年与他的弟子万章等共同作了《孟子》。

《孟子》一书，据《史记·孟子荀卿列传》："（孟轲）所如者不合，退而与万章之徒序《诗》《书》，述仲尼之意，作《孟子》七篇"，是孟子与他的弟子万章等人合著，共同完成。全书分《梁惠王》《公孙丑》《滕文公》《离娄》《万章》《告子》《尽心》七篇，每篇各分上下二篇，共十四篇。

孟子继承孔子成人、成圣之学，他的思想也是以做人的道理为中心，由做人而推及治国，而孟子又多有发展。孔子

---

① 章钦：《中华通史》（上），东方出版社，2014年版，第358页。

教人"博学于文，约之以礼"（《论语·雍也》），要求德礼兼修，成为文质彬彬的君子。孟子则倡言仁义，认为仁是人的精神家园，义是人一切言行应遵循的道路，做人就是要"居仁由义"。孔子说"士志于道"（《论语·里仁》）、"匹夫不可夺志也"（《论语·子罕》）。孟子说士、君子"尚志"（13.33章），又提出要培养浩然正气，做到"富贵不能淫，贫贱不能移，威武不能屈"（6.2章），对后世影响极大。他胸怀平治天下的抱负，把仁义推扩到对待百姓、治理国家，提出王道、仁政思想，游说诸侯，但也没有得到任用。

后代儒者评价孟子，认为孟子独得孔子的真传。韩愈说："尧以是传之舜，舜以是传之禹，禹以是传之汤，汤以是传之文、武、周公，文、武、周公传之孔子，孔子传之孟轲，轲之死不得其传焉。"（《原道》）又说，孔子之道博大，弟子们不能全面把握，只能了解其中和自己性情兴趣相近的部分，以后分散到各地传播孔子思想，也只是自己所了解的部分，时间久了，差别就愈来愈大。"独孟轲氏之传得其宗。故求观圣人之道者，必自孟子始"（《四书章句集注》）。

宋儒接受韩愈的观点，说"孟子有功于圣门，不可胜言"（《四书章句集注》）。他们以《论语》《孟子》为基本经典，加上《大学》《中庸》两篇，合为《四书》，用作教材。接续孟子以下"不得其传"的传统，开辟了儒学发展的新阶段。以后《四书》更成为科举考试的基本教材。

今天我们也可以说，儒家成人之学，始创于孔子，而完善于孟子。学习儒家做人道理，宜读《论语》后，再读

《孟子》。

《孟子》的注本，主要有东汉赵岐的《孟子章句》、南宋朱熹的《孟子集注》、清焦循的《孟子正义》等。

《孟子》思想的主要内容

《孟子》内容丰富。全书从孟子与诸侯谈治国之道、仁政思想的对话开始，逐步展开。有与弟子谈古圣先贤功绩、三代兴亡经验的问答，也有关于为臣、为士、为人之道的阐述和对不同学派思想的辩驳，最后集中于人性善和心性修养的论述。从具体到抽象，从政治、人生到哲学，构成一个完整的体系。读《孟子》，不宜把它当作单纯的哲学或政治学说来读。以下对《孟子》的思想，从四个方面做概括介绍。

（一）仁义

孟子见梁惠王。王曰："叟，不远千里而来，亦将有以利吾国乎？"孟子对曰："王何必曰利？亦有仁义而已矣。王曰：'何以利吾国？'大夫曰：'何以利吾家？'士、庶人曰：'何以利吾身？'上下交征利而国危矣。万乘之国，弑其君者必千乘之家；千乘之国，弑其君者必百乘之家。万取千焉，千取百焉，不为不多矣。苟为后义而先利，不夺不餍。未有仁而遗其亲者也，未有义而后其君者也。王亦曰仁义而已矣，何必曰利？"（1.1章）

　　《孟子》首章开宗明义提出"亦曰仁义而已矣,何必曰利",反映了《孟子》的核心思想。程子说:"孟子有功于圣门,不可胜言。仲尼只说一个仁字,孟子开口便说仁义。……其功甚多。"(《四书章句集注》)仁义是孟子的核心思想,贯穿于《孟子》全书和孟子思想的各个方面。

　　孟子与梁惠王讨论的是治国方略问题,他认为当时社会的动荡混乱,根本原因在于"上下交征利",解决的途径就在仁义。交征利则乱,行仁义则治。这里所说仁义的实际内容,就是他整个仁政的思想。本书12.4章,孟子与宋轻讨论说服秦楚放弃战争的问题,也说到仁义与利的问题。"君臣、父子、兄弟终去仁义,怀利以相接,然而不亡者,未之有也……君臣、父子、兄弟去利,怀仁义以相接也,然而不王者,未之有也。何必曰利?"这里所说"上下交征利","君臣、父子、兄弟终去仁义,怀利以相接","去利,怀仁义以相接",说的是社会核心价值的问题。离开孟子与梁惠王对话的具体环境,把孟子所说仁义简约成一个"义"字,把实际的治国之道的讨论,简化为"义利之辨",不能正确把握孟子的原意。

　　孟子的仁义思想,贯穿在孟子思想的各个方面。

　　讲做人的道理:

　　　　孟子曰:"……仁,人之安宅也;义,人之正路也。"
　　(7.10章)

　　　　王子垫问曰:"士何事?"

　　　　孟子曰:"尚志。"

曰："何谓尚志？"

曰："仁义而已矣。杀一无罪，非仁也；非其有而取之，非义也。居恶在？仁是也；路恶在？义是也。居仁由义，大人之事备矣。"（13.33章）

孟子曰："仁也者，人也。合而言之，道也。"（14.16章）

《论语》说"义以为上"，孟子继承了这一思想。

孟子曰："非其道，则一箪食不可受于人；如其道，则舜受尧之天下，不以为泰。子以为泰乎？"（6.4章）

孟子曰："……伊尹耕于有莘之野，而乐尧、舜之道焉。非其义也，非其道也，禄之以天下，弗顾也；系马千驷，弗视也。非其义也，非其道也，一介不以与人，一介不以取诸人。"（9.7章）

孟子曰："鸡鸣而起，孳孳为善者，舜之徒也。鸡鸣而起，孳孳为利者，跖之徒也。欲知舜与跖之分，无他，利与善之间也。"（13.25章）

说的不只是具体如何处理义利关系，也是人生的理想追求，人生价值的问题。

孟子的仁义思想，以其性善学说为基础。

孟子曰："乃若其情，则可以为善矣，乃所谓善也。若夫为不善，非才之罪也。恻隐之心，人皆有之；羞恶之心，人皆有之；恭敬之心，人皆有之；是非之心，人皆有之。恻隐之心，仁也；羞恶之心，义也；恭敬之心，礼也；是非之心，智也。仁、义、礼、智，非由外铄我也，我固有之也，弗思耳矣。故曰：'求则得之，舍则失之。'或相倍蓰而无算者，不能尽其才也。"（11.6章）

孟子谈性善，由四心而说仁、义、礼、智，其中尤以仁义为中心。

孟子曰："人之所以异于禽兽者几希，庶民去之，君子存之。舜明于庶物，察于人伦，由仁义行，非行仁义也。"（8.19章）

孟子曰："有天爵者，有人爵者。仁义忠信，乐善不倦，此天爵也；公卿大夫，此人爵也。古之人修其天爵，而人爵从之。今之人修其天爵，以要人爵；既得人爵，而弃其天爵，则惑之甚者也，终亦必亡而已矣。"（11.16章）

仁义是人之所以为人之所在，是人天赋的最高价值。

孟子谈仁义，还有一点值得注意，即以孝悌为仁义的内容。

孟子曰："……王欲行之，则盍反其本矣。……谨庠、序之教，申之以孝、悌之义，颁白者不负戴于道路矣。"（1.7章）

孟子曰："……设为庠、序、学、校以教之，庠者养也，校者教也，序者射也。夏曰校，殷曰序，周曰庠，学则三

代共之，皆所以明人伦也。人伦明于上，小民亲于下。有王者起，必来取法，是为王者师也。"（5.3章）

孟子曰："……人之有道也，饱食、暖衣、逸居而无教，则近于禽兽。圣人有忧之，使契为司徒，教以人伦，父子有亲，君臣有义，夫妇有别，长幼有叙，朋友有信。"（5.4章）

孟子曰："仁之实，事亲是也；义之实，从兄是也；智之实，知斯二者弗去是也；礼之实，节文斯二者是也；乐之实，乐斯二者，乐则生矣。"（7.27章）

孟子曰："……亲亲，仁也；敬长，义也。"（13.15章）

孟子突出强调人伦之教，其中尤其突出孝悌，以此为仁义的内容，这也是孟子不同于孔子之处。整部《论语》对人伦之教并不突出。孔子重忠信更重于孝悌，重普遍的人们交往之德，更重于人伦之德。孟子突出人伦之教，因而也突出孝悌，也反映出儒学的发展。

总之，仁义贯穿于孟子思想的各个方面，是孟子的核心思想。

（二）仁政思想

孟子在治国为政方面的思想，主张实行仁政。孟子说：

孔子曰："道二：仁与不仁而已矣。"暴其民甚，则身弑国亡；不甚，则身危国削，名之曰"幽、厉"，虽孝子慈孙，

百世不能改也。《诗》云"殷鉴不远,在夏后之世",此之谓也。(7.2章)

三代之得天下也以仁,其失天下也以不仁,国之所以废兴存亡者亦然。天子不仁,不保四海;诸侯不仁,不保社稷;卿、大夫不仁,不保宗庙;士、庶人不仁,不保四体。今恶死亡而乐不仁,是犹恶醉而强酒。(7.3章)

仁政的思想理论基础就是仁义思想。

孟子曰:"人皆有不忍人之心。先王有不忍人之心,斯有不忍人之政矣。以不忍人之心,行不忍人之政,治天下可运之掌上。……凡有四端于我者,知皆扩而充之矣,若火之始然、泉之始达。苟能充之,足以保四海;苟不充之,不足以事父母。"(3.6章)

不忍人之心,恻隐之心,孟子说是"仁之端",仁的萌芽、源泉,重要的是扩充、推恩。把恻隐之心推扩到对待百姓,治国为政,就是不忍人之政,就是仁政。

孟子劝说齐宣王行仁政,举出宣王曾经不忍见到牛被杀衅钟而用羊替换的事,说:

是心足以王矣。……今恩足以及禽兽,而功不至于百姓者,独何与?……故王之不王,不为也,非不能也。……挟太山以超北海,语人曰"我不能",是诚不能也。为长者折枝，语人曰"我不能"，是不为也，非不能也。故王之不王，非挟太山以超北海之类也；王之不王，是折枝之类也。老吾老以及人之老，幼吾幼以及人之幼，天下可运于掌。……故推恩足以保四海，不推恩无以保妻子。古之人所以大过人者无他焉，善推其所为而已矣。（1.7章）

劝说齐宣王把对牛的恻隐之心推扩到对百姓，实行仁政，就是对推恩的具体说明。

依仗暴力强制还是依靠道德教化，以力服人还是以德服人，是当时两种对立的治国方略。当时诸侯行法家之政，依靠武力争霸。孟子反对依仗武力的霸道，主张仁政王道，恃德不恃力，以德服人。

孟子对曰："……王如施仁政于民，省刑罚、薄税敛，深耕易耨，壮者以暇日修其孝悌忠信，入以事其父兄，出以事其长上，可使制梃以挞秦、楚之坚甲利兵矣。"（1.5章）

孟子曰："以力假仁者霸，霸必有大国；以德行仁者王，王不待大——汤以七十里、文王以百里。以力服人者，非心服也，力不赡也；以德服人者，中心悦而诚服也，如七十子之服孔子也。"（3.3章）

孟子曰："天时不如地利，地利不如人和。三里之城，七里之郭，环而攻之而不胜。夫环而攻之，必有得天时者矣；然而不胜者，是天时不如地利也。城非不高也，池非不深也，兵革非不坚利也，米粟非不多也；委而去之，是地利不如人和也。故曰：域民不以封疆之界，固国不以山溪之险，威天下不以兵革之利，得道者多助，失道者寡助。寡助之至，亲戚畔之；多助之至，天下顺之。以天下之所顺，攻亲戚之所畔，故君子有不战，战必胜矣。"（4.1章）

"天时不如地利，地利不如人和"，"得道者多助，失道者寡助"，以德服人，心悦诚服，胜过坚甲利兵，都是说明治国靠的是德不是力。《论语》中孔子比较两种治国方略，说"道之以政，齐之以刑，民免而无耻；道之以德，齐之以礼，有耻且格"，主张以德治国。孟子的王道仁政思想，是孔子以德治国思想的继承和发展。

仁政思想的另一基础是民本思想，主要表现有二。

（1）得民心者得天下

孟子曰："桀纣之失天下也，失其民也；失其民者，失其心也。得天下有道：得其民，斯得天下矣；得其民有道：得其心，斯得民矣；得其心有道：所欲与之聚之，所恶勿施，尔也。民之归仁也，犹水之就下、兽之走圹也。故为渊驱鱼者，獭也；为丛驱爵者，鹯也；为汤武驱民者，桀与纣也。"（7.9章）

孔子曰："民无信不立。"（《论语·颜渊》）百姓的信任是政权巩固的基础。这里总结历史经验加以阐明，得民心有道，所欲与之聚之，所恶勿施。以下各章是具体说明。

　　（梁惠王）卒然问曰："天下恶乎定？"吾（孟子）对
曰："定于一。""孰能一之？"对曰："不嗜杀人者能一
之。"（1.6章）

战国时期一大问题是战争。不嗜杀人，反对战争，是得民心
的大事。反映了孟子关心百姓疾苦，反对战争，和平统一的
思想。

　　（孟子）曰："庖有肥肉，厩有肥马，民有饥色，野有饿
莩，此率兽而食人也。兽相食，且人恶之，为民父母，行政
不免于率兽而食人，恶在其为民父母也？仲尼曰：'始作俑
者，其无后乎！'为其象人而用之也。如之何其使斯民饥而
死也？"（1.4章）

温饱，民之所欲；饥而死，民之所恶。

　　滕文公问曰："滕，小国也，间于齐、楚。事齐乎，事
楚乎？"孟子对曰："是谋非吾所能及也。无已，则有一焉：
凿斯池也，筑斯城也，与民守之，效死而民弗去，则是可为
也。"（2.13章）

　　燕国内乱，齐人伐燕，胜之。诸侯将谋救燕。宣王问，该
如何处置？

　　孟子对曰："取之而燕民悦则取之，古之人有行之者，武王是也；取之而燕民不悦则勿取，古之人有行之者，文王是也。以万乘之国伐万乘之国，箪食壶浆，以迎王师，岂有他哉？避水火也。如水益深，如火益热，亦运而已矣。"（2.10章）

　　孟子对曰："……今燕虐其民，王往而征之，民以为将拯己于水火之中也，箪食壶浆以迎王师。若杀其父兄，系累其子弟，毁其宗庙，迁其重器，如之何其可也？天下固畏齐之强也，今又倍地而不行仁政，是动天下之兵也。王速出令，反其旄倪，止其重器，谋于燕众，置君而后去之，则犹可及止也。"（2.11章）

取与不取，取决于是否合于百姓利益。是救之于水火，还是如水益深，如火益热。前者得民心，后者失民心。

（2）民贵君轻

　　孟子曰："民为贵，社稷次之，君为轻。是故得乎丘民而为天子，得乎天子为诸侯，得乎诸侯为大夫。诸侯危社稷，则变置。牺牲既成，粢盛既洁，祭祀以时，然而旱干水溢，则变置社稷。"（14.14章）

　　孟子曰："诸侯之宝三：土地，人民，政事。宝珠玉者，殃必及身。"（14.28章）

对于国家来说，最可宝贵的是民，其次是社稷，再次是君。社稷，土神和谷神，土地和粮食的象征。民贵君轻的根据，得民心者得天下，"得乎丘民而为天子"。

民贵君轻思想也表现在一些具体问题上。

孟子肯定汤放桀，武王伐纣。

> （孟子）曰："贼仁者谓之贼，贼义者谓之残，残贼之人谓之一夫。闻诛一夫纣矣，未闻弑君也。"（2.8章）

天子如果背离仁义，残害百姓，就是独夫民贼，不能称之为天子。而诛杀独夫民贼则是天经地义的，不存在以下犯上"弑君"的问题。他还认为，官吏以至国君失职，应该问责。

> 孟子谓齐宣王曰："王之臣有托其妻子于其友而之楚游者。比其反也，则冻馁其妻子，则如之何？"
>
> 士曰："弃之。"
>
> 曰："士师不能治士，则如之何？"
>
> 王曰："已之。"
>
> 曰："四境之内不治，则如之何？"
>
> 王顾左右而言他。（2.6章）

在齐宣王问到贵戚之卿时。孟子答："君有大过则谏，反覆之而不听，则易位。"（10.9章）可以废君另立。

鲁国与邹国冲突，邹国官员死了三十三人，而百姓没有一个人为他们效死。邹穆公问孟子，如果把这些百姓杀了，人太多，杀不过来；不杀，又怎么能看着百姓对官员见死不救而不管呢？孟子说：

凶年饥岁，君之民，老弱转乎沟壑，壮者散而之四方
者，几千人矣。而君之仓廪实，府库充，有司莫以告，是上慢
而残下也。曾子曰："戒之戒之！出乎尔者，反乎尔者也。"
夫民今而后得反之也。君无尤焉。君行仁政，斯民亲其上、
死其长矣。（2.12章）

百姓所以不为官员效死，是因为官员"上慢而残下"，玩忽职
守，残害百姓，现在百姓得到机会报复了。他又说：

君之视臣如手足，则臣视君如腹心；君之视臣如犬马，
则臣视君如国人；君之视臣如土芥，则臣视君如寇雠。
（8.3章）

臣如何待君，百姓如何待官，根本是取决于君如何待臣，官
如何待百姓。

这些都是民贵君轻思想的具体体现。

民本思想的核心，是认识到百姓的可贵。具体说是"民
无信不立"（《论语·颜渊》），"得民心者得天下"，"暴其
民甚，则身弑国亡；不甚，则身危国削"（7.2章）。得民心有
道，"所欲与之聚之，所恶勿施"（7.9章），所以治国为政要
以民心为依据。对待战争、民生，对滕文公问如何保全小
国，对燕之取与不取，都以民心的衡量为准。

古代的民本思想重视民心，根本上是从当政者的立场
出发，认为如此才能保国保身，才能王天下。在一定程度上

反映了治国为政的规律和百姓的利益与要求，有积极意义，但不是为民，不是百姓的代言人。

孟子的仁政主张，有一系列完整的政策主张。

（1）黎民不饥不寒

　　（孟子）曰："无恒产而有恒心者，惟士为能。若民，则无恒产，因无恒心。苟无恒心，放辟邪侈，无不为已。及陷于罪，然后从而刑之，是罔民也。焉有仁人在位，罔民而可为也？是故明君制民之产，必使仰足以事父母，俯足以畜妻子，乐岁终身饱，凶年免于死亡，然后驱而之善，故民之从之也轻。今也制民之产，仰不足以事父母，俯不足以畜妻子，乐岁终身苦，凶年不免于死亡。此惟救死而恐不赡，奚暇治礼义哉？王欲行之，则盍反其本矣。五亩之宅，树之以桑，五十者可以衣帛矣；鸡豚狗彘之畜，无失其时，七十者可以食肉矣；百亩之田，勿夺其时，八口之家可以无饥矣；谨庠、序之教，申之以孝、悌之义，颁白者不负戴于道路矣。老者衣帛食肉，黎民不饥不寒，然而不王者，未之有也。"（1.7章）

　　孟子曰："易其田畴，薄其税敛，民可使富也。食之以时，用之以礼，财不可胜用也。民非水火不生活，昏暮叩人之门户，求水火，无弗与者，至足矣。圣人治天下，使有菽粟如水火。菽粟如水火，而民焉有不仁者乎？"（13.23章）

"黎民不饥不寒"等，"仰足以事父母，俯足以畜妻子，乐岁终身饱，凶年免于死亡"（1.7章）是施仁政的目标。"五亩之宅，树之以桑"，"鸡豚狗彘之畜，无失其时"，"百亩之田，勿夺其时"，"谨庠、序之教，申之以孝、悌之义"（1.7章），"易其田畴，薄其税敛"，"食之以时，用之以礼"（13.23章），是为达到黎民不饥不寒目标的具体政策。菽粟如水火，粮食像水和火那样随时都有，不感到匮乏，是不饥不寒的具体描述。

一般常以"制民之产"为孟子仁政思想之一项，是不准确的。"制民之产"只是说对百姓的财产要有一定的政策来规定，不涉及政策的内容。从原文"今也制民之产"可见当时各诸侯国君也都有"制民之产"的经济政策，只是其"制民之产"的结果，是使百姓"仰不足以事父母，俯不足以畜妻子；乐岁终身苦，凶年不免于死亡"。而孟子的"制民之产"，则是要使百姓"不饥不寒"。"黎民不饥不寒"，才是孟子仁政思想的核心。

（2）省刑罚、薄税敛

孟子曰："民事不可缓也。……民之为道也，有恒产者有恒心，无恒产者无恒心。苟无恒心，放辟邪侈，无不为已。及陷乎罪，然后从而刑之，是罔民也。焉有仁人在位罔民而可为也？是故贤君必恭俭礼下，取于民有制。……夏后氏五十而贡，殷人七十而助，周人百亩而彻，其实皆什一也。彻者彻也，助者藉也。龙子曰：'治地莫善于助，莫不善于贡。'贡者，校数岁之中以为常。乐岁粒米狼戾，多取之而不为虐，则寡取之；凶年粪其田而不足，则必取盈焉。为民父母，使民盼盼然，将终岁勤动，不得以养其

父母，又称贷而益之，使老稚转乎沟壑，恶在其为民父母也？"（5.3章）

孟子曰："有布缕之征，粟米之征，力役之征。君子用其一，缓其二。用其二而民有殍，用其三而父子离。"（14.27章）

（3）不违农时

（孟子）曰："……不违农时，谷不可胜食也；数罟不入洿池，鱼鳖不可胜食也；斧斤以时入山林，材木不可胜用也。谷与鱼鳖不可胜食，材木不可胜用，是使民养生丧死无憾也。养生丧死无憾，王道之始也。

"五亩之宅，树之以桑，五十者可以衣帛矣；鸡豚狗彘之畜，无失其时，七十者可以食肉矣；百亩之田，勿夺其时，数口之家可以无饥矣；谨庠、序之教，申之以孝、悌之养，颁白者不负戴于道路矣。七十者衣帛食肉，黎民不饥不寒，然而不王者，未之有也。"（1.3章）

孟子对曰："……彼夺其民时，使不得耕耨以养其父母，父母冻饿，兄弟妻子离散。彼陷溺其民，王往而征之，夫谁与王敌？"（1.5章）

（4）井田

（孟子）对曰："昔者文王之治岐也，耕者九一，仕者世禄，关市讥而不征，泽梁无禁，罪人不孥。老而无妻曰鳏，老而无夫曰寡，老而无子曰独，幼而无父曰孤。此四者，天下之穷民而无告者。文王发政施仁，必先斯四者。"（2.5章）

孟子曰："……夫仁政，必自经界始。经界不正，井地不钧，谷禄不平，是故暴君污吏必慢其经界。经界既正，分田制禄可坐而定也。……夫滕壤地褊小，将为君子焉，将为野人焉。无君子莫治野人，无野人莫养君子。请野九一而助，国中什一使自赋。卿以下必有圭田，圭田五十亩，余夫二十五亩。死徙无出乡，乡田同井，出入相友，守望相助，疾病相扶持，则百姓亲睦。方里而井，井九百亩，其中为公田，八家皆私百亩，同养公田。公事毕，然后敢治私事，所以别野人也。此其大略也，若夫润泽之，则在君与子矣。"（5.3章）

（5）谨庠、序之教

孟子曰："谨庠、序之教，申之以孝、悌之义，颁白者不负戴于道路矣。"（1.7章）

孟子曰："……设为庠、序、学、校以教之，庠者养也，校者教也，序者射也。夏曰校，殷曰序，周曰庠，学则三代共之，皆所以明人伦也。人伦明于上，小民亲于下。有王者起，必来取法，是为王者师也。"（5.3章）

（6）与民同乐

孟子见梁惠王，王立于沼上，顾鸿雁、麋鹿，曰："贤者亦乐此乎？"孟子对曰："贤者而后乐此，不贤者虽有此，不乐也。……文王以民力为台为沼，而民欢乐之，谓其台曰灵台，谓其沼曰灵沼，乐其有麋鹿鱼鳖。古之人与民偕乐，故能乐也。《汤誓》曰：'时日害丧？予及女偕亡！'民欲与之偕亡，虽有台池、鸟兽，岂能独乐哉？"（1.2章）

（孟子）曰："独乐乐，与人乐乐，孰乐？"（梁惠王）曰："不若与人。"（孟子）曰："与少乐乐，与众乐乐，孰乐？"（梁惠王）曰："不若与众。"（孟子曰：）"臣请为王言乐。今王鼓乐于此，百姓闻王钟鼓之声、管籥之音，举疾首蹙頞而相告曰：'吾王之好鼓乐，夫何使我至于此极也？父子不相见，兄弟妻子离散。'……今王田猎于此，百姓闻王车马之音，见羽旄之美，举欣欣然有喜色而相告曰：'吾王庶几无疾病与？何以能田猎也？'此无他，与民同乐也。今王与百姓同乐，则王矣！"（2.1章）

（孟子）曰："文王之囿方七十里，刍荛者往焉，雉兔者往焉，与民同之。民以为小，不亦宜乎？臣始至于境，问国之大禁，然后敢入。臣闻郊关之内有囿方四十里，杀其麋鹿者如杀人之罪，则是方四十里为阱于国中。民以为大，不亦宜乎？"（2.2章）

齐宣王见孟子于雪宫。王曰："贤者亦有此乐乎？"孟子对曰："有。人不得，则非其上矣。不得而非其上者，非也；为民上而不与民同者，亦非也。乐民之乐者，民亦乐

其乐；忧民之忧者，民亦忧其忧。乐以天下，忧以天下，然
而不王者，未之有也。"（2.4章）

与民同乐，是孟子关于君民关系的重要原则，是他仁
政思想的重要内容。他既强调君要"乐民之乐、忧民之忧"
（2.4章），又肯定在位者可以有合理的享乐，反对百姓"不
得而非其上"（2.4章），对这一思想作了全面的阐述。这对官
民关系，有着普遍意义，值得当代借鉴和继承。

（7）尊贤使能

孟子见齐宣王，曰："为巨室，则必使工师求大木。工
师得大木则王喜，以为能胜其任也。匠人斫而小之，则王
怒，以为不胜其任矣。夫人幼而学之，壮而欲行之。王曰
'姑舍女所学而从我'，则何如？今有璞玉于此，虽万镒，
必使玉人雕琢之。至于治国家，则曰'姑舍女所学而从
我'，则何以异于教玉人雕琢玉哉？"（2.9章）

孟子曰："……贵德而尊士，贤者在位，能者在职。国家
闲暇，及是时明其政刑，虽大国，必畏之矣。"（3.4章）

孟子曰："尊贤使能，俊杰在位，则天下之士皆悦，而
愿立于其朝矣。"（3.5章）

（三）士君子人格

儒学中心思想是学做人，讲做人的道理。孔子提出"君
子"为理想人格的目标和"修己安人、安百姓"（《论语·宪
问》）的具体要求。孟子自称"所愿学孔子"，对君子人格，特

别是士的人格，作了系统深刻的论述。孟子关于这方面的论述，成为后世士人修身的准则，对中国文化、历史发展和民族精神的养成，都有深远的影响。

孟子相关思想，要点有四。

（1）人生理想

> 王子垫问曰："士何事？"孟子曰："尚志。"曰："何谓尚志？"曰："仁义而已矣。杀一无罪，非仁也；非其有而取之，非义也。居恶在？仁是也；路恶在？义是也。居仁由义，大人之事备矣。"（13.33章）

立志，确立人生理想目标，是修身第一要事，有明确的目标，也就有了方向，立身行事就不会走入歧途。《论语》说，"士志于道"，"朝闻道，夕死可矣！"（《论语·里仁》）孟子说"尚志"，也是说首先要立志。而这个志，就是"仁义而已矣"（1.1章），要"居仁由义"（13.33章）。做到这一点，"大人之事备矣"（13.33章），就是君子了。他反复说，"仁，人之安宅也。义，人之正路也"（7.10章），"仁，人心也；义，人路也"（11.11章）。居仁由义就是以仁存心，依义而行。人立身行事，无非两方面，内心的情感、思想、精神和外在的言行举止。孔子说"君子义以为质，礼以行之"（《论语·卫灵公》），"文质彬彬，然后君子"（《论语·雍也》），就是说要从这两个方面内外兼修。两方面配合完美，方成君子。居仁由义，以仁心为精神家园，以义为康庄大道，亦即"义以为质，礼以行之"（《论语·卫灵公》），"文质彬彬，然后君子"

（《论语·雍也》）之意。

如何处理精神生命和物质生命的关系，是人生要回答的大问题。它在日常生活中具体表现为义利关系问题。孔子说，"君子义以为质"，"富与贵是人之所欲也，不以其道得之，不处也；贫与贱是人之所恶也，不以其道得之，不去也"（《论语·里仁》）。孟子则说，"非其道，则一箪食不可受于人；如其道，则舜受尧之天下，不以为泰"（6.4章），"非其义也，非其道也，一介不以与人，一介不以取诸人"（9.7章），"鸡鸣而起，孳孳为善者，舜之徒也。鸡鸣而起，孳孳为利者，跖之徒也。欲知舜与跖之分，无他，利与善之间也"（13.25章）。

总之，君子要把道义的要求、精神生命的追求放在第一位，以精神生命的追求，指导并节制物质生命的欲求，不可以由物质生活的欲求来支配一切。要以心役物，不为物所役。这是君子人格的核心要义。

孔子讲君子"义以为质，礼以行之"（《论语·卫灵公》），"克己复礼为仁"（《论语·颜渊》），"文质彬彬，然后君子"（《论语·雍也》），是仁和礼统一。仁是精神，礼是言行，反映修身的两个方面。仁是灵魂，礼是形式。仁是内在的，而孔子所尊奉的周礼，是西周以来已经存在的外在的一个体系。所以孔子特别注意二者的统一，强调礼要以仁为基础、灵魂。"人而不仁，如礼何？人而不仁，如乐何？"（《论语·八佾》）

孟子讲士，说"居仁由义，大人之事备矣"（13.33章），"仁，人之安宅也。义，人之正路也"（7.10章），也是反映修养的内在精神和外在言行两个方面。不过孔子时礼崩乐坏处于早期，虽有大量僭越坏礼的情况，也还有礼可循。孟子时则原有的礼破坏殆尽，已无礼可循，所以孟子改仁礼统一为居仁由义。而孟子说"羞恶之心，义之端也"（3.6章），又强调"义内"（11.5章），义的基础是"羞恶之心"，在内而不在外。这样就把修养的两个方面都统一到内心本性的基础之上。这是孟子适应时代变迁对孔子思想所做的创造性转化发展。

（2）浩然之气

> （孟子）曰："……我善养吾浩然之气。……其为气也，至大至刚，以直养而无害，则塞于天地之间。其为气也，配义与道。无是，馁也。是集义所生者，非义袭而取之也。行有不慊于心，则馁矣。"（3.2章）

孟子所说浩然之气，是从与告子讨论不动心而引出。不动心，朱熹注："任大责重如此，亦有所恐惧疑惑而动其心乎？"（《四书章句集注》）是不是因为有所恐惧疑惑而动摇了自己的本心呢？不动心需要勇气，由此引出对北宫黝、孟施舍、曾子、告子养勇的评论，在分别评论了这几人的养勇之后，孟子提出他养浩然之气的思想。所以浩然之气是一种可以战胜一切，做到不动心的道德勇气和精神力量，也是表现孟子自我修养所达到的一种境界。

对于如何养成浩然之气，孟子说，它不是一时冲动或借偶然的机遇就能产生，它是"集义所生"，其基础在于坚持不懈修身的积累，稍有懈怠或背离就会丢失。文天祥说"惟其义尽，所以仁至"（《宋史·文天祥传》），所说即孟子此意。孟子又说：

> 居天下之广居，立天下之正位，行天下之大道，得志与民由之，不得志独行其道。……富贵不能淫，贫贱不能移，威武不能屈，此之谓大丈夫。（6.2章）

"居天下之广居，立天下之正位，行天下之大道"（6.2章），即居仁由义守礼，为此三项而能做到"富贵不能淫，贫贱不能移，威武不能屈"（6.2章），就是浩然之气的实际内容和表现。孟子说唯有这样才能称为大丈夫，突出强调了儒学重气节的精神。

孟子的养气说，是对孔子思想的重大发展。程子说"仲尼只说一个志，孟子便说许多养气出来。……孟子性善、养气之论，皆前圣所未发"（《四书章句集注》）。孔子说"士志于道"（《论语·里仁》），"匹夫不可夺志"（《论语·子罕》）。"富贵不能淫，贫贱不能移，威武不能屈"，即"不可夺志"的具体要求和表现。而做到志不可夺，坚持理想信念不动摇，基础就在不懈地修身集义，"养浩然之气"。孟子养浩然之气不动心的思想，把不可夺志的思想发展为一个完整的体系。

孟子浩然之气的思想，影响巨大。文天祥抗元失败被俘，囚于土牢，曾作《正气歌》，引先贤事迹，颂浩然之气，激励自己，说："彼气有七，吾气有一，以一敌七，吾何患焉！"正表现出浩然之气至大至刚的伟大力量。文天祥《正气歌》上承先贤，又启示后人，"养天地正气，法古今完人"成为士人的追求和传统。钱穆先生曾说："一部四千年中国史，正是一部浩气长存、正气磅礴的中国史，不断有正气人物、正气故事。故使中国屡仆屡起，屹然常在。"①

（3）人生价值观

> 孟子曰："鱼，我所欲也；熊掌，亦我所欲也，二者不可得兼，舍鱼而取熊掌者也。生亦我所欲也，义亦我所欲也；二者不可得兼，舍生而取义者也。生亦我所欲，所欲有甚于生者，故不为苟得也；死亦我所恶，所恶有甚于死者，故患有所不辟也。如使人之所欲莫甚于生，则凡可以得生者，何不用也？使人之所恶莫甚于死者，则凡可以辟患者，何不为也？由是则生而有不用也，由是则可以辟患而有不为也，是故所欲有甚于生者，所恶有甚于死者。"

（11.10章）

孟子提出生与义不可得兼，要"舍生而取义"，是对人生价值观的明确宣告。孔子说士要能"见危授命"（《论语·宪问》），"临大节而不可夺也"（《论语·泰伯》），"志士仁人，无求生以害仁，有杀身以成仁"（《论语·卫灵公》）。孟子说"舍生取义"，是对孔子思想的继承。而他在解释这一点的时候，明确指出，为什么可以而且应该舍生取义而不是

---

① 钱穆：《双溪独语》，九州出版社，2011年版，第105页。

相反呢？因为"所欲有甚于生者，所恶有甚于死者"（11.10章），个人的物质生命并非最高的价值，精神生命的价值高于物质生命。这样一种对人生所持有的根本价值观，正是"富贵不能淫，贫贱不能移，威武不能屈"（6.2章）浩然之气的精神基础。

孔孟提出和阐明的人生价值观，"成仁""取义"的要求，为后人继承、发挥，成为中华民族伟大的精神力量，培育了无数英雄豪杰，创造了无数惊天地、泣鬼神的事迹。从文天祥临终遗言"孔曰成仁，孟曰取义，惟其义尽，所以仁至。读圣贤书，所学何事？而今而后，庶几无愧"（《宋史·文天祥传》），到谭嗣同、秋瑾等的视死如归，英勇就义，近代革命烈士的"砍头不要紧，只要主义真"（夏明翰《就义诗》），"宁可站着死，不愿跪着生"，以至汶川地震中的教师为保护学生生命而放弃逃生机会……一脉相承，都是这一价值观的体现。

立居仁由义之志，养浩然之气，"富贵不能淫，贫贱不能移，威武不能屈"，生死关头，能"舍生而取义"。从人生理想、至善境界，人生根本价值观和修养途径几个方面阐述了士君子人格的要求，构成一个完整的体系，对于士的传统和民族精神的形成都有深远的影响。

（4）士君子的人格尊严

孟子与弟子多次谈士的出处进退，突出强调士君子的人格尊严。他说：

　　　　天下有达尊三：爵一，齿一，德一。朝廷莫如爵，乡党莫如齿，辅世长民莫如德。恶得有其一以慢其二哉？
（4.2章）

世间所公认的尊贵有三种，一是爵位，二是年寿，三是德行。朝廷以爵为尊，乡里社区以寿为尊，而治国为政则以德行为尊，不可"有其一以慢其二"，有了爵位之尊就轻慢其他二者。由此他提出"故将大有为之君，必有所不召之臣。欲有谋焉，则就之"（4.2章），"古之贤王好善而忘势，古之贤士何独不然？乐其道而忘人之势，故王公不致敬尽礼，则不得亟见之。见且由不得亟，而况得而臣之乎？"（13.8章）

另一方面，对士君子来说，则是"非其招不往"（6.1章）。君主的召唤如果不合于礼，就不接受。齐景公曾用违礼的方式召唤管理猎场的小吏，小吏不至，孔子赞扬了小吏。孟子说："昔齐景公田，招虞人以旌，不至，将杀之。志士不忘在沟壑，勇士不忘丧其元。孔子奚取焉？取非其招不往也。如不待其招而往，何哉？"（6.1章）"古之人未尝不欲仕也，又恶不由其道。不由其道而往者，与钻穴隙之类也"（6.3章）。

孟子提出士君子去就的原则。"所就三，所去三。迎之致敬以有礼，言将行其言也，则就之；礼貌未衰，言弗行也，则去之。其次，虽未行其言也，迎之致敬以有礼，则就之；礼貌衰，则去之。其下，朝不食，夕不食，饥饿不能出门户，君闻之，曰：'吾大者不能行其道，又不能从其言也，使饥饿于我土地，吾耻之。'周之，亦可受也，免死而已矣"（12.14

章）。一要恭敬以礼相待，二要能采纳施行所提的主张。没有这两条，勉强接受，也只是为了活命而已。他又说，"食而弗爱，豕交之也；爱而不敬，兽畜之也。恭敬者，币之未将者也。恭敬而无实，君子不可虚拘"（13.37章）。国君如果只是在生活上奉养贤士而没有爱，就像对待猪一样；只有爱而不敬，就像对待宠物一样；只有表面的恭敬，而没有实际的行动，君子是不可能为虚假的恭敬所留住的。

孟子反对"枉尺而直寻"（6.1章）。有人主张，不妨在原则问题上做一些让步，取得官位后可以做出更大的功绩。孟子严厉地批评了这种主张。"且夫枉尺而直寻者，以利言也。如以利，则枉寻直尺而利，亦可为与？……如枉道而从彼，何也？且子过矣，枉己者，未有能直人者也"（6.1章）。

孟子指出，士君子的人格尊严，其基础在于士君子之志，其高尚的人格理想，精神追求。

　　孟子曰："君子有三乐，而王天下不与存焉。父母俱存，兄弟无故，一乐也；仰不愧于天，俯不怍于人，二乐也；得天下英才而教育之，三乐也。君子有三乐，而王天下不与存焉。"（13.20章）

　　孟子曰："说大人，则藐之，勿视其巍巍然。堂高数仞，榱题数尺，我得志弗为也；食前方丈，侍妾数百人，我得志弗为也；般乐饮酒，驱骋田猎，后车千乘，我得志弗为也。在彼者，皆我所不为也；在我者，皆古之制也，吾何畏彼哉？"（14.34章）

维护士君子的人格尊严，并非只是"抗势"，实质是在于维护士君子的人生理想信念。

（四）人性思想

孟子关于人性的思想，是孟子思想和中国儒学思想的重要部分。关于人性，《论语》中只说到"性相近也，习相远也"（《论语·阳货》）一句。孟子时，人性问题已经是人们讨论的重要问题，有了多种不同的学说。《孟子》中公都子就提到"告子曰：'性无善无不善也。'或曰：'性可以为善，可以为不善……'或曰：'有性善，有性不善'"（11.6章），而孟子则"道性善"，提出了人性善的观点。他说：

> 人皆有不忍人之心。……所以谓人皆有不忍人之心者，今人乍见孺子将入于井，皆有怵惕恻隐之心。非所以内交于孺子之父母也，非所以要誉于乡党朋友也，非恶其声而然也。由是观之，无恻隐之心，非人也；无羞恶之心，非人也；无辞让之心，非人也；无是非之心，非人也。恻隐之心，仁之端也；羞恶之心，义之端也；辞让之心，礼之端也；是非之心，智之端也。人之有是四端也，犹其有四体也。（3.6章）
>
> 乃若其情，则可以为善矣，乃所谓善也。若夫为不善，非才之罪也。恻隐之心，人皆有之；羞恶之心，人皆有之；恭敬之心，人皆有之；是非之心，人皆有之。恻隐之心，仁也；羞恶之心，义也；恭敬之心，礼也；是非之心，智也。仁、义、礼、智，非由外铄我也，我固有之也，弗思耳矣。故

曰:"求则得之,舍则失之。"或相倍蓰而无算者,不能尽
其才者也。(11.6章)

孟子认为人都有恻隐之心、羞恶之心、恭敬(辞让)之心、
是非之心,这四心是仁、义、礼、智这四种道德的萌芽和源
泉。这四心是天赋的,和四肢一样是与生俱来的,所以仁、
义、礼、智是"不学而能""不虑而知"(13.15章)的,人的本
性所固有的。

既然人性为善,为何现实中又有恶的存在呢?孟子做出
回答。

孟子曰:"……凡有四端于我者,知皆扩而充之矣,若
火之始然、泉之始达。苟能充之,足以保四海;苟不充之,
不足以事父母。"(3.6章)

孟子曰:"富岁,子弟多赖;凶岁,子弟多暴。非天之降
才尔殊也,其所以陷溺其心者然也。今夫麰麦,播种而耰
之,其地同,树之时又同,浡然而生,至于日至之时,皆熟
矣。虽有不同,则地有肥硗,雨露之养,人事之不齐也。"
(11.7章)

孟子曰:"牛山之木尝美矣,以其郊于大国也,斧斤伐
之,可以为美乎?是其日夜之所息,雨露之所润,非无萌蘖
之生焉,牛羊又从而牧之,是以若彼濯濯也。人见其濯濯
也,以为未尝有材焉,此岂山之性也哉?虽存乎人者,岂无
仁义之心哉?其所以放其良心者,亦犹斧斤之于木也,旦
旦而伐之,可以为美乎?其日夜之所息,平旦之气,其好恶

与人相近也者几希，则其旦昼之所为，有梏亡之矣。梏之
反覆，则其夜气不足以存；夜气不足以存，则其违禽兽不远
矣。人见其禽兽也，而以为未尝有才焉者，是岂人之情也
哉？故苟得其养，无物不长；苟失其养，无物不消。孔子曰：
‘操则存，舍则亡；出入无时，莫知其乡。’惟心之谓与？”
（11.8章）

人虽有天赋善性，但不能自然成善。天赋善性是“苟能充
之，足以保四海；苟不充之，不足以事父母”（3.6章），“苟
得其养，无物不长；苟失其养，无物不消”（11.8章），“求则
得之，舍则失之”（11.6章）。人有不善在于环境影响和个人
不能自觉养护、扩充固有的善性。“大人者，不失其赤子之
心者也”（8.12章）。“人之所以异于禽兽者几希，庶民去之，
君子存之”（8.19章）。

大人君子就是能保持天赋善性的人。能保持天赋善
性，就成君子；丢失善性，就成小人。

从善性是人所固有的观点出发，孟子提出“人皆可以为
尧、舜”（12.2章）、“圣人与我同类”（11.7章）的观点。

储子曰：“王使人瞯夫子，果有以异于人乎？”孟子曰：
“何以异于人哉？尧、舜与人同耳。”（8.32章）

孟子曰：“……凡同类者，举相似也，何独至于人而疑
之？圣人与我同类者。……口之于味也，有同耆焉；耳之于
声也，有同听焉；目之于色也，有同美焉。至于心，独无
所同然乎？心之所同然者何也？谓理也，义也。圣人先得

我心之所同然耳。故理义之悦我心，犹刍豢之悦我口。"
（11.7章）

从人的本性说，尧、舜和普通人是一样的。这里包含着平等
的思想。在中华传统文化看来，圣人和平常人在人性上是
一样的，没有本质的不同，不像基督教中的上帝是高不可及
的。由此得出一个重要的结论："人皆可以为尧、舜"。只要
努力修养，普通人都可以成为尧、舜那样道德至善的人。人
所以没有做到这一点，是因为没有认识到自己所具有天赋的
善性，没有自觉地发挥这些本性，是不为也，非不能也。

"人皆可以为尧、舜"的思想，对于激励人们自觉修身
向善，养成我们民族的道德传统，有极大的意义。它给每一
个人指出上进的方向和自信，同时指出不能自觉修养的错误
和可悲。

孟子曰："自暴者，不可与有言也；自弃者，不可与有为
也。言非礼义，谓之自暴也；吾身不能居仁由义，谓之自弃
也。仁，人之安宅也；义，人之正路也。旷安宅而弗居，舍
正路而不由，哀哉！"（7.10章）

孟子曰："仁，人心也；义，人路也。舍其路而弗由，放
其心而不知求，哀哉！人有鸡犬放，则知求之；有放心，而
不知求。学问之道无他，求其放心而已矣。"（11.11章）

人本来都有天赋的善性，可有人却"旷安宅而弗居，舍正路
而不由"，有很好的精神家园而不住，有正路而不走，否定

礼义，不能自觉居仁由义，这是自暴自弃。一些人丢失了鸡狗还知道去找回来，丢失了固有的善良本心却不知道去找回来，是可悲的。说"学问之道无他，求其放心而已矣"（11.11章），人的修养没有别的，就在于找回他自己丢失了的本心。

　　孟子性善论中一个重要问题是对"生之谓性"的反对和批驳。

　　　　告子曰："生之谓性。"

　　　　孟子曰："生之谓性也，犹白之谓白与？"

　　　　曰："然。"

　　　　"白羽之白也，犹白雪之白；白雪之白，犹白玉之白与？"

　　　　曰："然。"

　　　　"然则犬之性犹牛之性，牛之性犹人之性与？"

　　（11.3章）

告子说"生之谓性"（11.3章），意思是凡天生带来的就叫作性。孟子虽然也认为人性是天生的，但他反对"生之谓性"的说法。他反驳说，如果说"生之谓性"，那就无法将人性与狗性、牛性区分开了。因为只从生物本能上看，人和狗、牛等没有根本的区别。他说："人之所以异于禽兽者几希，庶民去之，君子存之。"（8.19章）强调人与禽兽的区别，从人和禽兽的区别上看人性。认为只有把人与禽兽区别开的那些属性，即人之所以为人的那些特征才是人性。

　　关于这一点，张岱年先生有详尽的论述。他说：

　　孟子所谓性者，正指人之所以异于禽兽之特殊性征。
人之所同于禽兽者，不可谓为人之性；所谓人之性，乃专指
人之所以为人者，实即是人之"特性"。[①]

　　孟子所谓性，指人之所以为人的特性，而非指人生来
即有的一切本能。[②]

　　孟子所说的异于禽兽的那"几希"，就是人生来就有
恻隐之心、羞恶之心、恭敬之心（辞让之心）、是非之心"四
心"，此四心即仁、义、礼、智的"四端"。人所以为人，是因
有此四心；若无此四心，"非人也"。

　　孟子又说：

　　　　口之于味也，目之于色也，耳之于声也，鼻之于臭也，
　　四肢之于安佚也，性也，有命焉，君子不谓性也。仁之
　　于父子也，义之于君臣也，礼之于宾主也，知之于贤
　　者也，圣人之于天道也，命也，有性焉，君子不谓命也。
　　（14.24章）

味、色、声、臭、安逸的欲求，也是天赋，生而有之，孟子不
以为性，只有仁、义、礼、智、圣这些人所独有的特性，才称
之为人性。

---

① 张岱年：《中国哲学大纲》，中国社会科学出版社，2004 年版，第 185 页。
② 张岱年：《中国哲学大纲》，中国社会科学出版社，2004 年版，第 187 页。

以人之所以为人的特性为人性，是人性论上一个大创造和大贡献。古往今来，在人性问题上，"生之谓性"几乎是所有人的共识（马克思主义也否定生之谓性，不过不是从人之所以为人处看人性，而是从人的社会性看人性）。战国时期的各家，对人性的认识不同，而他们立论的共同基础都是"生之谓性"。然而，一物的性，是指该物区别于他物，所以为该物之特性。正如孟子所指出，生之谓性不能说明人性与牛性、犬性的区别，不能正确反映人性。孟子以人之所以为人的特性为人性，解决了这个问题，给正确认识人性提供了正确的思路，也给正确认识人生价值，确立人生理想，奠定了理论基础。孟子提出"天爵""人爵"，"求在内""求在外"的区别，说：

> 有天爵者，有人爵者。仁义忠信，乐善不倦，此天爵也；公卿大夫，此人爵也。古之人修其天爵，而人爵从之。今之人修其天爵，以要人爵；既得人爵，而弃其天爵，则惑之甚者也，终亦必亡而已矣。（11.16章）
>
> 欲贵者，人之同心也。人人有贵于己者，弗思耳。人之所贵者，非良贵也。赵孟之所贵，赵孟能贱之。《诗》云："既醉以酒，既饱以德。"言饱乎仁义也，所以不愿人之膏粱之味也；令闻广誉施于身，所以不愿人之文绣也。（11.17章）

人真正可贵之处，真正的价值，在于他所具有的"仁义忠信，乐善不倦"（11.16章）的善性，孟子称之为"天爵"。

而人们平日追求的"公卿大夫",名利地位,不是真正的价值。这些都是人所给予的"人爵",人可以给你,也可以从你这里取走,不是真正的价值。他又说:

> 求则得之,舍则失之,是求有益于得也,求在我者也。求之有道,得之有命,是求无益于得也,求在外者也。(13.3章)
>
> 口之于味也,目之于色也,耳之于声也,鼻之于臭也,四肢之于安佚也,性也,有命焉,君子不谓性也。仁之于父子也,义之于君臣也,礼之于宾主也,知之于贤者也,圣人之于天道也,命也,有性焉,君子不谓命也。(14.24章)

对味、色、声、臭、安逸的追求,虽然也是生来就有的本性,但它不是人所独有的,所以不认为它是人性。对仁、义、礼、智、天道的追求,虽然也受命的影响,但它是人的本性的要求,所以不把它归之于命。对仁、义、礼、智的追求,是"求则得之,舍则失之"(13.3章),取决于自觉的努力,所以是"求在我者"。对味、色、声、臭、安逸物质生活享受的追求,要遵守道义,能否得到受命的限制,所以是"求在外者"。这就说明,人应该自觉努力发挥自身固有的善性,"修其天爵",以实现自身真正的价值。对于公卿大夫、名利地位、物质生活的享受,则应遵道顺命,不做妄求。

孟子人性思想的又一个基本理念,是"天人合一"。

认识人和人生,要回答两个问题。一是人之所以为人之处；二是人在宇宙中所处的位置，人与宇宙万物的关系。在明确以人之所以为人的特性为人性的基础上，孟子进一步说：

> 尽其心者，知其性也。知其性，则知天矣。存其心，养其性，所以事天也。夭寿不二，修身以俟之，所以立命也。（13.1章）

这是说明"心""性""天"三者的关系，是孟子性善论的核心思想。

"仁、义、礼、智根于心"（13.21章）。恻隐之心、羞恶之心、恭敬之心、是非之心"四心"是仁、义、礼、智的"端"。所以尽心可以知性，知性必须尽心。

心、性都在人，而性是天赋，又属天。天在人之外、人之上，但同时就体现在人性中。所以"知其性，则知天"，知性亦即知天。天不再是高不可及，不能认识，而成为可以认识。人要知天，不假外求，只需修养自己的心性即可。

通过尽心、知性，上达于天，为的是"事天"，即顺应天道，安顿自己的人生，也就是安身立命。

如此，建立起了由修养心性而上达于天的理论架构，完善了天命与人生，天道与人道合一的天人合一思想。而天人合一的核心和关键就在性。性兼天人，本于天而在于人，由内言为性，由外言为天，天人通过性而沟通为一。

以人之所以为人的特性为人性和尽心知性知天，通过修养心性而沟通天人，达到天人合一。这两点是孟子人性思想的核心和精髓，对儒学和中华文化的发展有着巨大而深远的意义和影响。

从商、周之际至孔子，中国文化经历了一个从敬鬼尊神，天为主宰到以人为本，天人合一的根本转变。殷商以上，中华文化中宗教思想占据主导地位。直到殷商时期，中国人还是受天命思想所支配，一切都要通过占卜，取决于鬼神。在鬼神面前，人完全是被动的，还没有意识到自己的独立地位。西周初年，中国人的思想开始了一个重大的变化。人们从夏、商、周三代的更迭中认识到"天命靡常"（《诗经·大雅·文王》），"惟命不于常"（《尚书·周书·康诰》），由此引起了思考。既然夏、商都自称秉承天命而号令天下，又为何终至灭亡？天命为何而转移？周本小邦，继商而立，如何才能永保天命不失？思考的结果，得出的结论是："不敬厥德，乃早坠厥命。"（《尚书·周书·召诰》）夏、商灭亡是因为失德。要保持周天命永久，就要敬德。"王其德之用，祈天永命"（《尚书·周书·召诰》）。这样，第一次把人作为与"天"不同的力量，思考人在天命转移中的作用，提出了天人关系问题。人们开始把眼光转向了人，思考人的意义、价值，人可以做什么、应该怎样做等问题，发展了人文方面的思考。从西周初年到孔子的时候，中华人文思想发展经历了三个阶段：从殷商时上帝居绝对主宰地位，到西周时的以德配天，再到孔子建立独立的人文思想体系。

孔子与命与仁。他毕生弘道行仁，在这个领域里完全立足于人，不涉天命鬼神。而在遇到危难困顿时，他自信所

行的道体现了天命的要求,在对天命的信仰上建立起高度的
自信。在他来说,弘道行仁的人生亦即对天命的遵行,体现
了人生和天命的合一。但他也留下一个问题没有解决,为什
么人生和天命（人道和天道）是一致的?人能不能认识和怎
样才能认识天命?实际上,在他的思想里,仁与命是两个独
立的、互相影响的领域,还没有在思想理论上达到完美的
统一。

这个问题在孟子那里得到解决。

> 孟子曰:"尽其心者,知其性也。知其性,则知天矣。
> 存其心,养其性,所以事天也。夭寿不二,修身以俟之,所
> 以立命也。"（13.1章）

性根于心,所以尽心可以知性。而性是天赋,是天道天命在
人之体现,所以"知其性,则知天",知性即可以知天。人要
知天知命,不假外求,只反求诸己,修养自己的心性即可。
通过尽心、知性,上达于天,为的是"事天",即顺应天道,
安顿自己的人生,也就是安身立命。

孟子这一思想,对天人关系问题做出了完满的回答,
解决了孔子留下的,从理论思想上阐明天命与人生关系的
问题。从这一点说,可以说是标志着儒学以人为本,天人
合一思想体系的最终完成,有着深远的影响和无法估量的
意义。它回答了如何认识人的本质、特点,如何认识人在宇
宙万物中的位置等关于人生的根本问题。对于我们认识和
安顿人生,认识和处理人与自然的关系,都有着根本的指导

意义。渗透到中国文化的各个方面和中国人观察、处理一切问题的过程之中，由此而形成发展了中华文化不同于其他文化的诸多特点。

以仁、义、礼、智等德性为人性，无此"非人也"，而善性并非自然具足，"求则得之，舍则失之"（11.6章）。这就提出"做人"的问题，人生的第一要务是修养心性，提升自己，摆脱禽兽境界，堂堂正正做人。由此而给"修身为本"（《大学》）的核心价值和道德传统奠定了坚实的理论基础。

人之所以为人，人之所以高于禽兽，在于人之有义。"饱食、暖衣、逸居而无教，则近于禽兽"（5.4章）。生命的价值、意义，在于义。"生以载义、义以立生"（《尚书·大诰》），物质生命的意义在于它是精神生命的载体，生命的意义是精神生命所赋予。所以有"生亦我所欲，所欲有甚于生者"，"死亦我所恶，所恶有甚于死者"（11.10章）的人生价值观，有"杀身成仁""舍生取义"的人格境界。

天人合一，尽心知性即可知天，人的修养立身无须外求于天，一切立足于反求诸己。如此阻断了向宗教发展的途径，确立了人文主义的发展方向。

由此，中国文化中没有人间和天国两个世界的分别，只有一个天人合一的世界。中国人不追求死后进入天堂或极乐世界，而是"君子疾没世而名不称"（《论语·卫灵公》），"留取丹心照汗青"（文天祥《过零丁洋》），追求在人间，在历史中的不朽。生和死是统一的生命过程，死是生的继续。人的物质生命是短暂的，人死后，躯体腐烂，物质生活方面的一切失去意义，而人的精神生命则可以长留人间，在历史发展中永垂不朽。不朽不在于生前物质生活之所得，而在于立德、立功、立言之"虽久不废"。所以，"未知生，焉知死？"（《论语·先进》）

由此，中国文化中也没有全能的不可企及的上帝，中国的圣人和普通人人性是共同的，"尧、舜与人同"（8.32章），"人皆可以为尧、舜"（12.2章）。

尽心知性，居仁由义，同时就是事天立命。尽心知性一方面是反求诸己，诚意正心，是自主的修养；另一方面又是事天立命，循命而行，是必然和应然的使命。由内言，是修养心性，由外言，是事天立命。所以中国人又讲"畏天命"，讲"天理"，把"天理良心"合提。尽心知性和事天立命合一，人生和天命合一，道德良心的自我约束和对天命的敬畏合一。

人性沟通天人，人道天道合一。人道本于性，即本于天道。所以"诚者，天之道也；思诚者，人之道也"（7.12章）。"能尽人之性，则能尽物之性；能尽物之性，则可以赞天地之化育；可以赞天地之化育，则可以与天地参矣"（《中庸》），指出了人与自然和谐相处之道。

所以，孟子以人之所以异于禽兽者为人性和尽心知性知天，天道人道合一这两点思想，实为儒学的重要基石。对其深刻内涵和意义，需要进行深入研究和创造性的阐述及发展。

读《孟子》请注意以下几点

（一）读《孟子》要联系《论语》，与《论语》会通理解。我们曾说读《论语》可无《孟子》，读《孟子》则不可不联系《论语》。孟子思想是对孔子思想的传承，要懂得孟子思想，必先读《论语》，并对《论语》《孟子》作会通的理解。未读《论语》而读《孟子》，或兼读《论语》《孟子》而只把二书进行分别的、孤立的理解，不把二者进行统一的、会通的理解，都不可能真正读懂《孟子》。

（二）对《论语》《孟子》作会通的理解，首要的一点是把握《论语》《孟子》共同的中心思想。韩愈说，孔子之道，"独孟轲氏之传得其宗"，"轲之死不得其传"（《四书章句集注》），宋儒也继承此说。韩愈以至宋儒所说孟子独传的孔子之道，所指为何？这是读《孟子》首先要思考回答的问题。《论语》的中心思想是讲做人，读《论语》要"吃紧为人"（《四书章句集注》）。读《孟子》，也应紧扣这个中心。忽略这个中心，只从性善论、仁政学说等看孟子思想，不足以说明孟子思想的真谛。

（三）对《论语》《孟子》作会通的理解，既要注意二者的同，也要注意二者的异。孟子思想与孔子思想一脉相承，而孟子于孔子思想又多有阐发，许多是"前圣所未发"（《四书章句集注》），发展了孔子思想。孔子讲为政，说"道之以德，齐之以礼"（《论语·为政》）；讲为人，说"文质彬彬，然后君子"（《论语·雍也》），要求仁、礼统一。孟子则说"王亦曰仁义而已矣，何必曰利"（1.1章），"居仁由义，大人之事备矣"（13.33章）。突出仁、义二字。孔子只说"性相近也，习相远也"（《论语·阳货》），孟子则提出了性善之说。所谓会通，就既要看到同中有异，也要能够异中见同。

（四）了解《论语》《孟子》的异同，要注意二者所处时代背景的不同。春秋战国是中国社会变革的时代，时代背景的不同，是决定孔孟思想发展的根本基础。这种不同，可从社会经济政治状况变迁和学术文化发展两个方面来看。社会经济政治状况方面，春秋时期礼崩乐坏，而旧制尚存。战国时则宗法封建王国衰灭，新诸侯国建立，旧制已荡然无存。学术文化方面，孔子之时私学初起，方兴未艾；孟子之时则诸子并作，争鸣势成。脱离时代背景的变化，从观点到观点，从概念到概念，单纯从思想本身来解释，不可能对《论语》《孟子》做到会通的理解。

孟　子

梁惠王上
凡七章

1.1　孟子见梁惠王①。王曰："叟②，不远千里而来，亦③将有以利吾国乎？"孟子对曰："王何必曰利？亦④有仁义而已矣。王曰：'何以利吾国？'大夫曰：'何以利吾家？'士、庶人曰：'何以利吾身？'上下交征利⑤而国危矣。万乘之国⑥，弑其君者必千乘之家⑦；千乘之国，弑其君者必百乘之家。万取千焉，千取百焉，不为不多矣。苟为后义而先利，不夺不餍⑧。未有仁而遗其亲者也，未有义而后⑨其君者也。王亦曰仁义而已矣，何必曰利？"

【注释】

①梁惠王：即魏惠王，名罃，公元前361年，魏国将都城从安邑（今山西夏县西北）迁到大梁（今河南开封），因而也称梁国。　②叟：对老人的尊称。　③亦：句首助词，无义。　④亦：此处是"只"的意思。　⑤交征利：上下互相争利。征，取。　⑥万乘（shèng）之国：古代以兵车的数量来表示国家的大小，一辆兵车称作一乘。万乘之国就是指具有万乘兵车的国家。　⑦弑（shì）：臣杀君、子杀父叫作弑。千乘之家：当时的卿大夫享有一定的封邑，封邑也称采地。卿大夫的封邑、采地就叫作家。　⑧餍：满足。　⑨后：怠慢。

【大意】

　　孟子进见梁惠王。惠王说："老先生，你不顾千里跋涉的辛劳远道而来，将给我国带来些什么利益吗？"孟子答道："王为什么一定要说利呢？只要讲仁义就好了。王说：'怎么才对我国有利？'大夫说：'怎么才对我家有利？'士和庶人说：'怎么才对我自身有利？'上上下下互相争利，国家就危险了。在拥有一万辆兵车的国家，杀害它君主的一定是拥有一千辆兵车的大夫；在拥有一千辆兵车的国家，杀害它君主的一定是拥有一百辆兵车的大夫。在一万辆兵车的国家中能有一千辆兵车，在一千辆兵车的国家中能有一百辆兵车，不能说不多了。但是如果不重视义而把利放在最前面，那他不夺到全部是不会满足的。从来没有仁人遗弃他的父母，也从来没有重义的人怠慢他的君主。王也只讲仁义就可以了，何必说利呢？"

　　《孟子》七篇，是孟子带领弟子们所作，内容丰富。全书从孟子与诸侯谈治国之道、仁政思想的对话开始，逐步展开。有与弟子谈古圣先贤功绩、三代兴亡经验的问答，也有关于为臣、为士、为人之道的阐述和对不同学派思想的辩驳，最后集中于人性善和心性修养的论述。从具体到抽象，从政治、人生到哲学，构成一个完整的体系。读《孟子》，不宜把它当作单纯的哲学或政治学说来读。

孟子自称未能得为孔子徒，但所愿是"学孔子"，自认孔子和孔子之徒为师。史书有载，孟子"受业子思之门人"（《史记·孟子荀卿列传》），他继承、发展了孔子思想，《孟子》也成为儒学的重要经典。宋儒把《孟子》和《论语》《大学》《中庸》合编成《四书》，作为学习儒学的必读材料。以后人们常把孔孟并提，称孔孟之道。

这一章开门见山提出了孟子的基本主张："亦曰仁义而已矣，何必曰利？"程子说："孟子有功于圣门，不可胜言。仲尼只说一个仁字，孟子开口便说仁义。……其功甚多。"（《四书章句集注》）仁义是孟子的核心思想，贯穿于《孟子》全书孟子思想的各个方面。孟子与梁惠王讨论的是治国方略和社会的核心价值问题。他认为当时社会的动荡混乱，根本原因在于"上下交征利"，解决的途径就在仁义。交征利则乱，行仁义则治。这里所说仁义的实际内容，就是他整个仁政的思想，要联系整部《孟子》来理解。把仁义化约为义，只用一个"义利关系"，不足以概括本章的丰富内容和根本精神。可与2.4章参读。

1.2　孟子见梁惠王，王立于沼[①]上，顾鸿雁、麋鹿，曰："贤者亦乐此乎？"

孟子对曰："贤者而后乐此，不贤者虽有此，不乐也。《诗》②云：'经③始灵台，经之营之④。庶民攻⑤之，不日⑥成之。经始勿亟⑦，庶民子来⑧。王在灵囿⑨，麀鹿攸伏⑩。麀鹿濯濯⑪，白鸟鹤鹤⑫。王在灵沼，於牣鱼跃⑬。'文王以民力为台为沼，而民欢乐之，谓其台曰灵台，谓其沼曰灵沼，乐其有麋鹿鱼鳖，古之人与民偕乐，故能乐也。《汤誓》⑭曰：'时日害丧？予及女偕亡！'⑮民欲与之偕亡，虽有台池、鸟兽，岂能独乐哉？"

【注释】

①沼：水池。　②《诗》：此处诗句引自《诗经·大雅·灵台》，这是一首歌颂周文王德行的诗歌。　③经：勘测、划界。④营：建造。　⑤攻：治。　⑥不日：不到一天，喻时间很短。⑦勿亟：不用着急。亟，速。　⑧子来：像子女为父母出力一样。⑨王：指西周的开国君主周文王。囿：畜养禽兽的场所。　⑩麀（yōu）：雌鹿。攸：所。伏：安静而不惊动。　⑪濯濯：肥胖而有光泽的样子。　⑫鹤鹤：洁白的样子。　⑬於（wū）：句首助词，无义。牣（rèn）：满。　⑭《汤誓》：《尚书》篇名，商汤讨伐夏桀的誓师词。　⑮时日害丧，予及女偕亡：夏桀曾自比太阳，说什么时候太阳消灭，我才会灭亡。《尚书》这段话，意思是"这太阳什么时候灭亡啊，我们和你一起灭亡！"反映了百姓对夏桀的痛恨和诅咒。时，此，这。害，通"曷"，这里指何时。女，通"汝"，你。偕，一同。

【大意】

孟子进见梁惠王,惠王站在池边,看着飞雁、驯鹿,说:"有道德的人也以享受这些为快乐吗?"

孟子答道:"有道德的人才能有这样的快乐,没有道德的人虽然有这些,却不会有快乐。《诗经》说:'开始筑灵台,规划又建造。民众齐努力,很快就落成。王说不用急,民众更积极。文王到园囿,母鹿正安卧;母鹿光且肥,白鸟羽毛洁。文王到鱼池,满池鱼跳跃。'文王用民力建高台、挖池沼,而百姓看作高兴的事,把这个台称为灵台,把这个池称为灵沼,对灵沼里有禽兽鱼鳖感到高兴。古时候的君子与百姓一起快乐,所以能够得到快乐。《汤誓》说:'这太阳什么时候灭亡啊,我们和你一起灭亡!'百姓要与他一起灭亡,他即使有高台池沼、飞禽走兽,难道能独自享受快乐吗?"

本章中孟子提出了"与民同乐"的思想。孟子不反对当政者的享乐,但他强调"古之人与民偕乐,故能乐也",只有与民同乐,才能有真正的快乐。不与民同乐,招致百姓反对,要与你同归于尽,还有什么乐可言?这是孟子仁政思想的一个内容。在2.1、2.2、2.4、2.5章中也谈到这个问题,2.4章有进一步的发挥,可以联系起来读。

1.3　梁惠王曰：“寡人①之于国也，尽心焉耳②矣！河内③凶，则移其民于河东④，移其粟于河内，河东凶亦然。察邻国之政，无如寡人之用心者。邻国之民不加少，寡人之民不加多，何也？”

孟子对曰：“王好战，请以战喻。填然⑤鼓之，兵刃既接，弃甲曳兵而走⑥，或百步而后止，或五十步而后止。以五十步笑百步，则何如？”

曰：“不可！直⑦不百步耳，是亦走也。”

曰：“王如知此，则无望民之多于邻国也。不违农时，谷不可胜⑧食也；数罟不入洿池⑨，鱼鳖不可胜食也；斧斤以时入山林⑩，材木不可胜用也。谷与鱼鳖不可胜食，材木不可胜用，是使民养生丧死⑪无憾也。养生丧死无憾，王道之始也。

“五亩之宅，树之以桑，五十者可以衣帛矣；鸡豚狗彘之畜⑫，无失其时⑬，七十者可以食肉矣；百亩之田，勿夺其时，数口之家可以无饥矣；谨庠、序⑭之教，申⑮之以孝、悌之养，颁白者不负戴于道路矣⑯。七十者衣帛食肉，黎民⑰不饥不寒，然而不王⑱者，未之有也。

“狗彘食人食而不知检⑲，塗有饿莩而不知发⑳；人死，则曰：‘非我也，岁也。’是何异于刺人而杀之，曰：‘非我也，兵㉑也。’王无㉒罪岁，斯㉓天下之民至焉。”

【注释】

①寡人：诸侯自称。　②焉耳：一说是形容其恳切到了极点；一说是在这上面的意思。　③河内：相当于今河南境内的黄河以北地区。　④河东：相当于今山西省安邑县一带。⑤填然：鼓声充盈。　⑥兵：指兵器。走：古代慢走叫步，快走叫趋。走比趋更快，相当于现在所说的跑。这里是逃跑的意思。⑦直：只是。　⑧胜（shèng）：尽。　⑨数罟（cù gǔ）：网孔细密的渔网。洿（wū）：大。　⑩斤：斧。以时：按一定的季节，指草木零落之时。　⑪丧死：葬送死者。　⑫鸡豚狗彘（zhì）之畜：豚是小猪，彘是猪，此处概指农家养殖的家畜。　⑬无失其时：不耽误养育的时节。　⑭庠序：古代的地方学校。　⑮申：重复、一再。　⑯颁白：同"斑白"，花白头发的老人。负戴：古代人力搬运重物，背在背上叫负，顶在头上叫戴。　⑰黎民：老百姓。⑱王（wàng）：靠实行仁政统一天下。　⑲狗彘食人食而不知检：有不同的解释。一说，丰收的年成粮食富足，谷贱伤农，人们拿粮食来喂猪狗，这时国家应该收购粮食以备荒年。另一说，指国君只顾豢养猪狗，横征暴敛，不知节制，把本该人吃的用来养猪狗。检，节制、制止。　⑳塗：道路。莩：饿死的人。发：开仓赈济。　㉑兵：此指武器。　㉒无：不要。　㉓斯：那么。

【大意】

梁惠王说:"我对于国家,实在很尽心了。河内发生饥荒,就把那里的一部分百姓迁移到河东,又把河东的粮食运到河内去,河东发生饥荒时也这样做。我考察邻国的政事,没有谁像我这样为百姓打算的。可是,邻国的百姓不见减少,我的百姓不见增多,这是什么道理呢?"

孟子答道:"王喜好打仗,那就让我用打仗来比喻。战鼓擂响,刀刃相接,就丢盔弃甲拖着武器逃跑,有的跑了一百步才停下,有的跑了五十步就停下了。跑五十步的人就讥笑跑一百步的人,行不行呢?"

王说:"不行!他只不过没有跑到一百步而已,跑五十步也是逃跑啊。"

孟子说:"王如果知道这个道理,就不要希望你的百姓比邻国多了。不妨碍百姓按农时从事生产,粮食就会吃不完;不用密孔的渔网下到池沼里捕鱼,鱼鳖就会吃不完;只在草木凋零的季节进山林伐木,木材也会就用不完。粮食和鱼鳖吃不完,木材用不完,百姓的生养、死葬就都没有缺憾了。百姓生养、死葬没有缺憾,就是王道的开端了。

"在五亩大的宅园里种植桑树,年满五十的人就能穿上丝绵袄了;鸡鸭猪狗不失时节地畜养,年满七十的人就能吃上肉了;一家百亩农田,不耽误耕作时节,数口之家就可以免于饥荒了;

认真办好乡校教育，反复讲明孝悌的道理，须发斑白的人就不会背物负重走在路上了。年满七十的人能穿上丝绸、吃上肉，百姓能不受饥寒，这样还不能使天下归服，是从未有过的。

"猪狗吃掉了人的粮食而不知道检查、制止，路上有饿死的人而不知道开仓赈济；人死了，则说'与我无关，是年成不好的缘故'，这和用刀枪把人杀了却说'与我无关，是武器杀的'有什么不同？王如果能不去怪罪年成不好，那么天下的百姓就来投奔你了。"

孟子向梁惠王描绘了仁政所要达到的理想目标："养生丧死无憾"，"五十者可以衣帛"，"七十者可以食肉"，"数口之家可以无饥"，"颁白者不负戴于道路"，"七十者衣帛食肉，黎民不饥不寒"，说明解决民生问题，使百姓不饥不寒，是王道仁政的出发点和终极目标。1.7章也谈到使"黎民不饥不寒"的目标，可参读。"五亩之宅，树之以桑"，"鸡豚狗彘之畜，无失其时"，"百亩之田，勿夺其时"，"申之以孝、悌之养"和"数罟不入洿池""斧斤以时入山林"等，是实现这个目标的具体政策措施。孔子曾提出庶、富、教三项治国目标，孟子重视民生的思想与孔子思想是一致的。

"不违农时，谷不可胜食也；数罟不入洿池，鱼鳖不可胜食也；斧斤以时入山林，材木不可胜用也"，反映了农业经济条件下对保护自然资源的重视, 对于今天维持生态的可持续发展也还有启发借鉴的意义。

《孟子》中谈到经济政策的还有多处, 如5.3章、13.23章等, 都可参读。

孟子用"五十步笑百步"这个比喻, 告诉梁惠王如果不从根本上改变政策, 实行仁政, 只在表面问题上改良是不能解决问题的。

> 1.4　梁惠王曰:"寡人愿安①承教。"
>
> 孟子对曰:"杀人以梃与刃②, 有以异乎?"
>
> 曰:"无以异也。"
>
> "以刃与政有以异乎?"
>
> 曰:"无以异也。"
>
> 曰:"庖③有肥肉, 厩④有肥马, 民有饥色, 野有饿莩, 此率⑤兽而食人也。兽相食, 且人恶之, 为民父母, 行政不免于率兽而食人, 恶⑥在其为民父母也? 仲尼⑦曰:'始作俑⑧者, 其无后乎!'为其象⑨人而用之也。如之何其使斯民饥而死也?"

【注释】

①安:乐意。　②梃:木棍。刃:刀。　③庖:厨房。

④厩（jiù）：马棚。　⑤率：率领。　⑥恶（wū）：何，疑问副词。
⑦仲尼：孔子字仲尼。　⑧俑：古代用于殉葬的偶人。　⑨象：同
"像"。

【大意】

梁惠王说："我愿诚心诚意地接受指教。"

孟子说："杀人，用木棒和刀剑有不同吗？"

王说："没有什么不同。"

"用刀杀人和用政治杀害人有不同吗？"

王说："没有什么不同。"

孟子说："厨房里有肥肉，马厩里有肥马，而百姓却脸带饥
色，野外有饿死的人，这等于是率领野兽去吃人。野兽相互残
杀，尚且为人所憎恶，作为百姓的父母官，施行政事却不能免于
率领野兽去吃人，做百姓的父母官的意义又在哪里呢？孔子说：
'第一个用俑陪葬的人，大概会断子绝孙吧？'这是因为它模仿
人的形象来殉葬。怎么可以使百姓饥饿而死呢？"

孟子批评梁惠王执政下"庖有肥肉，厩有肥马，民有饥
色，野有饿莩"，是以政杀人，"率兽而食人"。《孟子》中有
多处对时政的批评，这些批评折射出当时的社会政治状况
和百姓的处境，反映了孟子提出王道仁政思想的社会历史

背景。孟子王道仁政思想正是针对这些情况提出的。由此可以更好地理解孟子的思想。

　　1.5　梁惠王曰："晋国[①]，天下莫强焉，叟之所知也。及寡人之身，东败于齐[②]，长子死焉；西丧地于秦七百里[③]；南辱于楚[④]。寡人耻之，愿比死者一洒之[⑤]，如之何则可？"

　　孟子对曰："地方百里而可以王[⑥]。王如施仁政于民，省刑罚、薄税敛，深耕易耨[⑦]，壮者以暇日修其孝悌忠信，入以事其父兄，出以事其长上，可使制[⑧]梃以挞秦、楚之坚甲利兵矣。

　　"彼夺其民时，使不得耕耨以养其父母，父母冻饿，兄弟妻子离散。彼陷溺[⑨]其民，王往而征之，夫谁与王敌？故曰：'仁者无敌'。王请勿疑！"

【注释】

　　①晋国：此处晋国就是指魏国。　　②东败于齐：梁惠王三十年（前340年），魏发兵攻韩，韩向齐国求救。齐派田忌、孙膑率军攻魏救韩，两军在马陵（今河南范县西南）交战。魏军中计大败，将军庞涓自杀，统帅太子申被俘（下文的"长子死焉"即指此）。魏国从此一蹶不振。　　③西丧地于秦七百里：马陵之战后，魏

国遭到齐、秦、赵三国的围攻，魏国多次败于秦国，被迫割地求和，黄河天险尽入秦国之手。　④南辱于楚：梁惠王后元十一年（前324年），楚国在襄陵打败魏军，夺取了魏国的八座城邑。⑤比死者一洒之：这句话的意思是要为死者雪耻。比，为、替的意思。洒，同"洗"。　⑥地方百里而可以王：这里是指古代的周文王以小国灭殷夺取天下。百里，小国。　⑦易耨：抓紧时机清除杂草的意思。易，快速。耨，清除杂草。　⑧制：一说通"挈"，手持；一说意为"制造、制作"。　⑨陷溺：暴虐残害的意思。陷，陷于阱。溺，溺于水。

【大意】

梁惠王说："魏国的强大，没有哪个国家比得上，这先生您是知道的。到了我这一代，东面战败于齐国，长子阵亡；西面丧失了七百里疆土给秦国；南面又受辱于楚国。我感到耻辱，希望为死者报仇雪耻，怎样做才行呢？"

孟子答道："方圆百里的小国也可以使天下归服。王如能对百姓施行仁政，少用刑罚，减轻赋税，让百姓能深耕土壤，及时除草，青壮年在空闲时修习孝悌忠信，用这些在家侍奉父兄，出外侍奉尊长，这样，就可以让他们用木棒来抗击身披坚实衣甲、手执锐利武器的秦、楚军队了。

"秦、楚侵占百姓的农时，使百姓不能耕种来养活父母，父母挨冻受饿，兄弟、妻儿离散。他们使百姓陷于痛苦的深渊，王去讨伐他们，谁能和王对抗呢？所以说'仁者是无敌的'，希望王不要怀疑。"

"省刑罚、薄税敛，深耕易耨，壮者以暇日修其孝悌忠信，入以事其父兄，出以事其长上"，是对仁政主要内容的说明。施仁政可以得到百姓拥护，而秦楚等强国，穷兵黩武，不顾百姓死活，使百姓流离失所，陷于苦难，百姓离心离德。一边是民心所向，一边是怨恨背离，行仁政自然是战无不胜，甚至用木棒也可以抗击秦、楚的坚甲利兵，所以说"仁者无敌"，这也体现了"得民心者得天下"的思想。

"得民心者得天下"的思想，可以参看1.6、4.1、7.9等章。

1.6　孟子见梁襄王①。出，语②人曰："望之不似人君，就之而不见所畏焉。卒③然问曰：'天下恶④乎定？'吾对曰：'定于一⑤。''孰能一之？'对曰：'不嗜杀人者能一之。''孰能与⑥之？'对曰：'天下莫不与也。王知夫苗乎？七八月之间旱，则苗槁矣；天油然⑦作云，沛然⑧下雨，则苗浡然⑨兴之矣。其如是，孰能御之？今夫天下之人牧⑩，未有不嗜杀人者也。如有不嗜杀人者，则天下之民皆引领^⑪而望之矣。诚如是也，民归之，由^⑫水之就下，沛然谁能御之？'"

【注释】

①梁襄王：即魏襄王，名嗣（一说名赫），魏惠王的儿子。

②语（yù）：告诉。　③卒：同"猝"，突然。　④恶（wū）：怎样，如何。　⑤定于一：天下统一了才能安定。一，统一的意思。

⑥与：跟随。　⑦油然：自然产生之貌。　⑧沛然：雨盛貌。

⑨浡（bó）然：兴起貌。　⑩人牧：管理百姓的人，即统治者。

⑪领：脖子。　⑫由：通"犹"。

【大意】

孟子进见梁襄王。出来之后，告诉别人说："远看不像国君的样子，走近他也感觉不到有令人敬畏的地方。他忽然问我：'天下怎样才能安定？'我回答说：'天下统一才能安定。'他又问：'谁能统一天下呢？'我说：'不爱好杀人的，就能统一天下。'他又问：'谁会跟随他呢？'我说：'天下的百姓没有不跟随他的。王知道禾苗吗？七、八月间遇上干旱，禾苗就会枯萎了；而如果天上聚集起浓云，下起滂沱大雨，禾苗就会蓬勃生长起来了。像这样，什么力量能挡得住呢？当今天下的君王，没有不喜好杀人的。如果有不喜好杀人的君王，那么天下的百姓都会伸长脖子盼望他去解救了。真能这样，百姓归附他，就像水往低处流一样，那汹涌的势头谁能挡得住呢？'"

只有统一天下才能安定，这是时代发展的趋势。而孟子认为，战争给百姓带来死亡、苦难，统一不应靠战争来实现。本章说只有不嗜杀人者才能统一天下，反映了孟子对百姓疾苦的关怀和反对战争的思想。可与4.1、7.9章参读。

1.7 齐宣王①问曰："齐桓、晋文之事可得闻乎②？"

孟子对曰："仲尼之徒无道③桓、文之事者，是以后世无传焉，臣未之闻也。无以④，则王乎！"

曰："德何如则可以王矣？"

曰："保⑤民而王，莫之能御也。"

曰："若寡人者，可以保民乎哉？"

曰："可。"

曰："何由知吾可也？"

曰："臣闻之胡龁⑥曰，王坐于堂上，有牵牛而过堂下者，王见之，曰：'牛何之？'对曰：'将以衅钟⑦。'王曰：'舍之，吾不忍其觳觫⑧，若⑨无罪而就死地。'对曰：'然则废衅钟与？'曰：'何可废也，以羊易之。'不识有诸？"

曰："有之。"

曰："是心足以王矣。百姓皆以王为爱^⑩也，臣固知王之不忍也。"

王曰："然，诚有百姓者。齐国虽褊小^⑪，吾何爱一牛？即不忍其觳觫，若无罪而就死地，故以羊易之也。"

曰："王无异^⑫于百姓之以王为爱也。以小易大，彼恶知之？王若隐^⑬其无罪而就死地，则牛羊何择焉？"

王笑曰："是诚何心哉？我非爱其财而易之以羊也，宜乎百姓之谓我爱也。"

曰："无伤^⑭也，是乃仁术也，见牛未见羊也。君子之于禽兽也，见其生不忍见其死，闻其声不忍食其肉，是以君子远庖厨也。"

王说^⑮曰："《诗》^⑯云：'他人有心，予忖度^⑰之。'夫子^⑱之谓也！夫我乃行之，反而求之不得吾心，夫子言之，于我心有戚戚^⑲焉。此心之所以合于王者，何也？"

曰："有复于王者曰：'吾力足以举百钧^⑳，而不足以举一羽；明足以察秋毫之末^㉑，而不见舆薪^㉒'，则王许^㉓之乎？"

曰："否。"

"今恩足以及禽兽，而功不至于百姓者，独何与^㉔？

然则一羽之不举，为不用力焉，舆薪之不见，为不用明焉，百姓之不见保，为不用恩焉。故王之不王，不为也，非不能也。"

曰："不为者与不能者之形㉕何以异？"

曰："挟太山以超北海㉖，语人曰'我不能'，是诚不能也。为长者折枝㉗，语人曰'我不能'，是不为也，非不能也。故王之不王，非挟太山以超北海之类也；王之不王，是折枝之类也。老吾老㉘以及人之老，幼吾幼以及人之幼，天下可运于掌㉙。《诗》㉚云'刑于寡妻㉛，至于兄弟，以御于家邦㉜'，言举斯心加诸彼而已。故推恩足以保四海，不推恩无以保妻子。古之人所以大过人者无他焉，善推其所为而已矣。今恩足以及禽兽，而功不至于百姓者，独何与？权㉝然后知轻重，度㉞然后知长短，物皆然，心为甚。王请度之。抑㉟王兴甲兵，危士臣，构怨于诸侯，然后快于心与？"

王曰："否。吾何快于是？将以求吾所大欲也。"

曰："王之所大欲可得闻与？"王笑而不言。

曰："为肥甘不足于口与，轻暖不足于体与？抑为采色不足视于目与？声音不足听于耳与？便嬖不足使令于前与？王之诸臣皆足以供之，而王岂为是哉？"

曰："否！吾不为是也。"

曰："然则王之所大欲可知已。欲辟^㊱土地，朝秦楚^㊲，莅中国而抚四夷也^㊳。以若^㊴所为求若所欲，犹缘^㊵木而求鱼也。"

王曰："若是其甚与？"

曰："殆有甚焉！缘木求鱼，虽不得鱼，无后灾。以若所为，求若所欲，尽心力而为之，后必有灾。"

曰："可得闻与？"

曰："邹人与楚人战，则王以为孰胜？"

曰："楚人胜。"

曰："然则小固不可以敌大，寡固不可以敌众，弱固不可以敌强。海内之地方千里者九，齐集有其一。以一服八，何以异于邹敌楚哉？盖^㊶亦反其本矣。今王发政施仁，使天下仕者皆欲立于王之朝，耕者皆欲耕于王之野，商贾皆欲藏于王之市，行旅皆欲出于王之涂^㊷，天下之欲疾其君者皆欲赴愬于王^㊸。其若是，孰能御之？"

王曰："吾惛^㊹，不能进于是矣。愿夫子辅吾志，明以教我。我虽不敏，请尝试之。"

曰："无恒产而有恒心者，惟士为能。若民，则无恒产，因无恒心。苟无恒心，放辟邪侈，无不为已。及陷于罪，然后从而刑之，是罔^㊺民也。焉有仁人在位，罔民而可为也？是故明君制^㊻民之产，必使仰足以事父母，俯足以畜妻子，乐岁终身饱，凶年免于死亡，然后驱而之善，故民之从之也轻⁴⁷。

"今也制民之产，仰不足以事父母，俯不足以畜妻子，乐岁终身苦，凶年不免于死亡。此惟救死而恐不赡⁴⁸，奚⁴⁹暇治礼义哉？

"王欲行之，则盍反其本矣。五亩之宅，树之以桑，五十者可以衣帛矣；鸡豚狗彘之畜，无失其时，七十者可以食肉矣；百亩之田，勿夺其时，八口之家可以无饥矣；谨庠、序之教，申之以孝、悌之义，颁白者不负戴于道路矣。老者衣帛食肉，黎民不饥不寒，然而不王者，未之有也。"

【注释】

①齐宣王：齐国国君，名辟疆。 ②齐桓：齐桓公，名小白。晋文：晋文公，名重耳。两人在春秋时期先后称霸，齐桓公是春秋五霸之首。 ③道：言说、谈论。 ④无以：不得已的意思。 ⑤保：安。 ⑥胡龁（hé）：齐国大臣。 ⑦衅钟：古代一种祭的名称。宗庙中的新钟启用前，宰杀牲畜，把血涂在钟上进行告祭。 ⑧觳觫（hú sù）：恐惧貌。 ⑨若：指代词，犹言"它"。 ⑩爱：这里是吝啬的意思。 ⑪褊（biǎn）小：狭小。 ⑫异：惊异、奇怪。 ⑬隐：怜悯。 ⑭无伤：没有关系。 ⑮说（yuè）：

同"悦",高兴。　⑯《诗》:此处诗句引自《诗经·小雅·巧言》。

⑰忖度(cǔn duó):推想。　⑱夫子:对年长或有德者的尊称。

⑲戚戚:心动貌。　⑳钧:古代重量单位。三十斤为一钧。

㉑秋毫之末:毫毛的末梢,小而难见。　㉒舆薪:整车的柴草,大而易见。　㉓许:同意、相信。　㉔与:句末叹词。　㉕形:情形、表现。　㉖太山:即今泰山。太、泰通。北海:这里应是指渤海。　㉗折枝:有三种解释:一,折取树枝;二,屈身行礼;三,按摩指节以解乏。　㉘老吾老:前一个老作动词用,是尊重的意思。下文"幼吾幼"与此类似。　㉙天下可运于掌:天下可运转于掌上,形容其容易。　㉚《诗》:此处诗句引自《诗经·大雅·思齐》。

㉛刑:通"型",示范。寡妻:国君的正妻,其称为"寡",犹如国君自称寡人,是谦虚的说法。　㉜家邦:指家与国,大夫的采邑叫家。　㉝权:秤锤,此处作动词用。　㉞度:尺度,此处作动词用。　㉟抑:疑辞,表示不肯定。料想、猜测。　㊱辟:开辟。

㊲朝秦楚:使秦楚来朝见。在当时,朝见是臣服的表示。　㊳莅:临。中国:此指中原地区。四夷:四方的少数民族。　㊴若:如此。　㊵缘:攀缘。　㊶盖:通"盍",何不。　㊷涂:道路。

㊸疾:怨恨、不满。愬(sù):诉说。　㊹惛(hūn):糊涂、愚昧。

㊺罔:陷害。　㊻制:约制、规定。　㊼轻:轻易、容易。

㊽赡:足够。　㊾奚:疑问词,何。

【大意】

齐宣王问道："关于齐桓公、晋文公的事情，可以讲一点给我听吗？"

孟子回答："孔子的门徒从不谈论齐桓公、晋文公的事情，因此没有传到后世来，我没有听说过。一定要说，那就说称王天下的事吧！"

宣王说："具有怎样的德行才能称王天下呢？"

孟子说："尽力使百姓过上安定生活的人去统一天下，是没有力量能够阻挡的。"

宣王说："像我这样能够让百姓生活安定吗？"

孟子说："能。"

宣王说："凭什么知道我能呢？"

孟子说："我听大臣胡龁说，王坐在殿上，有人牵着牛从殿下经过，王见了问道：'这牛要往哪儿牵啊？'那人答道：'要用它来祭钟。'王说：'放了它吧，我不忍心看它那害怕的样子，它是无辜被杀呀。'那人说：'那是不是就把祭钟的礼废除了？'王说：'怎么能废除呢？用羊来代替吧。'不知道有这回事吗？"

宣王说："有这回事。"

孟子说："有这样的心思就足以统一天下了。百姓们都以为王是吝啬，我知道王是不忍心啊。"

宣王说："是啊，真有这样的百姓。齐国虽然狭小，我何至于吝啬一条牛？只是不忍心看它害怕发抖的样子，它是无辜被杀的，所以用羊换下它。"

孟子说："王不必奇怪百姓会认为您吝啬。用小的替换大的，王的用心他们怎么会知道呢？如果怜悯它无辜被杀，那么牛和羊有什么区别呢？"

宣王笑着说："这真是什么心理呢？我确实不是吝啬钱财才用羊来替换牛的，而百姓说我吝啬也有他的道理。"

孟子说："没有关系，这是一种仁术，王是因为只见到了牛而没有见到羊。君子对于禽兽，见到它活着，就不忍心见到它死；听到它的悲鸣，就不忍心吃它的肉。所以君子总是远离厨房。"

宣王高兴地说："《诗经》说：'他人的心思，我能揣摩到。'说的正是先生啊！我做了这事，回过头来想想，却不清楚自己这样做是出于什么样的心。先生这么一说，倒是打动了我的心。这样的心适合称王天下，是为什么呢？"

孟子说："有人对王说'我的力气能举起三千斤，但拿不动一根羽毛；眼力能分清秋天毫毛的末梢，但看不见一整车木柴'，王会相信他吗？"

宣王说："不。"

孟子说："现在王的恩惠足以施及禽兽，而好处却没有给到百姓，这是什么原因呢？就像前面说的，举不起一根羽毛是因为没有用力气，看不见一车木柴是没有用眼力，百姓没有得到安定的生活，是没有施加恩惠。所以，王没能称王天下只是没有去做，不是做不到。"

宣王说："不去做和做不到的表现有什么区别呢？"

孟子说："要用胳膊夹着泰山跨越北海，对他人说'我做不到'，是确实做不到；为年长的人折一根树枝，对他人说'我做不到'，是不去做，不是做不到。所以，王没能称王天下，不是夹着泰山跨越北海这一类的；王没能称王天下，是不肯为长者折树枝这一类的。敬重自己的长辈，从而推广到敬重他人的长辈；爱护自己的晚辈，从而推广到爱护他人的晚辈，这样统一天下就像运转于手掌之上那样容易了。《诗经》说'给自己妻子做榜样，推广到族内兄弟，再推广到采邑和邦国'，说的不过是以这样的心施加于他人而已。所以，推广恩惠足以安定天下，不推广恩惠连妻儿都保护不了。古时候的人之所以大大超过一般人，没有其他的原因，只是善于推广他们的善行罢了。现在王的恩惠足以施及禽兽，而好处却没有给到百姓，这是什么原因呢？称了才知道轻重，量了才知道长短，各种事物都是如此，心尤其是这样。请王思量一下，是不是王非得动员军队，危及士民，与诸侯结怨，心里才感到快意呢？"

宣王说："不，对这个哪里有什么快意？我这样做只是想追求我最大的欲望啊。"

孟子说："王的大欲望能讲给我听听吗？"宣王笑着不回答。

孟子说："是因为肥美的食物不够吃？轻暖的衣服不够穿？还是缤纷的色彩不够看？悦耳的乐曲不够听？宠幸的姬妾臣仆不够使唤呢？这些，王的大小臣仆都能够供办，王难道是为了这些吗？"

宣王说："不！我不是为了这些。"

孟子说："那么，王的大欲望就可以知道了。大王是想开拓疆土，使秦、楚臣服，君临中土而抚有海内。然而，用您现在这样的行为来追求这样的目标，就好比爬到树上去捉鱼。"

宣王说："有这样严重吗？"

孟子说："恐怕还更严重呢！爬到树上捉鱼，虽然捉不到鱼，却没有后患。以您现在的行为去追求您的大欲，如果尽力去做，日后还必定会有灾祸。"

宣王说："可以讲给我听听吗？"

孟子说："邹人和楚人作战，王认为谁能取胜？"

宣王说："楚人取胜。"

孟子说："这么说小国本来就敌不过大国，人数少的本来就敌不过人数多的，力量弱的本来就敌不过力量强的。四海之内，方圆千里的土地有九块，集合齐国的全部土地，只占有其中之一。想以九分之一来制服九分之八，与邹人对抗楚人有什么不同？何不回到根本上来解决问题呢？现在王如果能施行仁政，使得天下的士人都愿在王的朝廷中任职，农夫都愿在王的土地上耕种，商贩都愿到王的集市上交易，旅客都愿经过王的道路，天下对自己的君主不满的人都愿到王这里来诉说。这样的话，什么力量能阻挡呢？"

宣王说："我愚笨糊涂，达不到这样的程度了，请先生帮助我完成志向，明白地教诲我。我虽然不聪明，也让我试着去做。"

孟子说："没有固定的产业而有坚定的信念的，只有士能做到。至于一般百姓，没有固定的产业也就没有了坚定的信念。没有了信念，就会放荡胡来，无所不为。等他犯了罪，就依罪论处，加以惩罚，这等于是张开大网陷害百姓。哪有仁人当政而可以陷害百姓的呢？因此，贤明的君主规定百姓的产业，一定要使它上足以侍奉父母，下足以抚养妻儿，丰年能够温饱，荒年可以免于死亡，然后要他们向善，百姓就容易听从。

"现在为百姓所规定的产业，上不足以侍奉父母，下不足以抚养妻儿，丰年终年劳苦，荒年不免于死亡。这样，只是挽救生命都恐怕来不及，哪还有余暇讲求礼义呢？

"王要施行仁政，何不回到根本上来呢？一家有五亩宅田种植桑树，年满五十的人就能穿上丝绵袄了；鸡鸭猪狗不失时节地畜养，年满七十的人就能吃上肉了；一家百亩农田，不耽误耕作时节，八口之家就可以免于饥荒了；认真办好乡校教育，反复讲明孝悌的道理，须发斑白的人就不会背物负重走在路上了。老人能穿上丝绸、吃上肉，百姓能不受饥寒，这样还不能使天下归服，是从未有过的。"

　　这是孟子比较全面论述仁政思想的一章，包含几个要点：一、"保民而王"，仁政的核心是保民。前几章中反映的对民生的关怀和反对诸侯争霸战争的思想，都体现了保民而王的思想；二、"推恩足以保四海，不推恩无以保妻子。"仁政的实质，是仁爱思想的推扩；仁，是仁政的思想理论基础。"老吾老以及人之老，幼吾幼以及人之幼"，把仁爱之心推扩到他人以至百姓，就是仁政；三、"无恒产而有恒心者，惟士为能。若民，则无恒产，因无恒心。"百姓的道德，基础在民生。没有稳定的物质生活，不可能有稳定的道德追求；四、因此，仁政的基础和目标在于使"黎民不饥不寒"；五、为此，孟子提出了一系列的具体政策。

　　孟子特别向齐宣王指出，"王之不王，不为也，非不能也"。仁爱之心，是人人都有的，问题只在于能不能把它推扩开来，施及百姓。这取决于自己做不做，而不是能不能。在个人修养上，孟子也强调，人皆可以为尧、舜，没有做到，是不为也，非不能也。这是孟子一个重要的思想，要认真体会。

一般常以"制民之产"为孟子仁政思想的一个方面，这一说法并不准确。"制民之产"是一个中性词，只是说要制定政策以规定百姓的财产，并不涉及政策的内容。这一章中，孟子一方面提出自己的政策和黎民不饥不寒的目标，同时也批评了当时诸侯们的政策，说"今也制民之产，仰不足以事父母，俯不足以畜妻子，乐岁终身苦，凶年不免于死亡"。可见分歧不是在要不要或有没有"制民之产"，而在于"制民之产"的内容，是使"黎民不饥不寒"，还是使百姓"仰不足以事父母，俯不足以畜妻子，乐岁终身苦，凶年不免于死亡"。

梁惠王下

凡十六章

2.1　庄暴①见孟子，曰："暴见于王②，王语暴以好乐，暴未有以对也。"曰："好乐何如③？"

孟子曰："王之好乐甚，则齐国其庶几④乎！"

他日，见于王曰："王尝语庄子以好乐，有诸？"

王变乎色⑤，曰："寡人非能好先王之乐也，直⑥好世俗之乐耳。"

曰："王之好乐甚，则齐其庶几乎！今之乐犹古之乐也。"

曰："可得闻与？"

曰："独乐乐⑦，与人乐乐，孰乐？"

曰："不若与人。"

曰："与少乐乐，与众乐乐，孰乐？"

曰："不若与众。"

"臣请为王言乐。今王鼓乐于此，百姓闻王钟鼓之声、管籥之音⑧，举疾首蹙頞而相告曰⑨：'吾王之好鼓乐，夫何使我至于此极⑩也？父子不相见，兄弟妻子离散。'今王田猎⑪于此，百姓闻王车马之音，见羽旄⑫之美，举疾首蹙頞而相告曰：'吾王之好田猎，夫何使我至于此极也？父子不相见，兄弟妻子离散。'此无他，不与民同乐也。今王鼓乐于此，百姓闻王钟鼓之声、管籥之音，举欣欣然有喜色而相告曰：'吾王庶几无疾病与？

何以能鼓乐也？'今王田猎于此，百姓闻王车马之音，见羽旄之美，举欣欣然有喜色而相告曰：'吾王庶几无疾病与？何以能田猎也？'此无他，与民同乐也。今王与百姓同乐，则王矣！"

【注释】

①庄暴：齐国大臣。 ②见于王：受齐王召见。这里指的是齐宣王。 ③好乐何如：这句话也是庄暴所说的，中间加"曰"，表示说话另外起了一个话头。 ④庶几：差不多。 ⑤变乎色：改变了脸色。 ⑥直：不过、仅仅。 ⑦独乐乐（yuè lè）：前一"乐"意为奏乐、听乐。后一"乐"是快乐的乐。下几句类似的句子同。 ⑧管：笙。籥（yuè）：排箫。 ⑨举：皆、都。疾首蹙頞（è）：忧愁的样子。 ⑩极：顶点。 ⑪田猎：在野外打猎。 ⑫羽旄：旗帜。

【大意】

庄暴进见孟子，说："我受王召见，王告诉我他爱好音乐。我不知道要怎样回答他。"接着说："爱好音乐怎么样啊？"

孟子说："王如果非常爱好音乐，那齐国差不多就可以治理好了！"

过了些日子，孟子受到宣王召见，问道："王曾经对庄暴讲过王爱好音乐，有这回事吗？"

宣王脸色变了，说："我并不是爱好先王的音乐，只不过是爱好世俗的音乐罢了。"

孟子说："王如果非常爱好音乐，那齐国差不多就可以治理好了！现在的音乐与古代的音乐是一样的。"

宣王说："能说给我听听吗？"

孟子说："独自一人欣赏音乐快乐，和他人一起欣赏音乐也快乐，哪个更快乐呢？"

宣王说："不如和他人一起欣赏更快乐。"

孟子说："和少数人一起欣赏音乐快乐，和多数人一起欣赏音乐也快乐，哪个更快乐呢？"

宣王说："不如与多数人一起欣赏更快乐。"

孟子说："那就让我来为王讲讲快乐吧！假如王在奏乐，百姓们听到钟鼓笙箫的声音，都愁眉苦脸地相互诉苦说：'我们的王爱好音乐，为什么要使我们穷困到这般地步呢？父亲和子女不能相见，兄弟和妻儿流离失散。'假如王在围猎，百姓们听到车马的声音，见到旗帜的华丽，都愁眉苦脸地相互诉苦说：'我们的王喜好围猎，为什么要使我们穷困到这般地步呢？父亲和子女不能相见，兄弟和妻儿流离失散。'这没有别的原因，只是因为只顾独自快乐，没有和百姓一同享受快乐。假如王在奏乐，百姓们听到钟鼓笙箫的声音，都眉开眼笑地相互告诉说：'我们的王大概没有疾病吧，要不怎么能奏乐呢？'假如王在围猎，百姓们听到车马的声音，见到旗帜的华丽，都眉开眼笑地相互告诉说：'我们的王大概没有疾病吧，要不怎么能围猎呢？'这没有别的原因，只是因为王和百姓一同享受快乐的缘故。倘若王与百姓一同享受快乐，那么就会使天下人归服了！"

2.2　齐宣王问曰："文王①之囿方七十里，有诸？"

孟子对曰："于传②有之。"

曰："若是其大乎？"

曰："民犹以为小也！"

曰："寡人之囿方四十里，民犹以为大，何也？"

曰："文王之囿方七十里，刍荛者③往焉，雉兔者④往焉，与民同之。民以为小，不亦宜乎？臣始至于境，问国之大禁⑤，然后敢入。臣闻郊关之内⑥有囿方四十里，杀其麋鹿者如杀人之罪，则是方四十里为阱⑦于国中。民以为大，不亦宜乎？"

【注释】

①文王：指周文王。　②传：此指文献记载。　③刍荛（ráo）者：砍柴的人。刍，割草。荛，柴草。　④雉兔者：猎取雉、兔等小动物的猎人。　⑤大禁：重要的禁令。　⑥郊关之内：郊是

国都之外的近郊，关是边境上的关卡，此处是指国境之内。
⑦阱：陷阱。

【大意】

齐宣王问孟子："听说周文王围猎的场所方圆七十里，有这
回事吗？"

孟子答道："在典籍上有这样的记载。"

宣王说："真有这么大吗？"

孟子说："百姓还觉得小呢！"

宣王说："我围猎的场所方圆四十里，百姓还觉得大，这是
为什么呢？"

孟子说："周文王围猎的场所方圆七十里，割草砍柴的人可
以去，捕鸟猎兔的人也可以去，与百姓共同享用。民众觉得小，不
是很自然的吗？我刚到齐国边境时，先问明了国家的重要禁令才
敢入境。我听说国都郊外有个围猎的场所，方圆四十里，凡猎杀
其中麋鹿的人按杀人罪论处，那么这方圆四十里等于是在国内
设立的陷阱。百姓觉得大，不是很自然的吗？"

以上二章都是说与民同乐，可与1.2、2.4、2.5章参读。

2.3　齐宣王问曰：“交邻国有道乎？”

孟子对曰：“有。惟仁者为能以大事小，是故汤事葛①，文王事昆夷②；惟智者为能以小事大，故大王事獯鬻③，句践事吴④。以大事小者，乐天⑤者也；以小事大者，畏天⑥者也。乐天者保天下，畏天者保其国。《诗》⑦云：‘畏天之威，于时⑧保之。’”

王曰：“大哉言矣！寡人有疾，寡人好勇。”

对曰：“王请无好小勇。夫抚剑疾视⑨曰‘彼恶敢当我哉！’此匹夫之勇，敌一人者也。王请大之！《诗》⑩云：‘王赫⑪斯怒，爰整其旅⑫，以遏徂莒⑬，以笃周祜⑭，以对⑮于天下。’此文王之勇也。文王一怒而安天下之民。《书》⑯曰：‘天降下民，作之君，作之师，惟曰其助上帝宠之⑰，四方有罪无罪惟我在，天下曷敢有越厥⑱志？’一人衡行⑲于天下，武王⑳耻之，此武王之勇也。而武王亦一怒而安天下之民。今王亦一怒而安天下之民，民惟恐王之不好勇也！”

【注释】

①汤事葛：汤是殷商的开国君主，葛是夏末的诸侯国。“汤事葛”的事，详见本书6.5章。　②文王事昆夷：昆夷亦作“混夷”，是当时在周族西北边境活动的少数民族。文王事昆夷的本事不

详。 ③大王：亦作"太王"，指周的先祖古公亶父。獯鬻：亦作"薰育"，是当时北方的少数民族。 ④句践事吴：句践即春秋末年越国的国君勾践，公元前494年越国被吴打败，越王勾践卑辞厚礼向吴国求和，卧薪尝胆，刻苦图强，最后终于在公元前473年攻灭吴国（详见《史记·越王句践世家》）。 ⑤乐天：《周易·系辞上》说："乐天知命，故不忧。"所以乐天也就是知命的意思。⑥畏天：下文"畏天之威，于时保之"，畏天就是"畏于天威"。⑦《诗》：此处的诗句引自《诗经·周颂·我将》，这是一首祭祀周文王的颂歌。 ⑧于时：于是。 ⑨疾视：怒目而视。⑩《诗》：此处的诗句引自《诗经·大雅·皇矣》，这是一首歌颂周先祖功业的诗歌。 ⑪赫：勃然发怒貌。 ⑫爰：发语词，无义。整：整顿、整饰。旅：军队。 ⑬遏：遏止、制止。徂：往。莒：地名。 ⑭祜（hù）：福祉。 ⑮对：答。 ⑯《书》：此处引文引自《尚书》逸篇。后来的伪古文《尚书》将其采入《泰誓》。⑰惟曰其助上帝宠之：惟曰，发语词，无义。此句的读法不同。一说将"四方"与"惟曰其助上帝宠之"相连，读作"惟曰其助上帝宠之四方，有罪无罪惟我在"。此处取朱熹说。 ⑱厥：其，代词。 ⑲衡行：同"横行"。 ⑳武王：西周的开国君主周武王。

【大意】

齐宣王问道："和邻国交往有什么原则和办法吗？"

孟子答道："有的。只有仁者才能以大国的身份侍奉小国，所以成汤侍奉葛伯、文王侍奉昆夷；只有智者才能以小国的身份侍奉大国，所以古公亶父侍奉獯鬻、勾践侍奉夫差。以大国身份侍奉小国的，是乐天知命；以小国身份侍奉大国的，是敬畏天命。乐天知命的人能使天下安定，敬畏天命的人能保护自己的国家安定，《诗经》说：'敬畏上天的威灵，因而常得佑护。'"

宣王说："说得好啊！可是我有缺点，我崇尚勇武。"

孟子答道："希望王不要爱好小勇。那种按着剑、瞪着眼睛大叫'他怎么敢抵挡我啊'的人，只是匹夫之勇，只能抵敌一个人。希望大王能把勇扩大！《诗经》说：'文王勃然震怒，整顿军队向前，制止对莒的侵犯，提高周国的威望，酬答天下的向往。'这是文王的勇。文王一怒就使天下百姓得到安定。《尚书》说：'上天降生下民，又安排了君王，安排了老师，只是为了让他们帮助天帝保护百姓。四方的有罪者、无罪者，都由我负责。天下谁敢违背上天的意志？'有一个人横行霸道，武王就感到耻辱，这是武王的勇敢。武王也是一怒就使天下百姓得到了安定。现在，假如大王也一怒就使天下百姓得到安定，百姓唯恐大王不崇尚勇武呢！"

本章说与邻国相处之道。孟子说，只有仁者才能以大国的身份侍奉小国，只有智者才能以小国的身份侍奉大国。以大国的身份侍奉小国，是"乐天"；以小国的身份侍奉大国，是"畏天"。乐天，可以保天下；畏天，可以保国。朱熹注"天者，理而已矣"（《四书章句集注》），应该如此做的道理。仁者有仁心，所以能不计强弱大小，不以大欺小，而善待小国。是自觉按照应该的道理去做，是乐天。智者能明察大小强弱的形势，抱敬畏之心以谨慎侍奉大国，是"畏天"。乐天靠仁，畏天用智，都是按照应该的道理去做。

齐宣王说"寡人好勇"，说明他是想用武力来处理与邻国的关系。孟子的回答，提出了小勇和大勇、匹夫之勇和文武（王）之勇的区别。匹夫之勇只是逞个人意气，是血气之勇，只能与个别人对抗，是小勇。文武之勇，是出于义理，为了天下太平，百姓安宁，所以"一怒而安天下之民"，是大勇。勇是人们崇尚的美德，但对勇有着不同的理解。怎样才是真正的勇？怎样才是大勇？是值得认真思考的。

3.2章也谈到养勇，可以参读。

2.4　齐宣王见孟子于雪宫①。王曰："贤者亦有此乐乎？"

孟子对曰："有。人不得，则非②其上矣。不得而非其上者，非也；为民上而不与民同乐者，亦非也。乐民之乐者，民亦乐其乐；忧民之忧者，民亦忧其忧。乐以天下，忧以天下，然而不王者，未之有也。

"昔者齐景公问于晏子曰[3]：'吾欲观于转附、朝儛[4]，遵[5]海而南，放于琅邪[6]。吾何脩[7]而可以比于先王观也？'

"晏子对曰：'善哉问也！天子适[8]诸侯曰巡狩，巡狩者巡所守也；诸侯朝于天子曰述职，述职者述所职也，无非事者[9]。春省[10]耕而补不足，秋省敛[11]而助不给。夏谚曰："吾王不游，吾何以休[12]？吾王不豫[13]，吾何以助？一游一豫，为诸侯度[14]。"今也不然，师行而粮食[15]，饥者弗食，劳者弗息。睊睊胥谗[16]，民乃作慝[17]。方命[18]虐民，饮食若流，流连荒亡，为诸侯忧。从流下而忘反[19]谓之流，从流上而忘反谓之连，从兽无厌谓之荒，乐酒无厌谓之亡。先王无流连之乐、荒亡之行，惟君所行也。'

"景公悦，大戒[20]于国，出舍于郊，于是始兴发补不足。召大师[21]曰：'为我作君臣相说之乐！'盖《徵招》《角招》[22]是也。其诗曰：'畜君何尤[23]？'畜君者，好君也。"

【注释】

①雪宫：离宫之名。 ②非：责备、非难。 ③齐景公：春秋时齐国国君，名杵臼。晏子：齐国大臣，名婴，字平仲。 ④观：巡游。转附：旧说即山东诸城东南的琅邪山，或说是山东烟台以北的芝罘山。朝儛：旧说即山东荣成东北的成山角，或说是荣成以东的召石山。 ⑤遵：沿着。 ⑥琅邪：邑名，在今山东诸城东南的海滨。 ⑦脩：同"修"。 ⑧适：前往。 ⑨无非事者：没有无事而空行者。 ⑩省：省视、视察。 ⑪敛：此指收获。 ⑫休：休养生息。 ⑬豫：义同"游"。春省耕而补不足叫游，秋省敛而助不给叫豫。 ⑭度：法度、榜样。 ⑮粮食：此处后面的"食"作动词用。 ⑯睊睊：侧目相视。胥：齐，皆。谗：抱怨。 ⑰慝：恶。 ⑱方命：违抗王命。方，逆。命，王命。另一说方同"放"，放弃不用先王之命。 ⑲反：同"返"。 ⑳戒：准备。 ㉑大师：即太师，管理乐工的官员。 ㉒《徵招》、《角招》：所作乐章名。 ㉓尤：过错。

【大意】

齐宣王在雪宫会见孟子，宣王说："有道德的人也以享受这些为快乐吗？"

孟子答道："有的。人们得不到这样的快乐，就会责备他们的君主；因为得不到而责备君主是不对的，作为百姓的君上不与百姓一同享受这些快乐，也是不对的。君主以百姓的快乐为自己的快乐，百姓也就以君主的快乐为自己的快乐；君主以百姓的忧愁为自己的忧愁，百姓也就以君主的忧愁为自己的忧愁。以天下人的快乐为快乐，以天下人的忧愁为忧愁，这样还不能使天下归服，是从未有过的。

"过去齐景公问晏子说：'我打算到转附、朝儛去巡游，沿海岸向南直达琅邪。我该怎么做才能和先王的巡游相比拟呢？'

"晏子答道：'问得好呀！天子前往诸侯国叫作巡狩，巡狩就是巡视所守的疆域；诸侯朝见天子叫作述职，述职就是报告所执掌的公务，没有和政事无关的出游。春季察看耕种，补助贫困；秋季考察收获，救济歉收。夏代的谚语说："我们的王不巡游，我们如何得休息？我们的王不省察，我们何处得救助？王的巡游视察，为诸侯做出榜样。"现在不是这样，巡游队伍一出动就征粮，饥饿的得不到食物，劳苦的得不到休息。人人侧目而视、怨声载道，人们也就开始作恶。违背天意虐害民众，大吃大喝如同流水，如此流连荒亡，诸侯也为之忧愁。顺流而下不知回返叫作流，逆流而上不知回返叫作连，永不满足地打猎叫作荒，毫无节制地饮酒叫作亡。先王没有流连的娱乐、荒亡的行为，现在就看您要怎样做了。'

"景公很高兴，在城内充分准备，移居郊外，开始拿出钱粮救助贫困，又召见太师说：'替我创作君臣同乐的乐曲。'这乐曲就是《徵招》《角招》。歌词说'畜君有什么错'，畜君就是敬爱君王的意思。"

1.2、2.1、2.2、2.5章和本章都是谈与民同乐。与民同乐，是孟子关于君民关系的重要原则，是他仁政思想的重要内容。值得注意的是，这一章中说"人不得，则非其上矣。不得而非其上者，非也；为民上而不与民同乐者，亦非也。乐民之乐者，民亦乐其乐；忧民之忧者，民亦忧其忧。乐以天下，忧以天下，然而不王者，未之有也"。他既批评在位者不与民同乐的错误行为，强调君要"乐民之乐，忧民之忧"，也肯定在位者可以有合理的享乐，反对百姓"不得而非其上"，对这一思想进行了全面的阐述。这对于官民关系，有着普遍意义。

2.5　齐宣王问曰："人皆谓我毁明堂①。毁诸？已②乎？"

孟子对曰："夫明堂者，王者之堂也。王欲行王政，则勿毁之矣。"

王曰："王政可得闻与？"

对曰："昔者文王之治岐也，耕者九一，仕者世禄③，关市讥④而不征，泽梁⑤无禁，罪人不孥⑥。老而无妻曰鳏，老而无夫曰寡，老而无子曰独，幼而无父曰孤。此四者，天下之穷民而无告者。文王发政施仁，必先斯四者，《诗》⑦云：'哿⑧矣富人，哀此茕独⑨。'"

王曰："善哉言乎！"

曰："王如善之，则何为不行？"

王曰："寡人有疾，寡人好货⑩。"

对曰："昔者公刘⑪好货。《诗》⑫云：'乃积乃仓⑬，乃裹餱⑭粮，于橐于囊⑮。思戢用光⑯。弓矢斯张⑰，干戈戚扬⑱，爰⑲方启行。'故居者有积仓，行者有裹粮也，然后可以爰方启行。王如好货，与百姓同之，于王何有⑳？"

王曰："寡人有疾，寡人好色。"

对曰："昔者太王好色，爱厥妃，《诗》㉑云：'古公亶甫，来朝㉒走马，率西水浒㉓，至于岐下。爰及姜女㉔，聿来胥宇㉕。'当是时也，内无怨女㉖，外无旷夫。王如好色，与百姓同之，于王何有？"

【注释】

①明堂：古代天子宣明政教的地方。这里是指泰山下的明堂，是周天子东巡狩朝会诸侯的地方。　②已：止。此处有否

定的意思。 ③仕者世禄：任职者的子孙世代承袭其俸禄。
④讥：察。 ⑤梁：截流捕鱼。 ⑥孥：妻子儿女，此处作动
词用，指连累家属。 ⑦《诗》：此处诗句引自《诗经·小雅·正
月》。 ⑧哿（gě）：可。 ⑨茕独：指孤独羸弱者。茕，单独、孤
单。 ⑩货：钱财。 ⑪公刘：周族的创业先祖，传说是后稷的
曾孙。 ⑫《诗》：此处诗句引自《诗经·大雅·公刘》，这是歌颂
公刘功绩的诗篇。 ⑬乃积乃仓：积谷于仓。句中的"乃"字是为
了凑满四字句所加的衬字，无义。下两句中的"乃""于"与此情况
相同。 ⑭餱（hóu）：干粮。 ⑮橐、囊：概指装东西的器具，用
来盛餱粮。 ⑯思戢用光：想要安集百姓，以光大其国家。戢，安
集。 ⑰弓矢斯张：张其弓矢。 ⑱干、戈、戚、扬：都是兵器。
干是盾牌，戈是可勾可刺的一种兵器，戚和扬是斧一类的兵器。
⑲爰：句首语气词。有时可译作"于是"。 ⑳何有：此事不难的
意思。 ㉑《诗》：此处诗句引自《诗经·大雅·绵》。 ㉒来朝：
次日清晨。 ㉓率：循、沿着。浒：水边。 ㉔姜女：古公亶父的
妻子太姜。 ㉕聿：发语词，无义。胥：视察。宇：住处。 ㉖怨
女、旷夫：已到婚龄而没有合适配偶的人，女子叫怨女，男子叫
旷夫。

【大意】

齐宣王问道："人们都建议我拆毁明堂，是拆呢，还是不拆

呢？"

孟子答道："明堂是王的殿堂，如果大王打算施行王政，那就不要拆毁它。"

宣王说："能把王政讲给我听听吗？"

答道："过去文王治理岐，对农夫征收九分之一的赋税，对士人给予世代承袭的俸禄，关隘、市场只稽察而不征税，在湖泊中捕捞没有禁令，对犯罪者的处罚不连及妻儿。年老而没有妻子的叫作鳏，年老而没有丈夫的叫作寡，年老而没有子嗣的叫作独，年幼而没有父亲的叫作孤，这四种人，是天下穷人中没有依靠的人。文王施行仁政，一定首先考虑他们。《诗经》说：'有钱人是还可以了，怜悯那些孤苦无助的人吧。'"

宣王说："说得好啊！"

孟子说："王认为好，为什么不去实行呢？"

宣王说："我有缺点，我爱好钱财。"

孟子答道："过去公刘也爱好钱财。《诗经》说：'谷物积满仓，干粮装满囊，安集百姓，光大国威；弓箭张开，兵器齐备，然后出发。'所以，留守的人有积谷，出征的人有干粮，这才率领众人出发。王如果爱好钱财，能与百姓共同享有，使天下归服又有什么困难呢？"

宣王说："我有缺点，我爱好女色。"

孟子答道："过去太王也爱好女色，宠爱他的妻子，《诗经》

说：'吾王古公亶父啊，清早便快马加鞭，沿着邠西的河畔，来到岐山脚下。带着妻子姜氏女，察看自家居处。'那个年代，没有独身无偶的大龄女，也没有独居无妻的单身汉。王如果爱好女色，能与百姓共同享有，使天下归服又有什么困难呢？"

　　这一章孟子向齐宣王谈王政。王政也就是仁政。这里说到仁政的内容，主要在民生方面，有对农夫征收九分之一的赋税，对官吏给予世代承袭的俸禄，关隘、市场只稽察而不征税，对湖泊中捕捞不设禁令，对犯罪者的处罚不连及妻儿。特别提出首先要照顾鳏寡孤独。后半部分也是讲与民同乐，可与1.2、2.1、2.2、2.4章参读。

　　2.6　孟子谓齐宣王曰："王之臣有托①其妻子于其友而之楚游者。比②其反也，则冻馁其妻子，则如之何？"

　　王曰："弃之。"

　　曰："士师③不能治士，则如之何？"

　　王曰："已④之。"

　　曰："四境之内不治，则如之何？"

　　王顾⑤左右而言他。

【注释】

①托：托付。　②比：及至、等到。　③士师：古代的司法官。　④已：罢去。　⑤顾：张望。

【大意】

孟子对齐宣王说："王的某个臣属把妻儿托付给友人而出游楚国，等他回来，妻儿却在挨冻受饿，那么办呢？"

宣王说："和他绝交。"

孟子说："司法长官不能管理他的属下，那么办呢？"

宣王说："撤掉他。"

孟子说："整个国家治理得不好，那么办呢？"

宣王左右张望着把话题转到别的事情上去了。

孟子以朋友、官员不能尽职尽责，可以绝交、撤换为比喻，责问齐宣王治理国家治理不好，该么办，暗含着可以撤换国君的意思。参看14.14章。

2.7　孟子见齐宣王，曰："所谓'故国'者，非谓有乔木之谓也，有世臣①之谓也。王无亲臣矣，昔者所进，今日不知其亡②也。"

王曰："吾何以识其不才而舍之？"

曰："国君进贤，如不得已，将使卑逾尊，疏逾戚，可不慎与？左右皆曰贤，未可也；诸大夫皆曰贤，未可也；国人③皆曰贤，然后察之；见贤焉，然后用之。左右皆曰不可，勿听；诸大夫皆曰不可，勿听；国人皆曰不可，然后察之；见不可焉，然后去之。左右皆曰可杀，勿听；诸大夫皆曰可杀，勿听；国人皆曰可杀，然后察之，见可杀焉，然后杀之。故曰，国人杀之也。如此，然后可以为民父母。"

【注释】

①世臣：世代有功的旧臣。　②今日不知其亡：倒装句，不知其今日之亡的意思。　③国人：当时对住在国都的居民的通称。

【大意】

孟子进见齐宣王，说："所谓'故国'，不是指国中有年代久远的高大树木，而是指有世代有功的老臣的意思。王现在没有亲信的臣仆了，过去所任用的，想不到他今天会因为不好而罢去了。"

宣王说："我怎样才能识别他们没有才干而不用他们呢？"

孟子说："国君选拔贤能，如果有不得已的情况，会要使卑贱的超越尊贵的，疏远的超越亲近的，能不慎重吗？左右亲信都说这个人好，还不能肯定；各位大夫都说这个人好，也还不能肯定；全国的人都说他好，然后再加以考察，考察证明他确实好，然后再用他。左右亲信都说这个人不好，不要听信；各位大夫都说他不好，也不要听信；全国的人都说他不好，然后再加以考察，考察证明他确实不好，再罢免他。左右亲信都说这个人该杀，不要听信；各位大夫都说他该杀，也不要听信；全国的人都说该杀，再加以考察，考察证明他确实该杀，再处决他。所以说，这是全国的人杀的他。这样，才能够做百姓的父母。”

孟子强调，无论选贤任能还是对人的评价，以至死刑的判定，不可只听身边亲信和官吏的意见，还必须听取百姓的意见；国人都说可以，还要进行实际的考察，根据考察的结果来最后决定。不偏听偏信，不盲目从众，以实际考察为依据。《论语·卫灵公》有“子曰：‘众恶之，必察焉；众好之，必察焉’”。这一章是对孔子思想的具体发挥。

2.8　齐宣王问曰：“汤放桀[①]，武王伐纣[②]，有诸？”

孟子对曰：“于传有之。”

曰：“臣弑其君，可乎？”

曰：“贼[③]仁者谓之贼，贼义者谓之残，残贼之人谓之一夫[④]。闻诛[⑤]一夫纣矣，未闻弑君也。”

【注释】

①放：流放。桀：夏的末代君主。　②纣：殷商的末代君主。
③贼：伤害、毁弃。　④一夫：指众叛亲离，完全孤立的人。也称
独夫。　⑤诛：杀害君父叫弑，合乎正义地处死罪犯叫诛。

【大意】

齐宣王问道："成汤流放夏桀、武王讨伐殷纣，有这回
事吗？"

孟子答道："在典籍上有这样的记载。"

宣王说："臣下杀害他的君主，是可以的吗？"

孟子说："毁弃仁的人叫作贼，毁弃义的人叫作残，残贼的
人叫作独夫。只听说过诛杀了独夫殷纣，没听说过杀害君主。"

孟子肯定汤放桀、武王伐纣是正义的，认为除掉桀纣
这样残害百姓的暴君，只是诛杀独夫民贼，不能认为是以
臣弑君。说明在孟子看来，天子、国君的地位、权势不是绝
对的。如果天子、国君不能善待百姓，而是像桀、纣那样毁
弃仁义，残害百姓，他就失去天子、国君的资格，只是独
夫民贼。这也是孟子民本思想的一个表现。10.9、14.14章
说到，国君有大过，危害社稷，可以"易位""变置"，可以
参读。

2.9　孟子见齐宣王，曰："为巨室，则必使工师^①求大木。工师得大木则王喜，以为能胜其任也。匠人斫^②而小之，则王怒，以为不胜其任矣。夫人幼而学之，壮而欲行之。王曰'姑舍女所学而从我'，则何如？今有璞玉^③于此，虽万镒^④，必使玉人雕琢之。至于治国家，则曰'姑舍女所学而从我'，则何以异于教玉人雕琢玉哉？"

【注释】

①工师：管理工匠的官员。　②斫（zhuó）：砍削。　③璞玉：尚未经雕琢的玉石。　④镒：古代的金银计量单位，二十两为一镒。

【大意】

孟子进见齐宣王，说："要建造大房屋，那一定要派工师去找大木料。工师找到了大木料，王就高兴，认为他担得起他的职责。工匠把木头砍小了，王就发怒，认为他担不起他的职责。人们从小学习，长大了打算去实行。王说'姑且舍弃你所学的，按照我说的做吧'，那会怎么样呢？如果有一块未经雕琢的玉石，虽然要花费万金，也一定会找玉匠来雕琢它。而对于治理国家，却说'姑且舍弃你所学的而照我说的做'，这和你去指导玉匠雕琢玉石有什么两样呢?"

本章是孟子对齐宣王"姑舍女所学而从我"的回应。孟子用建造房屋要找建筑工匠,治玉要找玉匠为例,说明凡事都要依靠有专门知识的内行,治国要尊重贤人的意见。要贤人放弃他所学的治国之道,听从国君的意志,就好比不找玉匠而按自己的意见治玉。凭长官意志,专断独行,不尊重专家、贤人的意见,是办不好事的。

2.10　齐人伐燕,胜之。宣王问曰:"或谓寡人勿取,或谓寡人取之。以万乘之国伐万乘之国,五旬而举之,人力不至于此。不取,必有天殃①。取之,何如?"

孟子对曰:"取之而燕民悦则取之,古之人有行之者,武王是也;取之而燕民不悦则勿取,古之人有行之者,文王是也②。以万乘之国伐万乘之国,箪食壶浆③,以迎王师,岂有他哉?避水火也。如水益深,如火益热,亦运④而已矣。"

【注释】

①不取,必有天殃:意思是天赐良机,不取反而会有灾难。

②文王是也:周文王在位时,周国已争取到许多诸侯国的拥护,

但文王认为时机还不成熟，所以迟迟没有发动灭殷的战争。

③箪（dān）：盛饭的竹筐。浆：古代一种饮料。　④运：转。如果齐更为暴虐，则百姓将转而寄希望于别人。

【大意】

齐人攻打燕国，取得了胜利。宣王问孟子："有人劝我不要占取它，有人劝我占取它。以拥有万辆兵车的国家去攻打另一个拥有万辆兵车的国家，五十天就制服了它，光靠人力是做不到的。如果不占取它，必定会遭到天降的灾祸。占取它，怎么样？"

孟子答道："如果占取它而燕国百姓高兴，就占取它。古人有这样做过的，那就是周武王。占取它而燕国百姓不高兴，就不要占取它。古人有这样做过的，那就是周文王。以拥有万辆兵车的国家去攻打另一个拥有万辆兵车的国家，百姓们用筐装着饭食、用壶盛着饮料来迎接王的军队，哪里会有别的原因啊，只是为了逃避水深火热的生活罢了！如果使他们更加水深火热，那他们也会转而去欢迎其他人了。"

2.11　齐人伐燕，取之。诸侯将谋救燕。宣王曰："诸侯多谋伐寡人者，何以待之？"

孟子对曰："臣闻七十里为政于天下者，汤是也，未闻以千里畏人者也。《书》曰：'汤一征，自葛始①。'

天下信之。东面而征，西夷怨；南面而征，北狄怨，曰：'奚为②后我？'民望之，若大旱之望云霓③也，归市者④不止，耕者不变。诛其君而吊⑤其民，若时雨⑥降，民大悦。《书》曰：'徯我后⑦，后来其苏⑧。'今燕虐其民，王往而征之，民以为将拯己于水火之中也，箪食壶浆以迎王师。若杀其父兄，系累⑨其子弟，毁其宗庙⑩，迁其重器⑪，如之何其可也？天下固畏齐之强也，今又倍地而不行仁政，是动天下之兵也。王速出令，反其旄倪⑫，止其重器，谋于燕众，置君而后去之，则犹可及止也。"

【注释】

①"《书》曰"两段文字：此处的两段引文均见于伪古文《尚书》中的《仲虺之诰》，"汤一征"这段引文与现在见到的《尚书》该篇文字有些出入。征：初征。汤征伐葛的事，详见本书6.5章。

②奚为：为何。奚，何。　③霓：虹。　④归市者：赶集的人。

⑤吊：抚恤、慰问。　⑥时雨：及时雨。　⑦徯（xī）：等待。后：君王。　⑧苏：更生、复活，指得到解救。　⑨系累：指捆绑、拘禁。　⑩宗庙：供奉祭祀君主祖先的地方。在当时，这是国家政权存在的象征。　⑪重器：祭祀及礼仪所用的礼器及镇国之宝。

⑫旄：通"耄"，老人。倪：小儿。

【大意】

齐人讨伐燕国，占取了它。诸侯们谋划着要救助燕国。齐宣王说："有多个诸侯谋划要讨伐我，要怎样来对待呢？"

孟子答道："我听说，有凭借方圆七十里的疆域而治理天下的人，那就是成汤，没听说拥有千里国土而害怕他人的。《尚书》说'成汤的征讨，从征葛国开始'，取得了天下的信任。他东向征讨，西方的夷人便埋怨；南向征讨，北方的狄人便埋怨，都说：'为什么丢下我们啊！'民众对他的盼望，就像大旱之年盼望乌云虹霓一样。赶集的不停止买卖，种田的不改变耕作。诛杀残暴的君主而抚慰那儿的民众，如同及时降下甘霖一样，百姓万分喜悦。《尚书》说：'等待我们的君王。他来了，我们就得救了。'现在燕国虐害他们的民众，王前去征讨，民众认为王将把他们从水深火热中拯救出来，所以用筐装着饭食、用壶盛着饮水来迎接王的军队。你却杀掉他们的父兄，拘禁他们的子弟，拆毁他们的宗庙，搬走他们的礼器，这怎么可以呢？天下的人本来就畏惧齐国的强大，现在齐国土地扩展了一倍，又不施行仁政，这是在招惹天下各国来与齐国为敌啊。请王赶快下令，送回他们的老人和小孩，归还他们的礼器珍宝，再与燕国人商议，选立一位国君，然后从那儿撤离。这样还来得及制止战祸。"

这一章具体体现了民本思想，和上一章讲的是同一个问题，可以连起来读。燕国行暴政，齐国伐燕取得胜利后要不要占取它？取与不取之间，衡量的标准只有一个：是否给百姓带来福利，得到百姓的拥护。如果比燕国原来更加暴虐，给百姓带来更深的苦难，就会遭到百姓反对和诸侯们的讨伐，取了也是无法保持的。

2.12　邹与鲁哄①，穆公②问曰："吾有司③死者三十三人，而民莫之死也。诛之则不可胜诛，不诛则疾④视其长上之死而不救，如之何则可也？"

孟子对曰："凶年饥岁，君之民，老弱转乎沟壑⑤，壮者散而之四方者，几⑥千人矣。而君之仓廪实，府库充，有司莫以告，是上慢而残下也。曾子⑦曰：'戒之戒之！出乎尔者，反乎尔者也。'夫民今而后得反之也。君无尤⑧焉。君行仁政，斯民亲其上、死其长矣。"

【注释】

①哄（hòng）：冲突、争斗。　②穆公：即邹穆公。　③有司：指有关部门的官员。　④疾：痛恨。　⑤转乎沟壑：饥饿辗转而死于荒野。　⑥几：将近。　⑦曾子：名参，字子舆，鲁国人，孔子的弟子。　⑧尤：怪罪。

【大意】

邹国与鲁国发生冲突。邹穆公问孟子："我们的官吏死了三十三个,而百姓却没有为之献身的。杀了他们吧,杀不了那么多人;不杀吧,又恨他们眼看着长官死难却不去救助,怎么办才好呢?"

孟子答道:"灾荒歉收的年成,您的百姓,年老体弱的辗转饿死在山沟荒野,年轻力壮的四散逃荒,将近千人了,而您的粮仓盈满、库房充实。官吏不把这些情况上报,这是在上者漠视而且残害百姓啊。曾子说:'警惕啊!警惕啊!你怎样对待别人,别人将照样回报你。'百姓如今得到回报的机会了。您不要责怪他们,您施行仁政,那么百姓就会亲近他们的上级、为他们的长官死难了。"

官吏遭杀害,百姓坐视不救,邹穆公表示不满。孟子则要穆公反省,是官吏不顾百姓死活,残害百姓,百姓才这样对待官吏。百姓对官吏的态度,取决于国家对百姓的态度。关键是要行仁政,而不要去责怪百姓。

对官民、君臣关系,孟子强调要从官和君的方面要求,体现了以民为本。这一点值得所有担负一定领导责任的人领会和践行。

8.3章谈到君臣关系,思想与本章相通,可以参读。

2.13　滕文公①问曰："滕,小国也,间于齐、楚②。事齐乎,事楚乎?"孟子对曰："是谋非吾所能及也。无已,则有一焉:凿斯池③也,筑斯城也,与民守之,效死而民弗去④,则是可为也。"

【注释】

①滕文公:滕是西周初年所分封的诸侯国,地在今山东滕州西南。文公是滕定公的儿子,他们两人的姓名及在位年代均不详。　②间于齐、楚:在齐、楚之间。　③池:护城河。　④效死而民弗去:死守而不去。效,犹"致"。

【大意】

滕文公问孟子:"滕是个小国,处在齐、楚之间,是侍奉齐国呢,还是侍奉楚国呢?"孟子答道:"这个问题不是我所能回答的。一定要我说,那可以说一点:挖好护城河,筑好城墙,和百姓一起来守卫它,即使牺牲生命,百姓也不离开,这是可以去做的。"

这一章和下两章说的是同一个问题,可以连起来读。

2.14　滕文公问曰："齐人将筑薛①,吾甚恐。如之何则可?"

孟子对曰："昔者大王居邠，狄人侵之，去之岐山之下居焉。非择而取之，不得已也。苟为善，后世子孙必有王者矣。君子创业垂统^②，为可继也。若夫成功，则天也。君如彼何^③哉？强^④为善而已矣。"

【注释】

①薛：城邑名，在今山东滕州东南。　②垂统：传之后世。③如彼何：拿他怎么办。　④强：勉力、努力。

【大意】

滕文公问孟子："齐人打算修筑薛城，我很担心，怎么办才好呢？"

孟子答道："过去太王住在邠地，狄人来侵犯，于是就离开那儿，到岐山下定居。这不是主动选择的决定，是不得已。要是能施行善政，后世子孙一定会有人成为王者。君子创立基业，留传给子孙，正是为了能代代相继。至于说能否成功，那就是天意了。您拿齐人怎么办呢？只有努力施行善政而已。"

2.15　滕文公问曰："滕，小国也，竭力以事大国，则不得免焉。如之何则可？"

孟子对曰："昔者大王居邠，狄人侵之。事之以皮币①，不得免焉；事之以犬马，不得免焉；事之以珠玉，不得免焉；乃属其耆老②而告之曰：'狄人之所欲者，吾土地也。吾闻之也：君子不以其所以养人者害人。二三子何患乎无君？我将去之。'去邠，踰梁山③，邑④于岐山之下居焉。邠人曰：'仁人也，不可失也！'从之者如归市⑤。或曰：'世守⑥也，非身之所能为也。效死勿去。'君请择于斯二者。"

【注释】

①皮币：毛皮和丝绸。　②耆老：六十为耆，七十为老，此处泛指老年人。　③梁山：在今陕西乾县西北。　④邑：此作动词用，指营建居住地。　⑤归市：形容人们像赶集一般踊跃。⑥世守：世代相守。

【大意】

滕文公问孟子："滕是个小国，尽心竭力来侍奉大国，仍不能免于灾祸。怎么办才好呢？"

孟子答道："过去太王住在邠地，狄人来侵犯。把毛皮丝绸奉献给他们，不能让他们停止侵犯；把良犬名马奉献给他们，也不能让他们停止侵犯；把珠宝玉器奉献给他们，还是不能让他们停止侵犯。于是就召集邠地的长老，宣告说：'狄人想要的，是我们的土地。我听说，君子不能为了对人有益的东西而使人受害。你们何必担心没有君主呢？我准备离开这儿。'于是离开邠地，翻越梁山，在岐山下筑城定居。邠人说：'这是仁人，不可失去他啊！'跟随他而去的人就像去赶集那样踊跃。也有的人说：'这里是世代相守的地方，不是自身所能做得了主的。宁可丢掉性命也不愿离去。'您可以在这两种做法中选择一种。"

　　以上三章讲的是同一个问题，滕文公问怎样侍奉大国。孟子的回答是"与民守之，效死而民弗去，则是可为也"；"君如彼何哉？强为善而已矣"。没有别的办法，只有施行仁政，取得百姓的拥护和信任，才有希望。2.10、2.11章谈对齐国伐燕的意见，也是以是否行仁政，得到百姓拥护为衡量标准。为民谋福祉，得民心者得天下，是孟子仁政思想的核心。可与4.1、7.9章参读。

　　2.16　鲁平公①将出。嬖人②臧仓者请曰："他日君出，则必命有司所之。今乘舆③已驾矣，有司未知所之，敢请。"

　　公曰："将见孟子。"

　　曰："何哉？君所为轻身④以先于匹夫者，以为贤乎？礼义由贤者出，而孟子之后丧踰前丧⑤。君无见焉!"

公曰:"诺。"

乐正子⑥入见,曰:"君奚为不见孟轲也?"

曰:"或告寡人曰,'孟子之后丧踰前丧',是以不往见也。"

曰:"何哉君所谓踰者?前以士⑦,后以大夫;前以三鼎⑧,而后以五鼎与?"

曰:"否。谓棺椁衣衾⑨之美也。"

曰:"非所谓踰也,贫富不同也。"

乐正子见孟子,曰:"克告于君,君为来见也。嬖人有臧仓者沮⑩君,君是以不果⑪来也。"

曰:"行,或使之;止,或尼⑫之。行止非人所能也。吾之不遇鲁侯,天也。臧氏之子焉能使予不遇哉?"

【注释】

①鲁平公:名叔,鲁景公的儿子。　②嬖人:受宠爱的小臣。
③乘舆:国君出行所用的车马。　④轻身:看轻自身。　⑤后丧踰前丧:孟子的父亲先去世,故此处的"前丧"指父亲的丧事,"后丧"指母亲的丧事。这两次丧事的不同,在本书4.7章中也曾讲到。　⑥乐正子:名克,孟子的弟子。　⑦以士:指按士的规格办丧事,下文"以大夫"指按大夫的规格。　⑧三鼎:按士的规格

来祭奠，下文"以五鼎"是指以大夫的规格来祭奠。　⑨棺椁衣衾（qīn）：指丧礼的用具。椁是外棺，衣衾是装殓死者的衣被。古代丧礼对这些东西如何使用、用多少都有严格的规定。　⑩沮：阻止。　⑪果：实现，成为事实。　⑫尼：止。

【大意】

鲁平公将要外出，受宠幸的小臣臧仓请示说："平日您外出，一定把要去的地方告知管事的人。今天车马已经备好，管事的还不知道要去的地方，特来请示。"

平公说："要去见孟子。"

臧仓说："您不尊重自己的身份，而先去拜访一个普通人，为了什么呢？是认为他是贤者吗？贤者的行为应当合于礼义，而孟子办理母亲的丧事超过了他办父亲的丧事，您别去见他吧！"

平公说："好吧。"

乐正子进见平公，说："您为什么不见孟子了？"

平公说："有人告诉我说孟子办理母亲的丧事超过了他父亲的丧事，所以我不去见他了。"

乐正子说："您所说的超过，是什么意思呢？是指用士的礼来办父亲的丧事而用大夫的礼来办母亲的丧事呢，还是指用三个鼎为父亲供设祭品而用五个鼎为母亲供设祭品呢？"

平公说："不，是指棺椁衣衾的精美。"

乐正子说:"这不是所谓的超过,只是前后贫富不同罢了。"

乐正子去见孟子,说:"我对鲁君说了,他打算来看您。有个受宠幸的小臣臧仓阻止了他,所以鲁君没有来。"

孟子说:"要来,是有某种东西在驱使;不来,是有某种东西在阻止。来与不来都不是人力所能左右的。我没有能和鲁君相见,是天意。那个姓臧的怎么能使我们不相见呢?"

臧仓阻止了鲁平公与孟子的会见。孟子不以为意,说"吾之不遇鲁侯,天也。臧氏之子焉能使予不遇哉?"鲁平公来,有某种力量促使它;不来,有某种力量阻止它。来与不来,不是由人决定的。能不能与鲁平公相见是天意,臧仓怎么能阻止呢?在孟子思想里,承认有一些事是人力所不能支配的,他把这些归之于天。《论语·宪问》有"子曰:道之将行也与,命也;道之将废也与,命也。公伯寮其如命何",思想相通,可参读。

公孙丑上

凡九章

3.1　公孙丑①问曰："夫子当路②于齐,管仲③、晏子之功,可复许乎?"

孟子曰："子诚齐人也,知管仲、晏子而已矣。或问乎曾西④曰:'吾子与子路⑤孰贤?'曾西蹵⑥然曰:'吾先子⑦之所畏也。'曰:'然则吾子与管仲孰贤?'曾西艴然⑧不悦,曰:'尔何曾⑨比予于管仲?管仲得君,如彼其专也;行乎国政,如彼其久也;功烈,如彼其卑也。尔何曾比予于是?'"曰:"管仲,曾西之所不为也,而子为我愿之乎?"

曰:"管仲以其君霸,晏子以其君显,管仲、晏子犹不足为与?"

曰:"以齐王⑩,由⑪反手也。"

曰:"若是,则弟子之惑滋⑫甚。且⑬以文王之德,百年⑭而后崩,犹未洽于天下⑮;武王、周公继之,然后大行。今言王若易然,则文王不足法与?"

曰:"文王何可当也?由汤至于武丁⑯,贤圣之君六七作⑰,天下归殷久矣,久则难变也。武丁朝诸侯有天下,犹运之掌也。纣之去武丁未久⑱也,其故家遗俗,流风善政,犹有存者;又有微子、微仲、王子比干、箕子、胶鬲⑲,皆贤人也,相与辅相之,故久而后失之也。尺地,莫非其有也;一民,莫非其臣也;然而文王犹方百里起，是以难也。齐人有言曰：'虽有智慧，不如乘势⑳，虽有镃基㉑，不如待时㉒。'今时则易然也。夏后、殷、周之盛，地未有过千里者也，而齐有其地矣；鸡鸣狗吠相闻而达乎四境㉓，而齐有其民矣。地不改㉔辟矣，民不改聚矣，行仁政而王，莫之能御也。且王者之不作，未有疏于此时者也；民之憔悴于虐政，未有甚于此时者也。饥者易为食，渴者易为饮。孔子曰：'德之流行，速于置邮而传命㉕。'当今之时，万乘之国行仁政，民之悦之，犹解倒悬㉖也。故事半古之人，功必倍之，惟此时为然。"

【注释】

①公孙丑：齐国人，孟子的弟子。　②当路：当政掌权。③管仲：名夷吾，在齐桓公时任国相，辅助桓公称霸诸侯，是当时著名的政治家。　④曾西：前人有两种说法，一说是曾子的孙子，一说是曾子的儿子。　⑤子路：即仲由，子路是他的字。孔子的弟子。　⑥蹵（cù）：不安貌。　⑦先子：指自己已逝世的长辈。⑧艴然：愠怒色。一说，艴通"勃"。　⑨曾：乃、竟。　⑩以齐王：此处的"王"作动词用，意为以齐国称王天下。　⑪由：通"犹"。　⑫滋：更加。　⑬且：连词。表示进一层并列关系。⑭百年：文王九十七而崩，说百年，是就整数说。　⑮洽于天下：

118

是说润泽多。洽，沾濡、优渥。　⑯武丁：商代国君，后世亦称为高宗。　⑰六七作：即六七个的意思。　⑱纣之去武丁未久：武丁去世后，先后由他的儿子祖庚、祖甲继位，再以下又传了五代。自祖甲至殷亡，在位的那些国君"或十年，或七八年，或五六年，或四三年"（《尚书·周书·无逸》），在位日期都短。　⑲微子：名启，商王武乙的长子。微仲：微子的弟弟，名衍。王子比干：商纣王的叔父，相传曾多次劝谏纣王，触怒纣王，被剖心而死。箕子：商纣王的叔父，曾多次劝谏纣王，因不被采纳而佯装发狂避祸，被纣王囚禁。胶鬲：殷贤臣。　⑳势：此处是形势、时机的意思。㉑镃（zī）基：农具，锄头之类。㉒时：农时。㉓达乎四境：自国都以至于四境，形容人口稠密。㉔改：更、再。㉕置邮：古代的驿站。命：国家的公文、政令。　㉖倒悬：喻困苦。

【大意】

公孙丑问孟子："老师如果在齐国当政，管仲、晏子的功业能复兴吗？"

孟子说："你真是个齐人，只知道管仲、晏子。有人曾经问曾西说：'你和子路哪个更好？'曾西不安地说：'他是我父亲所敬畏的人啊。'那人说：'那么你和管仲哪个好？'曾西马上不高兴起来，说：'你怎么竟把我和管仲相比？管仲得到国君那么专一的信赖，主持政务那么久，而取得的功绩却那么小，你怎么竟把

119

我和这样的人相比？’”孟子又说：“管仲是曾西都不愿跟他相比的人，你认为我会愿意吗？”

公孙丑说：“管仲辅佐他的国君称霸天下，晏子辅佐他的国君名扬诸侯，管仲和晏子还不值得学习吗？”

孟子说：“以齐国来称王天下，易如反掌。”

公孙丑说：“要是这样，弟子就更加不明白了。像文王那样的德行，活了将近一百岁，还没有能把德政推行于天下。武王、周公继承了他的事业，才大大地推行了王道。现在您说称王天下是那样的容易，那么周文王也不值得效法了吗？”

孟子说：“怎么能比得上周文王呢？从殷汤到武丁，出了六七个贤明的君主，天下归服殷商已经很久了，时间一久就难以变动。武丁使诸侯来朝，治理天下，就像在手掌中转动东西一样。殷纣与武丁相隔不久，那些世家大族的习俗遗风，仁政的措施和良好的社会风气，有的也还存在，又有微子、微仲、王子比干、箕子、胶鬲等贤良君子来共同辅佐，所以延续了很久才亡了国。那时，没有一尺土地不是纣王所有，没有一个百姓不是纣王的臣仆，而周文王只是凭借着方圆百里的国土兴起，所以是很艰难的。齐人有句俗话：‘虽有智谋，不如趁时势；虽有锄头，不如待农时。’现在的时势则不同了。夏、商、周兴盛的时候，国土没有超过纵横千里的，而齐国有了广阔的疆域；鸡鸣狗叫的声音能相互听见，从国都一直抵达四方的边境，齐国也有了这么多的百姓，国土不需要再开辟了，百姓不需要再增加了，实行仁政来称王天下，没有谁能阻挡。况且，没有贤明的君主出现的时间，从来没有像现在这么长；百姓受暴政的摧残，也从来没有像现在这么厉害。饥饿的人不苛求食物美味，干渴的人不苛求饮水甘甜。孔子说：'德政的流行，快于驿站对政令的传递。'现在这个时候，拥有万辆兵车的国家施行仁政，百姓的高兴就如从倒挂中得到解救一样。所以，用相当古人一半的力气，收到的功效一定会双倍于古人，这只有在现今这个时候能够做到。"

这一章记孟子与公孙丑谈王霸之辨。公孙丑问，如果孟子在齐国当政，是否能重现管仲、晏子的功绩。孟子不屑，以为管仲凭借桓公的支持和齐国的国力，又执政那么长时间，只是实现了霸业，功绩如此卑微，怎么拿我与他比呢？反映了孟子尊王贱霸的思想。那么，为什么管、晏帮助君王实现霸业，而文王实行王道近百年，却没有为天下接受，经过三代才称王天下，是不是文王也不值得效法呢？孟子引齐人的话"虽有智慧，不如乘势，虽有镃基，不如待时"回答，说明行王道称王天下需要相应的形势和时机。

从这一章也可见孟子的抱负。还可与4.13章和末章（14.38章）参读。

3.2　公孙丑问曰："夫子加^①齐之卿相，得行道焉，虽由此霸王，不异^②矣。如此，则动心^③否乎？"

孟子曰："否！我四十不动心。"

曰："若是，则夫子过孟贲^④远矣。"

曰："是不难，告子^⑤先我不动心。"

曰："不动心有道乎？"

曰："有。北宫黝^⑥之养勇也，不肤挠^⑦，不目逃^⑧，思以一豪^⑨挫于人，若挞之于市朝。不受于褐宽博^⑩，亦不受于万乘之君。视刺万乘之君，若刺褐夫。无严^⑪诸侯，恶声至，必反之。孟施舍^⑫之所养勇也，曰：'视不胜犹胜也。量敌而后进，虑胜而后会^⑬，是畏三军者也。舍岂能为必胜哉？能无惧而已矣。'孟施舍似曾子，北宫黝似子夏^⑭。夫二子之勇，未知其孰贤，然而孟施舍守约^⑮也。昔者曾子谓子襄^⑯曰：'子好勇乎？吾尝闻大勇于夫子^⑰矣：自反而不缩^⑱，虽褐宽博，吾不惴^⑲焉；自反而缩，虽千万人，吾往矣。'孟施舍之守气，又不如曾子之守约也。"

曰："敢问夫子之不动心与告子之不动心，可得闻与？"

"告子曰：'不得于言^⑳，勿求于心^㉑；不得于心，勿求于气。'不得于心，勿求于气，可；不得于言，勿求于心，不可。夫志，气之帅也；气，体之充也。夫志至焉，气次焉^㉒。故曰：'持^㉓其志，无暴^㉔其气。'"

"既曰'志至焉，气次焉'，又曰'持其志，无暴其气'者，何也？"

曰："志壹^㉕则动气，气壹则动志也。今夫蹶者、趋者^㉖，是气也，而反动其心。"

"敢问夫子恶乎长？"

曰："我知言，我善养吾浩然^㉗之气。"

"敢问何谓浩然之气？"

曰："难言也。其为气也，至大至刚，以直养而无害^㉘，则塞于天地之间。其为气也，配^㉙义与道。无是^㉚，馁也。是集义所生者，非义袭而取之也，行有不慊^㉛于心，则馁矣。我故曰，告子未尝知义，以其外之也。必有事焉，而勿正^㉜，心勿忘，勿助长也。无若宋人然：宋人有闵其苗之不长而揠之者^㉝，芒芒然^㉞归，谓其人^㉟曰：'今日病^㊱矣，予助苗长矣。'其子趋而往视之，苗则槁^㊲矣。天下之不助苗长者寡矣。以为无益而舍之者，不耘苗者也；助之长者，揠苗者也。非徒无益，而又害之。"

"何谓知言？"

曰："诐^㊳辞知其所蔽，淫辞知其所陷^㊴，邪辞知其所离，遁辞^㊵知其所穷。生于其心，害于其政；发于其政，害于其事。圣人复起，必从吾言矣。"

"宰我、子贡善为说辞㊶，冉牛、闵子、颜渊善言德行㊷。孔子兼之，曰：'我于辞命则不能也。'然则夫子既圣矣乎？"

曰："恶㊸！是何言也？昔者子贡问于孔子曰：'夫子圣矣乎！'孔子曰：'圣则吾不能，我学不厌而教不倦也。'子贡曰：'学不厌，智也；教不倦，仁也。仁且智，夫子既圣矣。'夫圣，孔子不居。是何言也！"

"昔者窃闻之，子夏、子游、子张皆有圣人之一体㊹，冉牛、闵子、颜渊则具体而微㊺。敢问所安？"

曰："姑舍是㊻。"

曰："伯夷、伊尹何如㊼？"

曰："不同道。非其君不事，非其民不使；治则进，乱则退，伯夷也。何事非君，何使非民；治亦进，乱亦进，伊尹也。可以仕则仕，可以止则止，可以久则久，可以速则速，孔子也。皆古圣人也，吾未能有行焉；乃所愿，则学孔子也。"

"伯夷、伊尹于孔子，若是班㊽乎？"

曰："否！自有生民以来，未有孔子也。"

曰："然则有同与？"

曰："有。得百里之地而君之，皆能以朝诸侯，有天下。行一不义、杀一不辜而得天下，皆不为也。是则同。"

曰："敢问其所以异？"

曰："宰我、子贡、有若⁴⁹，智足以知圣人。污不至阿其所好⁵⁰。宰我曰：'以予观于夫子，贤于尧、舜远矣。'子贡曰：'见其礼而知其政⁵¹，闻其乐而知其德。由百世之后，等⁵²百世之王，莫之能违也。自生民以来，未有夫子也。'有若曰：'岂惟民哉？麒麟之于走兽，凤凰之于飞鸟，太山之于丘垤⁵³，河海之于行潦⁵⁴，类也。圣人之于民，亦类也。出于其类，拔乎其萃⁵⁵，自生民以来，未有盛于孔子也。'"

【注释】

①加：担任。　②不异：不足怪。一说"不异于古霸王之君"。　③动心：此处的"动心"是"畏难，自恐不能行"之意。④孟贲：齐国人（一说是卫国人），当时的著名勇士。　⑤告子：名不害。关于此人的身份，前人的说法不一。一般认为是孟子的弟子。另一说认为，是墨子的弟子。也有人说《孟子》书中的"告子"有两个。　⑥北宫黝：名黝，生平不详。　⑦不肤挠：肌肤被刺而不退却的意思。挠，退却。　⑧目逃：目被刺而转睛逃避。⑨豪：通"毫"。　⑩褐宽博：指地位低贱的人。褐，毛布。宽

博，宽大之衣，贱者的服饰。　⑪严：畏惧。　⑫孟施舍：生平不详。　⑬会：合战。　⑭子夏：姓卜，名商，子夏是他的字。卫国人，孔子的弟子。　⑮约：简要。　⑯子襄：曾子的弟子。　⑰夫子：此指孔子。　⑱缩：直。　⑲不惴：不去惊惧他。惴，惊惧。　⑳不得于言：朱熹解释是"于言有所不达"。赵岐注："不得者，不得人之善心、善言也。"杨伯峻说"不得乃不能得胜之意。这几句都是讲养勇之事，故以胜负言。旧注皆未得其义"。其译文说"不能在言语上得到胜利"（杨伯峻：《孟子译注》，中华书局，2001年版，第70页）。　㉑勿求于心：朱熹注："不必反求其理于心"，即不必再从思想上去追求了。　㉒志至焉，气次焉：一说"志为至要之本，气为其次"。一说至是所到之处的意思，"志之所至气即随之"。　㉓持：即保守、坚定之意。　㉔暴：乱。　㉕壹：专一。　㉖蹶：颠跪。趋：走。　㉗浩然：盛大流行之貌。　㉘以直养而无害：以义来培养而不以邪事干扰它。　㉙配：相配合的意思。　㉚是：有不同的解释。一说是指义和道，一说指浩然之气。　㉛慊：愉快。　㉜勿正：不要有确定目标。正，一说"正犹止也"，在这里是"止"的意思。一说"正者，征也，的也"，目标的意思。　㉝闵：忧虑。揠（yà）：拔。　㉞芒芒然：疲倦之貌。　㉟其人：家人。　㊱病：疲倦。　㊲槁：干枯。　㊳诐（bì）：偏颇。　㊴淫：过度。陷：此指与事实相背离之处。　㊵遁辞：诈辞。　㊶宰我：孔子的弟子宰予，字子我。子贡：孔子的弟子端木赐，字子贡。 ㊷冉牛：孔子的弟子冉耕，字伯牛。闵子：孔子的弟子闵损，字子骞。颜渊：孔子的弟子颜回，字子渊。㊸恶：惊叹辞。 ㊹子游：孔子的弟子言偃，子游是他的字。子张：孔子的弟子颛孙师，子张是他的字。一体：指孔子思想的一个部分。 ㊺具体而微：指得其全体，但没有那么广大。 ㊻姑舍是：先不说这个问题的意思。姑，暂且。舍，舍弃。 ㊼伯夷：相传是商末孤竹国君的儿子，因与弟弟叔齐相互谦让君位而双双逃奔周国。后来周武王出兵讨伐商朝，他们劝阻无效，便隐居到首阳山，“义不食周粟”而饿死。司马迁为他立传，列为《史记》列传的第一篇。伊尹：商初大臣，名伊（一说名挚），尹是官名。他曾辅佐成汤灭夏和巩固商初的统治，是古代有名的贤臣。 ㊽班：规定等级。这里引申为同列、齐等。 ㊾有若：孔子的弟子。 ㊿污：低下。阿：阿谀。 (51)见其礼而知其政：有不同解释。一说认为此处的“其”是指孔子，一说则认为是说孔子“见人之礼则可知其政”。 (52)等：衡量。此处是比较、评论的意思。 (53)太山：即泰山。垤（dié）：小土堆。 (54)行潦（lǎo）：道旁聚积的雨水。(55)拔：超出。萃：类、群。

【大意】

公孙丑问孟子：“老师如果担任齐国的卿相，能实行自己的主张，由此而成就霸业，甚至王业，都不足为怪。要是这样，会不会因畏难而动心呢？"

孟子说："不！我四十岁就不动心了。"

公孙丑说："要是这样，老师比孟贲强多了。"

孟子说："这个不难，告子不动心比我还早。"

公孙丑说："不动心有什么办法吗？"

孟子说："有。北宫黝培养勇气，肌肤被刺，他不退缩，眼睛被刺，他不躲避，哪怕是一根毫毛受到伤害，也看得和在大庭广众之下遭到鞭打一样；他不能忍受地位卑贱的平民的欺侮，也不能忍受大国君主的欺侮，把刺杀大国君主看得和刺杀平民一样；他不怕诸侯，受到辱骂必定回击。孟施舍的培养勇气，他说：'对不能战胜的对象，看得和可以战胜的对象一样。如果先估量敌方力量然后才前进，先考虑胜败然后才交锋，这样的人面对强大的敌人一定会畏惧。我哪能一定战胜呢？不过是无所畏惧而已。'孟施舍像曾子，北宫黝像子夏。这两个人的勇气，不知哪个更好些，但孟施舍的做法比较简要。从前曾子对子襄说：'你崇尚勇吗？我曾经听老师说过大勇：反躬自问，觉得没有理，对方即使是卑贱的平民，我也不恐吓他；反躬自问，觉得有理，即使面对千军万马，我也勇往直前。'孟施舍的保持勇气，又不如曾子这样简要。"

公孙丑说："请问老师的不动心和告子的不动心，能说给我听听吗？"

孟子说："告子说：'不能在言语上取胜，就不要再在思想上去求胜；不能在思想上取胜，就不要再在意气上去求胜。''不能在思想上取胜，就不要再在意气上去求胜'，是对的；'不能在言语上取胜，就不要再在思想上去求胜'，就不对了。思想意志是主导意气感情的，意气感情是充满在身体内的。思想意志到哪里，意气感情也会在哪里表现。所以说，要坚定自己的思想意志，不要滥用自己的意气感情。"

公孙丑说："既然说'思想意志到哪里，意气感情也会在哪里表现'，又说'要坚定自己的思想意志，不要滥用自己的意气感情'，这是为什么呢？"

孟子说："思想意志专一会影响和带动意气感情，意气感情专一也会影响和动摇思想意志。就像跌倒和奔跑，那是由于意气方面的原因造成的，而反过来也动了他们的心。"

公孙丑说："请问老师擅长于什么呢？"

孟子说："我善于了解言辞，善于培养我的浩然之气。"

公孙丑说："请问什么叫作浩然之气呢？"

孟子说："这比较难说。这种气，最广大、最刚强，用道义来培养它而不加伤害，就会充盈于天地之间。这种气，与义和道相配合。没有义和道，就没有力量了。它是日常事事都合于义，积累善行所产生的，不是由偶然的道义行为可以得到的。只要做一件于心有愧的事，那气就疲软了。我所以说告子没有懂得义，因为他把义看作外在的东西。一定要努力做集义的事，但不要有具体的目标。心中要时刻不忘，但也不要用外力帮助它成长。不要像宋人那样。有个宋国人，担心禾苗不长，就去把苗拔高。他很疲倦地回到家里，告诉家人说：'今天累坏了，我帮助禾苗生长了。'他的儿子跑去一看，禾苗都枯萎了。普天之下不帮助禾苗生长的人是很少的，认为帮助没有益处而放弃不干的，就是那不锄草的人；用外力帮助它生长的，就是那拔高禾苗的人。这样做不仅没有益处，反而会伤害它。"

公孙丑说："什么叫了解言辞呢？"

孟子说："偏颇的言辞，我知道它片面的地方；浮夸的言辞，我知道它失实的地方；邪异的言辞，我知道它偏离正道的地方；躲避的言辞，我知道它理屈词穷的地方。上述四种言辞，萌生在心中，会贻害到施政；用在施政中，会贻害到具体事务。再有圣人出现，也一定会同意我的见解。"

公孙丑说："宰我、子贡善于言词，冉牛、闵子、颜渊善于德行，孔子兼有这两项。他说：'我在辞令方面是不擅长的。'那么老师已经是圣人了吧？"

孟子说："哎！这是什么话？从前子贡问孔子说：'老师已经是圣人了吧！'孔子说：'圣人，我做不到。我只是学习不知满足，教人不怕疲倦罢了。'子贡说：'学习不知满足，是智；教人不怕疲倦，是仁。既仁且智，老师已经是圣人了。'圣人，连孔子都不敢自居，你这是什么话！"

公孙丑说："从前我曾听说，子夏、子游、子张都有孔子的某一个方面，冉牛、闵子、颜渊则大体具备了孔子的全体而不如孔子那样博大精深。请问老师，自居于哪一种呢？"

孟子说："暂且不谈这个。"

公孙丑说："伯夷、伊尹怎么样呢？"

孟子说："他们是不同的人。不合他理想的君主就不侍奉，不合他理想的百姓就不使唤，世道太平就出来做官，世道昏乱就退而隐居，这是伯夷；任何君主都可以侍奉，任何百姓都可以使唤，世道太平也做官，世道昏乱也做官，这是伊尹；可以做官就做官，可以住下就住下，可以久留就久留，可以速去就速去，这是孔子。他们都是古代的圣人，我没有做到那样。至于我的愿望，则是学习孔子。"

公孙丑说："伯夷、伊尹与孔子，是同一等的人吗？"

孟子说："不！自从有人以来，从未有过孔子那样的人。"

公孙丑说："那么，他们有共同之处吗？"

孟子说："有的。如果能有方圆百里的疆土，以他们为君主，都能使诸侯来朝见，统率天下。如果要做一件不义的事、杀一个无辜的人来得到天下，他们都不会干的，这是他们的共同之处。"

公孙丑说："请问他们不同的地方是什么呢？"

孟子说："宰我、子贡、有若的智慧都足以了解圣人，他们再不好也不至于阿谀他们所敬爱的人。宰我说：'依我看，老师比尧、舜强多了。'子贡说：'见到他所行的礼制就知道他的政事，听他所奏的音乐就知道他的德行。即使百世之后来评价这百世之中的君王，没有一个君王能背离孔子的主张。自从有人以来，从未有过孔子那样的人。'有若说：'难道仅仅是人这样吗？麒麟相对于走兽，凤凰相对于飞禽，泰山相对于土丘，河海相对于水塘，都是同类。圣人相对于百姓，也是同类。高出自己的同类，超越自己的群体，自从有人以来从未有过比孔子更伟大的人了。'"

　　本章是孟子谈修养的重要篇章。全章前半从讨论如何能在各种考验面前不动摇，即对勇的理解开始，谈到北宫黝、孟施舍、曾子对勇的不同理解和告子的不动心，最后引出养浩然之气的重要思想。

　　北宫黝的勇，是天不怕地不怕，只要冒犯于他，必定反击；孟施舍的勇，是不计胜败，勇敢面对；曾子的勇，则是"自反而不缩，虽褐宽博，吾不惴焉；自反而缩，虽千万人，吾往矣"，以符合道义为基础。告子则说："不得于言，勿求于心；不得于心，勿求于气。"不求在心志思想上取胜。孟子则提出，他的勇和不动心，是建立在"至大至刚"的"浩然之气"的基础之上。

　　孟子说，浩然之气是"以直养而无害，则塞于天地之间"，是"配义与道"，"集义所生"。它是道德修养达到最高境界时所表现出的巨大的精神力量，是孟子关于做人思想的集中哲学概括。理解浩然之气，可联系13.33章"居仁由义，大人之事备矣"；6.2章"富贵不能淫，贫贱不能移，威武不能屈"；11.10章"生亦我所欲也，义亦我所欲也；二者不可得兼，舍生而取义者也"等。居仁由义是修养的根本原则和要求，浩然之气的精神内涵；"富贵不能淫，贫贱不能移，威武不能屈"是对坚持居仁由义的独立人格的要求，也是浩然之气的具体表现；"生亦我所欲，所欲有甚于生者"，"死亦我所恶，所恶有甚于死者"，二者不可得兼时舍生取义，是浩然之气的人生价值观的基础。浩然之气是所有这些的集中表现。

孟子也指出，浩然之气是"集义所生者，非义袭而取之也"，养浩然之气要经过日常的长期修养积累，不是凭偶然机会就能得到的；"心勿忘，勿助长也"，要时刻放在心上，不能懈怠，又不能急于求成，拔苗助长。

孔子说"志于道"（《论语·述而》），"匹夫不可夺志"（《论语·子罕》），"守死善道"（《论语·泰伯》），孟子养浩然之气的思想是对孔子思想的重大发展，有极深远的影响。人们以养浩然之气为修养的目标，造就出无数"富贵不能淫，贫贱不能移，威武不能屈"（6.2章）的大丈夫，成就了无数惊天地、泣鬼神的英雄事迹。可以说，一部中国史，就是一部充满着浩然之气的历史，这种浩然之气正是中华民族精神的集中表现。

本章末段谈及对圣贤的评说，其中特别赞美孔子。说"自生民以来，未有夫子也"，"圣人之于民，亦类也。出于其类，拔乎其萃，自生民以来，未有盛于孔子也"，又表示"乃所愿，则学孔子也"。

3.3　孟子曰："以力假仁者霸①，霸必有大国；以德行仁者王，王不待大——汤以七十里、文王以百里②。以力服人者，非心服也，力不赡③也；以德服人者，中心悦而诚服也，如七十子④之服孔子也。《诗》⑤云：'自西自东，自南自北，无思⑥不服。'此之谓也。"

【注释】

①力：强力。假：假借。　②汤以七十里、文王以百里：是对前文"王不待大"的说明。事实上文王之国不止百里。③赡：足。　④七十子：指孔子的弟子。相传孔子有三千弟子，其中"身通六艺者七十有二人"（《史记·孔子世家》），通称"七十子"。　⑤《诗》：此处的诗句引自《诗经·大雅·文王有声》，这是一首歌颂周文王的诗歌。　⑥思：句中助词，无义。

【大意】

孟子说:"倚仗实力假借仁义之名的可以称霸,称霸一定要有强大的国力。依靠道德施行仁政的可以称王天下,称王天下不一定要凭借大国的实力。商汤凭借的国土方圆七十里,周文王凭借的国土方圆百里。倚仗实力来使人服从,人们不是心服,而是因为实力不够才服;依靠道德来使人服从,人才心悦诚服,就像孔门七十二弟子服从孔子那样。《诗经》说:'从西从东,从南从北,无不服从。'就是指这种情况。"

"王道"与"霸道",是两条对立的治国路线。霸道以力服人,王道以德服人。孟子指出,以力服人不能使人心服,以德服人才能使人心服。主张王道,反对霸道。在力和德之间,选择依靠德的力量,是仁政思想的基本原则之一。可与6.5、14.4章参读。孔子谈为政,说"道之以政,齐之以刑,民免而无耻。道之以德,齐之以礼,有耻且格"(《论语·为政》),也可参读。

王道与霸道、德与力之争,至今也是现实存在的大问题。如何将王道思想运用于当代治国和处理国与国的关系,值得研究。

3.4 孟子曰:"仁则荣,不仁则辱。今恶辱而居不仁，是犹恶湿而居下①也。如恶之，莫如贵德而尊士，贤者②在位，能者在职。国家闲暇，及是时明其政刑，虽大国，必畏之矣。《诗》③云：'迨④天之未阴雨，彻彼桑土⑤，绸缪牖户⑥。今此下民⑦，或敢侮予⑧？'孔子曰：'为此诗者，其知道乎！能治其国家，谁敢侮之？'今国家闲暇，及是时般乐怠敖⑨，是自求祸也。祸福无不自己求之者，《诗》⑩云：'永言配命⑪，自求多福。'《太甲》⑫曰：'天作孽⑬，犹可违⑭；自作孽，不可活⑮。'此之谓也。"

【注释】

①居下：住在地势低下的地方。　②贤者：有德者。

③《诗》：此处的诗句引自《诗经·豳风·鸱鸮》。　④迨：趁着。

⑤彻：此处是剥取的意思。桑土（dù）：桑根之皮。　⑥绸缪（móu）：缠绕。此处是修补的意思。牖户：门窗。　⑦下民：这是一个双关词，以统治者的眼光来看，被统治的百姓是"下民"。而以鸟儿的口吻来说，鸟巢之下的人是"下民"。　⑧予：人称代词，指我。　⑨般（pán）：乐的同义词。怠：怠惰。敖：出游。

⑩《诗》：此处的诗句引自《诗经·大雅·文王》。　⑪永：长。言：念。配：合。命：天命。　⑫《太甲》：相传是商初伊尹告诫商王太甲的训词，今本《尚书》中的《太甲》出于后人伪造。　⑬孽：

指妖孽，即不祥、怪异的征象。　⑭违：规避。　⑮活：有不同解释。一，活命。二，《礼记·缁衣》引此语"活"作"逭"，郑玄注："逭，逃也。"

【大意】

孟子说："仁就会得到荣耀，不仁就会遭受屈辱。现在人们厌恶屈辱，却自处于不仁的地位，这正好比厌恶潮湿却自处于低洼的水塘边。如果真的厌恶屈辱，最好崇尚道德，尊重士人，使有德的人有一定的官位，有才能的人担任一定的职务。国家没有内忧外患，趁这样的时机修明政治法典，即使是大国也一定会畏惧它了。《诗经》说：'趁着还没有阴天下雨，剥些桑树根上的皮，把门窗好好修理。如今下面的人啊，谁还敢把我欺侮。'孔子说：'作这首诗的人真是懂得道理啊！能治理好他的国家，谁还敢欺侮他呢？'现在国家没有内忧外患，这个时候歌舞游乐，怠于政事，这等于是自求祸害。灾祸或者幸福没有不是自己招来的，《诗经》说：'行事永远与天命相符，自己去寻求更多的幸福。'《太甲》说：'天降灾害还可避，自作罪孽无法逃。'就是指这种情况。"

本章提出"仁则荣，不仁则辱"，不愿受屈辱，自己却不仁，正如厌恶潮湿却住到低洼地里，是背道而驰。指出

"祸福无不自己求之者","自作孽,不可活",自己造成罪
孽,是无法逃避的。所以警醒世人,谨慎言行,以免自陷于
耻辱而不能救。具体地说,本章中孟子提出"贵德而尊
士"的要求,要推崇道德,尊重贤士,做到"贤者在位,能
者在职"。

7.8章也引《太甲》这段话,说同一思想,可参读。

> 3.5　孟子曰:"尊贤使能,俊杰在位,则天下之士
> 皆悦,而愿立于其朝矣。市,廛而不征[1],法而不廛[2],则
> 天下之商皆悦,而愿藏于其市矣。关,讥而不征[3],则天
> 下之旅皆悦,而愿出于其路矣;耕者,助而不税[4],则天
> 下之农皆悦,而愿耕于其野矣。廛无夫里之布[5],则天
> 下之民皆悦,而愿为之氓[6]矣。信[7]能行此五者,则邻国
> 之民仰之若父母矣。率其子弟,攻其父母,自生民以来,
> 未有能济[8]者也。如此,则无敌于天下,无敌于天下者,
> 天吏[9]也。然而不王者,未之有也。"

【注释】

①廛(chán)而不征:指货物藏于此而不征税。廛,市场中未
建店铺,可以存放货物的场所。　②法而不廛:有货物长久存放
滞销的,官府依法收缴。　③讥而不征:只稽查而不征税。讥,稽

查、查问。　④助而不税：只要求出力助耕公田，而不向私田收税。详见本书5.3章。　⑤夫里之布：是"苛捐杂税"的意思。夫，人口。里，民居。布，钱。周礼规定，宅地不种桑麻而撂荒的，征收里布；民不能出工服公役的，征收夫家之征。战国时百姓已经出了正常的劳役和赋税，又还要出夫里之布。　⑥氓：指百姓。⑦信：诚，确实的意思。　⑧济：成功。　⑨天吏：指奉行天命的官员。

【大意】

孟子说："尊重有道德的人，任用有能力的人，杰出的人都有官位，那么天下的士人都会高兴，愿意到这样的朝廷来当官了；市场场地上存放货物不收税，滞销的货物依法征购，那么天下的商人都会高兴，愿意在这样的市场做买卖了；关卡只稽查而不征税，那么天下的旅客都会高兴，愿意经过这里的道路了；耕种者只需助耕公田，私田不用纳税，那么天下的农夫都会高兴，愿意在这里的田地上耕种了；居民没有额外的赋税和徭役，那么天下的百姓都会高兴，愿意做这里的居民了。如果真能做到这五项，那么邻国的百姓就会像对待父母一样爱慕他了。带领他们的子女去攻击他们的父母，这种事情，自从有人以来没有能够成功的。这样，就能无敌于天下，无敌于天下的人就是'天吏'。如此而不能统率天下的还从来没有过。"

这一章从"尊贤使能，俊杰在位"；"市，廛而不征，法而不廛"；"关，讥而不征"；"耕者，助而不税"；"廛无夫里之布"五个方面说明仁政的具体内容。

> 3.6　孟子曰："人皆有不忍人之心。先王有不忍人之心，斯有不忍人之政矣。以不忍人之心，行不忍人之政，治天下可运之掌上。所以谓人皆有不忍人之心者，今人乍见孺子将入于井[1]，皆有怵惕恻隐之心[2]。非所以内交[3]于孺子之父母也，非所以要誉于乡党朋友也[4]，非恶其声而然也。由是观之，无恻隐之心，非人也[5]；无羞恶之心，非人也；无辞让之心，非人也；无是非之心，非人也。恻隐之心，仁之端[6]也；羞恶之心，义之端也；辞让之心，礼之端也；是非之心，智之端也。人之有是四端也，犹其有四体也。有是四端而自谓不能者，自贼者也；谓其君不能者，贼其君者也。凡有四端于我者，知皆扩而充之矣，若火之始然[7]、泉之始达[8]。苟能充之，足以保四海；苟不充之，不足以事父母。"

【注释】

①乍：突然。孺子：还没有认识能力的幼儿。　②怵惕（chù tì）：害怕、恐惧。恻隐：哀痛。　③内交：即结交。内，同"纳"。

④要：谋求。乡党：乡、党都是古代的居民基层组织，这里指乡里邻居。　⑤非人也：有不同解释。一说孟子这样说是"极言人心必有此四者"（《孟子正义》），凡是人都有此四心，禽兽则无此四心，所以非人。一说孟子是"言人若无此，则不得谓之人，所以明其必有也"（《四书章句集注》）。"明其必有"这一点上是一致的。　⑥端：发端、开头。　⑦然：同"燃"。　⑧达：畅通。

【大意】

孟子说："凡是人都有怜恤他人的心。先王有怜恤他人之心，于是就有怜恤他人的政治。用怜恤他人的心，来施行怜恤他人的政治，治理天下就能像放在手掌上转动一样。所以说'凡是人都有怜恤他人的心'，人们如果突然看到一个幼儿快要掉下井了，都会有惊惧同情的心。这不是为了讨好孩子的父母，也不是为了在邻里朋友间博取好名声，也不是因为厌恶孩子的哭声。由此看来，没有同情之心不能算是人，没有羞耻之心不能算是人，没有谦让之心不能算是人，没有是非之心不能算是人。同情之心是仁的源头，羞耻之心是义的源头，谦让之心是礼的源头，是非之心是智的源头。人具有这四种源头，就像他具有四肢一样。具有这四种源头而自认为不能这样做的，是自己残害自己；认为自己的君长不能这样做的，是暴弃自己的君长。凡是有这四种源头的人，知道把它都扩大充实起来，那就像刚刚燃起的火焰，刚刚流出的泉水（一样势不可挡）。假如能够扩充它们，就足以安定天下；假如不去扩充，连侍奉父母都不行。"

　　在这一章中，孟子提出"恻隐之心""羞恶之心""辞让之心""是非之心"是每一个人心中生来就有的。而这"四心"，是仁、义、礼、智这四种道德的"端"。这一方面说明仁、义、礼、智就像四肢一样是人本来就有的，所以人性是善的，另一方面又说明"四心"只是仁、义、礼、智的萌芽或源头。人性本善，但不是生来就完成了的，而是要自觉地去培养它和扩充它，才能真正成善。所以孟子特别强调要"扩而充之"，说"苟能充之，足以保四海；苟不充之，不足以事父母"。11.15章还说，"思则得之，不思则不得也"，可以参读。

　　"四心"的思想，是性善论的基础，也是仁政学说的思想基础。把天赋的善性用于治国，"以不忍人之心，行不忍人之政"，就是仁政，就足以保四海，很容易地治理天下。关于"四心"，还在11.6章讲到。关于"行不忍人之政"，还在1.7章讲到，可参读。

　　"端"，原意是事物的开始或末尾，如开端、顶端、末端。这里的"端"，有的解释为"萌芽"。据原文"若火之始然，泉之始达"，解释为起点或源头或更好些。

　　仁、义、礼、智四项，在《论语》中都已分别提出。《孟子》把这四项和四心联系起来，作为基本的道德要求，成为后来仁、义、礼、智信五常的基础。这四项的内容也都有了变化，和《论语》所说有所不同，这一点读者应特别注意。

3.7　孟子曰："矢人岂不仁于函人哉①？矢人唯恐不伤人，函人唯恐伤人，巫、匠亦然，故术不可不慎也。孔子曰：'里仁为美。择不处仁，焉得智？'夫仁，天之尊爵②也，人之安宅也，莫之御而不仁，是不智也。不仁、不智、无礼、无义，人役③也。人役而耻为役，由④弓人而耻为弓，矢人而耻为矢也。如耻之，莫如为仁。仁者如射，射者正己而后发。发而不中，不怨胜己者，反求诸己而已矣。"

【注释】

①矢人：造箭的工匠。函人：造甲的工匠。　②尊爵：古注说，仁、义、礼、智是天赋予人的"良贵"。良贵，天生的尊贵价值。人能仁，就可超越常人，所以说仁是天爵。　③人役：为人所役者。　④由：通"犹"。

【大意】

孟子说："制箭的难道比制甲的更不仁吗？制箭的唯恐不能

伤人，制甲的唯恐人受伤，巫师和做棺木的匠人也是如此，所以
选择谋生之术不能不谨慎。孔子说：'要居于仁道才好。选择住
处而不居于仁道，哪能算是明智呢？'仁，是天给予人的最尊贵
的爵位，是人安逸的住所。没有什么能阻止为仁，却还不仁，这
是不智。不仁、不智、无礼、无义，就是被他人奴役的人。成为
奴仆却耻于被他人役使，正好像制弓的耻于制弓、造箭的耻于造
箭。如果耻于被他人奴役，不如为仁。为仁正如射箭，射手先端
正自己的姿态然后发箭，发而不中，不去埋怨胜过自己的人，只
是反躬自问，从自身寻找原因。"

　　本章劝人为仁。制箭的唯恐不能伤人，制甲的唯恐人受
伤，不同的谋生之求，与不同的利益追求相联系。巫师和做
棺木的匠人也是如此。孟子由此提出对谋生之术的选择不
可不谨慎。这个选择，不是指选择矢人或函人，巫或匠，接
着引孔子"择不处仁，焉得智"句，进而说仁是"天之尊爵，
人之安宅"，仁是天赋予人的尊贵价值，人安顿生命的精神
家园。要避免谋生之术的不良影响，"莫如为仁"，要把人
生安顿在仁这个"人之安宅"上。这是孟子的重要思想，《孟
子》书中反复提到，要认真领会。可与7.10、11.16、11.17、
13.33等章参读。

　　孔子说"为仁由己，而由人乎哉？"（《论语·颜渊》）没

有什么力量能阻止为仁。"莫之御而不仁，是不智也"，不能阻止你对仁的追求，却不能仁，是不智。而不仁，不智，无礼，无义，就会受人奴役。想要避免这样的遭遇，不如为仁。末句说"仁者如射……反求诸己而已矣"，与《论语·卫灵公》孔子言"君子求诸己"一脉相承，是儒者根本精神，《孟子》中有所发挥。可与3.4、7.4、7.8、8.28等章参读。

3.8　孟子曰："子路，人告之以有过则喜。禹闻善言则拜。大舜有①大焉，善与人同②。舍己从人，乐取于人以为善。自耕稼、陶、渔以至为帝③，无非取于人者。取诸人以为善，是与④人为善者也。故君子莫大乎与人为善。"

【注释】

①有：通"又"。　②同：通。　③耕稼、陶、渔：《史记·五帝本纪》云："舜耕历山，历山之人皆让畔；渔雷泽，雷泽上人皆让居；陶河滨，河滨器皆不苦窳。"　④与：一说是偕同之意；一说为赞许、帮助之意。

【大意】

孟子说："子路，别人把他的错误告诉他他就高兴；禹听到善言就向人拜谢；大舜比他们更进一步，他同他人一起行善，抛弃自己不对的地方，接受他人正确的地方，乐于吸取他人的优点来行善。他从种庄稼、制陶、打鱼一直到当上天子，没有一件善行不是从他人那里吸取来的。吸取他人的优点来行善，就是与人为善。所以，君子的德行没有比与人为善更大的了。"

这一章讲到后求善的三种境界："人告之以有过则喜"；"闻善言则拜"和"善与人同。舍己从人，乐取于人以为善"；"与人为善"。闻过则喜，欢迎别人指出自己的过失，正确对待过失，表现出向善的愿望和追求；"闻善言则拜"，不待别人指出过错，听到善言就表示感谢，反映了对善的自觉主动的追求；与人为善，善于与别人沟通，愿意放弃自己的意见，接受他人好的意见，乐于吸取他人的长处来行善，这是追求善的最高境界。常人的通病，往往看自己长处和他人短处多，看自己短处和他人长处少。与人相交，学会发现他人长处，取他人之长克自己之短，乐取于人以为善，与人为善，非常重要。可与"三人行，必有我师焉"（《论语·述而》）联系理解。

3.9　孟子曰："伯夷，非其君不事，非其友不友。不立于恶人之朝，不与恶人言。立于恶人之朝，与恶人言，如以朝衣朝冠坐于涂炭①。推恶恶之心，思与乡人立，其冠不正，望望然②去之，若将浼③焉。是故诸侯虽有善其辞命而至者，不受也。不受也者，是亦不屑就已。柳下惠④不羞污君，不卑小官。进不隐贤⑤，必以其道。遗佚⑥而不怨，厄穷⑦而不悯。故曰：'尔为尔，我为我，虽袒裼裸裎于我侧⑧，尔焉能浼我哉？'故由由然⑨与之偕而不自失焉，援而止之而止。援而止之而止者，是亦不屑去已。"

孟子曰："伯夷隘⑩，柳下惠不恭。隘与不恭，君子不由⑪也。"

【注释】

①涂：泥。炭：墨。　②望望然：有不同解释。一，去而不顾之貌；二，惭愧之貌。　③浼（měi）：污。　④柳下惠：鲁国大夫，本名展获，字禽，因他的食邑在柳下，谥号为惠，所以人们亦称他为柳下惠。　⑤进不隐贤：一说指自己，做官不隐匿自己的贤才，一定要推行其主张。一说是指举荐人才，不隐贤，不枉道。⑥遗佚：相应于"进不隐贤"的不同解释，也有不同解释。一说指不获任用；一说放弃。　⑦厄穷：指困于贫穷。　⑧袒裼（xī）：露臂。裸裎（chéng）：露身。　⑨由由然：自得、高兴之貌。⑩隘：狭隘。　⑪不由：不这样做的意思。由，从这里行走。

【大意】

孟子说："伯夷，不合他理想的君主就不侍奉，不合他理想的朋友就不结交，不在恶人的朝堂上任职，不同恶人说话。他觉得在恶人的朝堂上任职，和恶人说话，就像是穿戴着礼服礼帽坐在污泥或黑炭上一样。把这种厌恶恶行的心推广开去，和乡里平民在一起，如果那人的帽子没戴正，他便会掉头离开，好像自己也会被污染了一样。因此，虽然有国君用好言好语来招他出仕，他也不接受。他所以不接受，是不屑于与他们接近。柳下惠不以侍奉滥恶的君主为羞耻，不以自己官小为卑下；进身做官不隐藏自己的才干，一定要按照他的原则办事；遭到遗弃也不怨恨，困于贫穷也不忧愁。他说：'你是你，我是我，纵然赤身裸体地站在我旁边，怎么能玷污我呢？'所以悠然自得地与他人相处而又不失常态，挽留他，他就留下。之所以挽留他他就留下，也是他不屑于离去。"

孟子说："伯夷狭隘，柳下惠随便。狭隘和随便，君子是不这样做的。"

孔子说："唯仁者能好人，能恶人。"（《论语·里仁》）怎样对待恶人，也是重要的问题。伯夷和柳下惠的态度，都有所偏。伯夷不屑与恶人有丝毫接触，拒之于千里之外，疾恶过甚，偏于狭隘；柳下惠不计善恶，都自然相处，虽不失原则，却也偏于随便。

公孙丑下

凡十四章

4.1　孟子曰："天时不如地利，地利不如人和①。三里之城，七里之郭②，环③而攻之而不胜。夫环而攻之，必有得天时者矣；然而不胜者，是天时不如地利也。城非不高也，池④非不深也，兵革非不坚利也⑤，米粟非不多也；委⑥而去之，是地利不如人和也。故曰：域⑦民不以封疆之界，固国不以山溪之险，威天下不以兵革之利，得道者多助，失道者寡助。寡助之至，亲戚畔之⑧；多助之至，天下顺之。以天下之所顺，攻亲戚之所畔，故君子有不战，战必胜矣。"

【注释】

①天时、地利、人和：这是前人的成语，而不同的人又有不同的理解和解释。孟子这里说的天时，杨伯峻注释说："可能是指阴晴寒暑之宜于攻战与否，而历代注解家以阴阳五行家的'时日干支五行王相孤虚'来解释，恐怕不是孟子本意。"（《孟子译注》，中华书局，2001年版，第87页）　②郭：外城。　③环：围，四面围攻。　④池：护城河。　⑤兵：兵器。革：甲胄。　⑥委：弃。　⑦域：一说域指界限；一说域民是使百姓常住在这里。⑧亲戚：指内外亲属，亲指族内，戚指族外。畔：通"叛"。

【大意】

　　孟子说："天时不如地利，地利不如人和。内城方圆三里，外城纵横七里的小城，四面围攻却不能取胜。能四面围攻，一定有合乎天时的地方，但是却不能取胜，这是天时不如地利。城墙不是不高，护城河不是不深，武器和盔甲不是不锐利不坚固，粮食不是不多，却放弃防守而逃散，这是地利不如人和。所以说，使百姓常住不靠国境的疆界，巩固国防不靠山川的险阻，扬威天下不靠武器的锐利，拥有道义的人帮助他的人就多，失去道义的人帮助他的人就少。帮助的人少到极点，连亲戚都反对他；帮助的人多到极点，全天下的人都归顺他。以得到天下人归顺的人，来攻伐亲戚都反对的人，这样，君子可能不用战争，只要战争就一定胜利。"

　　"天时不如地利，地利不如人和"，"得道者多助，失道者寡助"，都已经成为人们熟知的成语，在中国人的生活中有重要的影响。这两句话反映了中华文化的一种价值观：在人和物两种因素之间，重视人的因素，肯定人重于物。一切事业的成功，最重要的基础是人和，得到众人、百姓的拥护和支持。这也是仁政思想的重要基础。历史已经证明了，孟子讲的这两句话是千真万确的真理。

4.2　孟子将朝王①，王使人来曰："寡人如②就见者也，有寒疾，不可以风。朝，将视朝③，不识可使寡人得见乎？"

对曰："不幸而有疾，不能造④朝。"

明日，出吊于东郭氏⑤。公孙丑曰："昔者辞以病，今日吊，或者⑥不可乎？"

曰："昔者疾，今日愈，如之何不吊？"。

王使人问疾，医来。孟仲子⑦对曰："昔者有王命，有采薪之忧⑧，不能造朝。今病小愈，趋造于朝，我不识能至否乎？"使数人要⑨于路，曰："请必无归，而造于朝。"

不得已而之景丑氏⑩宿焉。景子曰："内则父子，外则君臣，人之大伦也。父子主恩，君臣主敬。丑见王之敬子也，未见所以敬王也。"

曰："恶！是何言也？齐人无以仁义与王言者，岂以仁义为不美也？其心曰'是何足与言仁义也'云尔，则不敬莫大乎是。我非尧、舜之道，不敢以陈于王前，故齐人莫如我敬王也。"

景子曰："否，非此之谓也。礼曰：'父召无诺⑪，君命召，不俟驾⑫。'固将朝也，闻王命而遂不果，宜与夫礼若不相似然。"

曰："岂谓是与？曾子曰：'晋、楚之富，不可及也。彼以其富，我以吾仁；彼以其爵，我以吾义。吾何慊^⑬乎哉？'夫岂不义而曾子^⑭言之？是或一道也。天下有达^⑮尊三：爵一，齿一，德一。朝廷莫如爵，乡党莫如齿^⑯，辅世长民莫如德。恶得有其一以慢其二哉？故将大有为之君，必有所不召之臣。欲有谋焉，则就之。其尊德乐道，不如是不足与有为也。故汤之于伊尹，学焉而后臣之，故不劳而王；桓公之于管仲，学焉而后臣之，故不劳而霸。今天下地丑^⑰德齐，莫能相尚^⑱，无他，好臣其所教，而不好臣其所受教。汤之于伊尹、桓公之于管仲，则不敢召，管仲且犹不可召，而况不为管仲者乎？"

【注释】

①王：指齐宣王。　②如：由几种解释。一，若；二，当；三，将。　③朝，将视朝：如果孟子来上朝，齐宣王将会视朝见孟子。④造：前往。　⑤东郭氏：齐大夫。　⑥或者：疑辞。　⑦孟仲子：孟子之从昆弟，学于孟子。　⑧采薪之忧：患病的委婉说法。⑨要（yāo）：阻拦。　⑩景丑氏：此人已不可考。　⑪父召无诺：父亲召唤，答应"唯"而不说"诺"，因为唯比诺表示更恭敬。⑫君命召，不俟驾：不等驾好车就出发。俟，等待。驾，车辆。《论语·乡党》云："君命召，不俟驾行矣。"　⑬慊：恨，少。　⑭曾

子：指孔子的弟子曾参。　⑮达：通。　⑯齿：年龄，特指年长。
⑰丑：同。　⑱尚：过。

【大意】

孟子准备去朝见齐王，齐王派人来说："我本该来看望你，但得了感冒，不能吹风。如果你来朝见，我将会临朝听政，不知道能让我见到你吗？"

孟子答道："我不幸得了病，不能到朝堂上去。"

第二天，孟子要去东郭家吊丧。公孙丑说："昨天你说有病推辞了王的召见，今天却去吊丧，恐怕不可以吧！"

孟子说："昨天生病，今天痊愈了，为什么不去吊丧呢？"

齐王派人来询问病情，并派来了医生。孟仲子应付道："昨天王来召请，他因为有病，不能去朝堂上。今天病刚好了一点，就赶忙到朝堂上去了，我不知道能不能到？"于是派了几个人在路上拦截，告诉孟子说："一定不要回家，到朝堂上去。"

孟子不得已而来到景丑家留宿。景丑说："在家有父子，出外有君臣，是最重要的人伦关系。父子间以慈爱为主，君臣间以恭敬为主。我看到了王对你的尊敬，却没有看到你怎样尊敬王的。"

孟子说："呀！这是什么话？齐国的人没有拿仁义来与王谈论的，他们难道是认为仁义不好吗？他们心里在说，'他哪里够得上谈仁义呢'，说不敬，没有比这更大的了。而我呢，不是尧、舜之道不敢在王的面前陈说，所以齐国人都不如我对王尊敬啊。"

景丑说："不，我说的不是这个。礼书上说：'父亲传唤，不说诺，应一声唯就起身；君主召唤，不等马车驾好就出发。'本来准备去朝见，听到王的召唤反而不去了，似乎与礼的要求不相合吧。"

孟子说："原来是说这个！曾子说：'晋、楚的富有，是赶不上的。他们依仗他们的富有，我依仗我的仁；他们依仗他们的爵位，我依仗我的义，我有什么比他少呢？'如果这些话没有道理，难道曾子会这样说吗？大概是有道理的。天下公认为尊贵的东西有三件：一是爵位，一是年龄，一是德行。朝廷上以爵位为最尊贵，乡里间以年长为最尊贵，匡辅世道、统率民众则以德行为最尊贵，怎么能拥有了爵位就轻慢另外两件呢？所以，将会大有作为的君主，一定有他不召唤的臣子，要商量事情就亲自到他那里去。他尊崇德行和爱好道义，不这样就不足以与他有所作为。因此，成汤对于伊尹，是向他学习，然后才以他为臣，所以不费很大力气就统一了天下；齐桓公对于管仲，向他学习，然后才以他为臣，所以不费太大力气就称霸于诸侯。现今天下各国的领土相差无几，德行不相上下，没有哪个能超出他人，这没有别的缘故，就因为只喜欢以听从自己的人为臣，不喜欢以自己应该受教于他的人为臣。成汤对于伊尹、齐桓公对于管仲就不召唤，管仲尚且不可以召唤，何况连管仲都不愿意做的人呢？”

孟子说"天下有达尊三：爵一，齿一，德一。朝廷莫如爵，乡党莫如齿，辅世长民莫如德"，指出爵、齿、德是不同领域中三项并列的尊贵价值：朝廷以爵——有权位者为尊；民间社区以齿——年长者为尊；治国则是以德——有德的贤人为尊。由此，他认为"将大有为之君，必有所不召之臣"，强调国君不能依恃权力，慢待贤才；对有德的贤才，要"学焉而后臣之"，先向他学习，然后才以他为臣。关于君臣关系的这种态度，也是仁政思想的一个重要内容。可与2.9、6.1、6.7、10.7章参读。

提出不同领域、不同场合有不同的尊贵价值，是一个重要的思想。它反对权力独尊，肯定德和齿、贤才和长者的尊贵价值，对于防止权力的滥用，在多元价值体系基础上建立和谐社会，有着普遍和现实的意义。

4.3　陈臻[①]问曰："前日于齐，王馈兼金[②]一百而不受；于宋，馈七十镒[③]而受；于薛，馈五十镒而受。前日之不受是，则今日之受非也；今日之受是，则前日之不受非也，夫子必居一于此矣。"

> 孟子曰："皆是也。当在宋也，予将有远行。行者必以赆^④，辞曰'馈赆'，予何为不受？当在薛也，予有戒心，辞曰'闻戒'。故为兵馈之，予何为不受？若于齐，则未有处^⑤也。无处而馈之，是货^⑥之也。焉有君子而可以货取乎？"

【注释】

①陈臻：孟子弟子。　②兼金：好金。价值倍于普通金，所以称作兼金。　③镒：二十两。当时以一镒为一金。　④赆（jìn）：给出行者送的礼。　⑤未有处：指没有理由。　⑥货：如同现在所说的贿赂、收买。

【大意】

陈臻问道："前些日子在齐国，齐王馈赠上等金一百镒您不接受；在宋国，宋君馈赠七十镒您却接受了；在薛邑，薛君馈赠五十镒您也接受了。如果前些日子的不接受是对的，那么今天的接受就不对了；如果今天的接受是对的，那么前些日子的不接受就不对了。在这两种情况中，老师一定占有一种了。"

孟子说："都是对的。在宋国时，我准备远行。对出行的人一定要送些盘费。宋君说，这是送的盘费。我为什么不接受呢？在薛邑，我有戒备之心。薛君说，听说你要有所戒备，所以送些钱给你买兵器。我为什么不接受呢？至于在齐国，就没有什么理由。没有理由地送我金钱，就是收买。哪有君子能用钱收买的呢？"

对他人的馈赠，受与不受，要根据不同的实际情况区别对待。合理的接受，不合理的不受。

4.4　孟子之平陆①。谓其大夫②曰："子之持戟之士③，一日而三失伍④，则去⑤之否乎？"

曰："不待三。"

"然则子之失伍也亦多矣！凶年饥岁，子之民，老羸转于沟壑⑥，壮者散而之四方者，几千人矣。"

曰："此非距心之所得为⑦也。"

曰："今有受人之牛羊而为之牧之者，则必为之求牧与刍⑧矣。求牧与刍而不得，则反诸其人乎？抑亦立而视其死与？"

曰："此则距心之罪也。"

他日，见于王，曰："王之为都⑨者，臣知五人焉，知其罪者惟孔距心。"为王诵⑩之。

王曰："此则寡人之罪也。"

【注释】

①平陆：齐边邑名，在今山东汶上以北。　②大夫：此处指邑长官。　③持戟之士：士兵。　④失伍：伍是当时步兵的基本编制单位和战斗队形的基础，一伍由五人组成，每人都有一定的战斗位置。失伍指离开了自己的战斗岗位，与失职的意思相似。⑤去：有人解释为杀，也有人解释为罢免。　⑥转于沟壑：弃尸于沟壑。转，弃。　⑦此非距心之所得为：此句意思是，这些问题不是我能解决的。距心，与孟子交谈者的名字。　⑧牧与刍：牧地和草料。　⑨都：指城邑。　⑩诵：背诵、复述。

【大意】

孟子来到平陆，对那个地方的长官孔距心说："你手下的士兵，如果一天三次失职，你开除他吗？"

孔距心答："不到三次就要开除。"

孟子说："你失职的地方也很多啊！灾荒年成，你的百姓，年老体弱而弃尸在山沟的，年轻力壮而四散逃难的，已经近千人了。"

孔距心说："这个问题不是我个人所能解决的。"

孟子说："现在有一个人，接受了别人的牛羊，为他放牧，那就一定要为牛羊寻找牧场和草料了。如果找不到牧场和草料，那么是把牛羊还给它们的主人呢，还是站在一边看着它们死去呢？"

孔距心说："这就是我的错了。"

另一天，孟子受到齐王召见，说："王的地方长官，我认识了五位。知道自己罪过的只有孔距心。"接着向齐王复述了与孔距心的对话。

王说："这是我的错啊。"

孟子向孔距心问责，生动具体，职责分明。随后又向齐王问责，令齐王承认了自己的错误。其中含义，要细心体会。

4.5　孟子谓蚳鼃①曰："子之辞灵丘②而请士师，似③也，为其可以言④也。今既数月矣，未可以言与？"

蚳鼃谏于王而不用，致为臣而去⑤。齐人曰："所以为蚳鼃则善矣，所以自为则吾不知也。"

公都子⑥以告。曰："吾闻之也，有官守⑦者，不得其职则去；有言责者，不得其言则去。我无官守，我无言责也，则吾进退岂不绰绰然有余裕哉⑧？"

【注释】

①蚳鼃（chí wā）：齐大夫。　②灵丘：齐国边境邑名，在今

山东境内,确切地点不详。　③似:所做的近似有理。　④可以言:指士师近王,有机会进谏。　⑤致为臣而去:即辞去官职的意思。　⑥公都子:孟子弟子。　⑦官守:居官守职者。　⑧绰、裕:都是宽的意思。

【大意】

孟子对蚳鼃说:"你辞去了灵丘长官而要求担任士师,好像是对的,因为这个职位能向君王进言。现在已经几个月了,还不能进言吗?"

蚳鼃向齐王进谏而没有被采纳,就辞掉官职离去了。齐人说:"他为蚳鼃考虑的意见是很好的,他对自己是怎样考虑的,我们就不知道了。"

公都子把这话告诉了孟子。孟子说:"我听说,有职务的,不能尽职就应离去;有进言之责的,不能进言就应离去。我既没有职务,也没有进言之责,我的进退岂不是宽舒得有很大的余地吗?"

有职务者有责,无职务者无责。对于进退存留,要依据不同情况处置,不可一概而论。

4.6　孟子为卿于齐,出吊于滕①,王使盖大夫王

骥为辅行②。王骥朝暮见，反齐滕之路，未尝与之言行事③也。

公孙丑曰："齐卿之位，不为小矣；齐滕之路，不为近矣。反之而未尝与言行事，何也？"

曰："夫既或治之④，予何言哉？"

【注释】

①出吊于滕：去吊唁滕文公的丧事。　②盖：邑名，在今山东沂水西北。王骥：字子敖。辅行：副使。　③行事：指公事。④夫：彼，这个人。既或治之：他已经都做了，意思是王骥独断专行。既，已。或，此处作有讲。

【大意】

孟子在齐国担任国卿，受命出使滕国吊丧，齐王派盖邑大夫王骥当副使。孟子与王骥朝夕相处，但在往返齐滕的途中没有同他谈过出使的公事。

公孙丑说："齐国国卿的职位不算小了，齐滕之间的路程不算近了。来回一趟却没有同他谈过出使的公事，是什么道理呢？"

孟子说："他都已经自己做了，我还说什么呢？"

孟子是正使，王驩是副使，王驩却不向孟子请示商量，独断专行，所以孟子不和他谈公事，表示不屑与他为伍。《论语·卫灵公》有"道不同，不相为谋"，本章可以作为一个例证。

4.7　孟子自齐葬于鲁①，反于齐，止于嬴②。充虞③请曰："前日不知虞之不肖，使虞敦匠④事。严⑤，虞不敢请，今愿窃有请也，木若以美然⑥。"

曰："古者棺椁无度⑦，中古⑧棺七寸，椁称之⑨。自天子达于庶人。非直⑩为观美也，然后尽于人心。不得⑪不可以为悦，无财不可以为悦。得之为有财，古之人皆用之，吾何为独不然？且比化者无使土亲肤⑫，于人心独无恔⑬乎？吾闻之，君子：不以天下俭其亲⑭。"

【注释】

①自齐葬于鲁：孟子在齐做官，母亲去世，孟子将母亲归葬于鲁。　②嬴：齐南邑。在今山东莱芜西北。　③充虞：孟子弟子。　④敦匠：管理工匠。敦，治。　⑤严：急。没有闲暇时间。⑥木：指棺材。以：通"已"，太。　⑦度：指棺木厚薄的尺寸。⑧中古：一说指周公制礼以来；一说指周公以前。　⑨称之：与棺相称。　⑩直：只是。　⑪不得：前人都解释为"法制所不当

得"(《四书章句集注》)。 ⑫比:通"庇",意为庇护。化:死者。 ⑬恔(xiào):快。 ⑭以天下俭其亲:一说"为天下爱惜此物,而薄于吾亲"(《四书章句集注》);一说"以天下人所得用之物,简约于其亲"(《孟子正义》)。

【大意】

孟子从齐国到鲁国安葬母亲,又返回齐国,在嬴停留。充虞请问说:"前些日子蒙您不嫌弃我无能,派我管理工匠。当时事务繁忙,我不敢请教,现在想私下向您求教,棺木似乎太漂亮了。"

孟子说:"古时候棺椁没有一定的尺寸,中古以来棺厚七寸,椁的厚度与棺相称。从天子直到庶民,不只是为了漂亮,而是这样才尽了人子之心。因为制度限制而做不到,不能称心;没有财力,不能称心。可以做到而又有财力,古人都做了,为什么唯独我不这样做呢?而且,保护死者尸体,不使泥土与死者的体肤相接触,人子之心难道就不欣慰吗?我听说,君子不会在天下人都可以做的事情上俭省自己父母亲的用度。"

《论语·八佾》说"礼,与其奢也,宁俭;丧,与其易也,宁戚",本章说君子"不以天下俭其亲",其间同异,应注意体察。

4.8 沈同①以其私问曰:"燕可伐与?"

孟子曰:"可。子哙②不得与人燕,子之③不得受燕于子哙。有仕④于此,而子悦之,不告于王而私与之吾子之禄爵;夫士也,亦无王命而私受之于子,则可乎?何以异于是?"

齐人伐燕。或问曰:"劝齐伐燕,有诸?"

曰:"未也。沈同问:'燕可伐与?'吾应之曰:'可。'彼然而伐之也。彼如曰:'孰可以伐之?'则将应之曰:"为天吏则可以伐之。'今有杀人者,或问之曰:'人可杀与?'则将应之曰:'可。'彼如曰:"孰可以杀之?'则将应之曰:'为士师,则可以杀之。'今以燕伐燕,何为劝之哉?"

【注释】

①沈同:齐大臣。 ②子哙:燕国国君,名哙。 ③子之:燕国的相。 ④仕:指官员。

【大意】

沈同以他个人的身份问道:"燕国可以讨伐吗?"

孟子说:"可以。子哙不能把燕国交给别人,子之不能从子哙手里接受燕国。假如有一位官员,你对他有好感,不向国君禀告就私自把你的俸禄爵位给他，这个人也不经国君的任命就私自从你手里接受，这样行吗？燕国的事与这有什么不同呢？"

齐人讨伐燕国。有人问孟子："你劝说齐国讨伐燕国，有这件事吗？"

孟子说："没有。沈同问我：'燕国可以讨伐吗？'我回答他说：'可以。'他就去讨伐燕国了。他如果问：'谁能讨伐燕国？'那就会回答他说：'是天吏才能讨伐燕国。'现在有个杀人犯，有人问我说：'这人可以处死吗？'我会回答他说：'可以。'他如果问：'谁能处死他？'那就会回答他说：'是士师才能处死他。'现在一个和燕国一样的国家去讨伐燕国，我为什么去劝说它呢？"

本章和下章所说都是齐国伐燕的事，说此事的还有2.10、2.11章，可以参读。

4.9　燕人畔^①，王曰："吾甚惭于孟子。"

陈贾^②曰："王无患焉。王自以为与周公孰仁且智？"

王曰："恶！是何言也？"

曰："周公使管叔^③监殷，管叔以殷畔。知而使之，是不仁也；不知而使之，是不智也。仁、智，周公未之尽也，而况于王乎？贾请见而解之。"

见孟子，问曰："周公何人也？"

曰："古圣人也。"

曰："使管叔监殷，管叔以殷畔也，有诸？"

曰："然。"

曰："周公知其将畔而使之与？"

曰："不知也。"

"然则圣人且有过与？"

曰："周公，弟也；管叔，兄也，周公之过，不亦宜乎？且古之君子过则改之，今之君子过则顺之④。古之君子，其过也如日月之食⑤，民皆见之；及其更也，民皆仰之。今之君子岂徒顺之，又从为之辞⑥。"

【注释】

①畔：通"叛"。　②陈贾：齐大夫。　③管叔：名鲜，周武王的弟弟。周武王灭殷后，封纣的儿子武庚禄父为诸侯，治理殷的遗民。并将弟弟叔鲜、叔度封于管、蔡以监视他。周武王去世后，继位的成王年幼，周公摄政，管叔、蔡叔与武庚一起作乱。周公奉王命进行讨伐，杀了武庚和管叔，放逐蔡叔，平定了叛乱。

④顺之：顺过饰非。　⑤其过也如日月之食：《论语·子张》云：

"子贡曰:'君子之过也,如日月之食焉:过也,人皆见之,更也,人皆仰之。'"   ⑥辞:辩护。

【大意】

燕国人反抗齐国。齐王说:"对孟子我感到非常惭愧。"

陈贾说:"王不必忧虑。王自己认为在仁和智的方面,与周公相比,谁更好些?"

齐王说:"呀!这是什么话?"

陈贾说:"周公用管叔监视殷人,管叔却率领殷人叛乱。周公如果预见到了而还用他,那是不仁;如果没有预见到而用他,那是不智。仁和智连周公都没有完全做到,何况王呢?请让我去见孟子解释这件事。"

陈贾去见孟子,问道:"周公是怎样的人?"

孟子说:"是古时候的圣人。"

陈贾说:"他用管叔监视殷人,管叔却率领殷人叛乱,有这回事吗?"

孟子说:"是有这回事。"

陈贾说:"周公是预见到他会叛乱而用他的吗?"

孟子说:"没有预见到。"

陈贾说:"那么圣人也有过失吗?"

孟子说:"周公是弟弟,管叔是哥哥,周公的过失不也合乎情理吗？古时候的君子有过失就改正，现在的君子有过失却将错就错。古时候的君子，他们的过失如同日食、月食，百姓都看得到；当他们改正时，百姓都仰望着他们。现在的君子不仅仅是将错就错，还为过错做辩护。"

对待过错的态度，是人生修养中的一个重要问题。俗话说"人非圣贤，孰能无过？"这句话的意思是说，人出现过错是难免的，重要的是如何对待过错。对待过错的态度，是区分君子与小人的重要标准。孟子说古代君子过则改之，今之君子过则顺之，又从为之辞。这些思想也都见于《论语》。《论语·子张》："君子之过也，如日月之食焉：过也，人皆见之；更也，人皆仰之"，"小人之过也必文"，可联系起来读。

4.10　孟子致为臣①而归。王就见②孟子，曰："前日愿见而不可得，得侍同朝甚喜③。今又弃寡人而归，不识可以继此而得见乎？"

对曰："不敢请耳，固所愿也。"

他日，王谓时子④曰："我欲中国⑤而授孟子室，养弟子以万钟⑥，使诸大夫、国人皆有所矜式⑦。子盍⑧为我言之？"时子因陈子⑨而以告孟子，陈子以时子之言告孟子。

孟子曰："然。夫时子恶知其不可也？如使予欲富，辞十万[10]而受万，是为欲富乎？季孙曰：'异哉子叔疑[11]！使己为政，不用，则亦已矣，又使其子弟为卿。人亦孰不欲富贵？而独于富贵之中有私龙[12]断焉。'古之为市也，以其所有易其所无者，有司者治之耳。有贱丈夫[13]焉，必求龙断而登之，以左右望[14]而罔市利，人皆以为贱，故从而征之，征商，自此贱丈夫始矣。"

【注释】

①致为臣：辞职。致，归还。　②就见：亲自去看望。
③得侍同朝：谦词，意思是说与孟子能作为君臣而同朝。甚喜：是王说他自己甚喜。　④时子：齐臣。　⑤中国：在国都之中。
⑥钟：量名，六斛四斗。　⑦矜：敬。式：法。　⑧盍："何不"的合音。　⑨陈子：孟子的弟子陈臻。　⑩十万：是说其多，不必作实数看。　⑪季孙、子叔疑：不可考。一说是孟子弟子。　⑫龙：通"垄"，高出地面，类似于田埂的高地。　⑬丈夫：成年人。
⑭左右望：左看右看，可以理解为四处观看。

【大意】

孟子辞掉官职要返回故乡，齐王去看望孟子，说："过去希望见到你而见不到；后来能同朝相处，我很高兴。现在你又要抛下我回去了，不知道以后还能再相见吗？"

孟子答道："这个只是我不敢要求罢了，本来也是我内心的愿望啊。"

另一天，齐王对时子说："我想在都城中送幢房屋给孟子，用万钟粟米来供养他的弟子，让大夫和百姓都有所效法。你为什么不替我告诉孟子呢？"时子托陈臻转告孟子，陈臻就把时子的话告诉了孟子。

孟子说："时子哪里知道这事是不能做的呢？如果我贪图财富，那么辞去十万钟粟米的官职去接受一万钟，这是贪图财富吗？季孙说：'好奇怪啊，子叔疑这个人！自己去做官，别人不用也就罢了，又让自己的儿子、兄弟去当卿大夫。哪个人不想富贵？而他对富贵的追求却有私家垄断的行为在里边。'古时候的集市交易，以自己有的东西换取没有的东西，由有关部门加以管理而已。有个低贱男子，一定要找个高处登上去，四处观看而想网罗集市交易的全部利益。人们都觉得他低贱，因此向他征税。征收商税就是从这个低贱男子开始的。"

齐宣王不能实行孟子的主张，孟子决定离开齐国。齐王想以一座豪宅和万钟粟米的俸禄留住孟子。孟子说，我岂是贪图富贵荣禄而来齐国的吗？拒绝了。还批评了子叔疑不仅自己当政，还让自己的儿子、兄弟也都当了卿大夫的"垄断"行为。孔子说"富与贵是人之所欲也；不以其道得之，不处也"（《论语·里仁》）。本章也是说"人亦孰不欲富贵"，而求富贵有道，思想一脉相承。其中特别提出反对垄断，值得注意。

4.11　孟子去齐，宿于昼①。有欲为王留行者，坐而言。不应，隐几而卧②。客不悦曰："弟子齐宿③而后敢言，夫子卧而不听，请勿复敢见矣。"

曰："坐，我明语子。昔者，鲁缪公无人乎子思之侧④，则不能安子思；泄柳、申详⑤无人乎缪公之侧，则不能安其身。子为长者⑥虑，而不及⑦子思，子绝长者乎，长者绝子乎？"

【注释】

①昼：邑名，在齐都临淄西南。　②隐几而卧：靠着几躺着。隐，凭。几，供老年人坐时倚靠的家具。　③齐宿：前一天进行斋戒。齐，通"斋"，斋戒。　④鲁缪公：即鲁穆公（缪、穆通），名显。子思：孔子的孙子，名伋。子思因自己的主张得不到实行而想离去。鲁穆公派贤人去劝说挽留，并答应听他的意见为政，子思才重新留下。　⑤泄柳：鲁穆公时的贤臣。申详：子张之子。鲁穆公

待他们不如对子思。也因为常有贤者在鲁穆公跟前劝说，他们二人才得以留下。　⑥长者：孟子自称。　⑦不及：一说没有提到或没有想到，"不及缪公留子思之事"（《四书章句集注》）。一说不如，"不如子思时贤人"（《孟子正义》）。意思都是说不劝齐王行孟子之道而只劝孟子留下。

【大意】

孟子离开齐国，在昼邑过夜。有个人想替齐王挽留孟子，恭坐着对他劝说。孟子不加理会，斜靠着几躺着憩息。那人不高兴地说："在下头一天斋戒之后才来向您进言，先生却躺卧着不听，恕我再也不敢与您相见了。"

孟子说："坐下，让我明白地告诉你。从前，鲁穆公如果没有人在子思身边，就不能把子思留下；泄柳、申详如果没有人在鲁穆公身边，就不能使自己留下。你为我这个老人考虑，却没有想到鲁穆公怎样对待子思的事。这是你和我这个老人决绝呢，还是我这个老人和你决绝呢？"

要想留住贤臣，关键在于国君善待贤臣，尊重、听取他们的意见，发挥他们的作用。《孟子》书中多处谈到这一思想。

4.12　孟子去齐。尹士①语人曰："不识王之不可以为汤武，则是不明也；识其不可，然且至，则是干泽也②。千里而见王，不遇故去。三宿而后出昼，是何濡滞③也？士则兹不悦。"

高子④以告。

曰："夫尹士恶知予哉？千里而见王，是予所欲也；不遇故去，岂予所欲哉？予不得已也！予三宿而出昼，于予心犹以为速。王庶几⑤改之。王如改诸，则必反予。夫出昼而王不予追也，予然后浩然⑥有归志。予虽然，岂舍王哉？王由足用为善⑦，王如用予，则岂徒齐民安，天下之民举⑧安。王庶几改之，予日望之。予岂若是小丈夫然哉？谏于其君而不受，则怒，悻悻然见于其面⑨。去则穷日之力而后宿⑩哉？"

尹士闻之曰："士诚小人也。"

【注释】

①尹士：齐人。　②干：求。泽：禄。　③濡滞：迟留。　④高子：齐人，孟子弟子。　⑤庶几：也许可以，表示希望或揣测。　⑥浩然：水流不可遏止的样子。　⑦由：通"犹"。足用：足以。　⑧举：皆，都。　⑨悻悻：怒意。见：同"现"。　⑩穷日之力而后宿：穷尽一天的精力然后住宿，意思是愈远愈好，唯恐不远。穷，尽。

【大意】

孟子离开齐国，尹士对别人说："不知道齐王不能成为商汤、周武，就是糊涂；知道齐王做不到还要来，就是贪求富贵。不远千里来见齐王，意见不合而离去，却在昼邑留宿三夜才上路，为什么这样迟缓呢？我看了就觉得不高兴。"

高子把这话告诉了孟子。

孟子说："尹士哪里理解我呢？不远千里来见齐王是我所希望的，意见不合而离去难道是我所希望的吗？我是不得已啊！我在昼邑留宿了三夜才上路，在我心里来说还觉得太快了。希望齐王也许会改变态度。齐王如果改变了态度，就一定会追我回去。我离开了昼邑而齐王没有来追我，我才毫不犹豫地下了回家乡的决心。我虽然这样做，难道会抛下齐王吗？齐王还能够行善政，齐王若能信用我，不但齐国的百姓能够安乐，天下的百姓都能安乐。齐王也许会改变态度的，我每天都盼望着。我难道像那些气量狭小的人一样吗？向君王进谏不被接受就发怒，气愤都表现在脸上；离去的时候就用尽气力走上一天才留宿吗？"

尹士听说之后说："我真是小人啊。"

孟子自己讲述去到齐国后又离开的心情，也描述、批评了一些人另一种表现。两种态度对比鲜明，引发深思。难怪尹士听后自叹是小人。旧注评说本章章旨："大德洋洋，介士察察，贤者志其大者，不贤者志其小者，此之谓也。"
（《孟子正义》）读者宜仔细体会。

> 4.13　孟子去齐，充虞路问①曰："夫子若有不豫色②然。前日虞闻诸夫子曰：'君子不怨天，不尤人③。'"
>
> 曰："彼一时，此一时也。五百年必有王者兴，其间必有名世者④。由周而来，七百有余岁⑤矣。以其数则过矣，以其时⑥考之则可矣。夫天，未欲平治天下也；如欲平治天下，当今之世，舍我其谁也？吾何为不豫哉？"

【注释】

①路问：在路上问话。　②不豫色：不愉快的脸色。　③君子不怨天，不尤人：孔子的话，见于《论语·宪问》。　④名世者：指那些德业名望很高，可以为王者的辅佐的大臣。　⑤由周而来，七百有余岁："七百有余岁"是个约数。古人所举之数不一定与实际相符，也不至于与实际有太大出入。　⑥时：指时势，当时的时势是乱极思治，需要这样的人物出现。

【大意】

孟子离开齐国，充虞在路上问道："老师的神色似乎有不高兴的样子。前些日子我曾听老师说：'君子不怨天，不怪人。'"

　　孟子说："那时是一个时候，现在又是一个时候。每五百年一定有王者兴起，也一定有辅佐王者的名臣。周兴起以来已有七百多年，从年数上说已经超过了，以时势而论，也该有圣贤出现了。天是还不想让天下太平，如果想要使天下太平，当今之世，除了我还有谁呢？我为什么不高兴呢？"

　　"五百年必有王者兴"，"如欲平治天下，当今之世，舍我其谁也"反映了孟子的抱负。这一思想，在本书最后一章中有进一步的阐述，可参看。

　　4.14　孟子去齐，居休①。公孙丑问曰："仕而不受禄，古之道乎？"

　　曰："非也。于崇②，吾得见王，退而有去志，不欲变③，故不受也。继而有师命④，不可以请。久于齐，非我志也。"

【注释】

　　①休：地名，在今山东滕州西北。　　②崇：地名，今不可考。③不欲变：指不想改变他离去的决定。　　④师命：师旅之命。指当时齐国有战事。

【大意】

孟子离开齐国，停留在休邑。公孙丑问道："做官而不受俸禄，合乎古道吗？"

孟子说："不是的。在崇邑我见到了齐王，退下来就有离去的意愿，不想改变，所以不受俸禄。随后齐国有战事，不能提出离开的请求。在齐国久留并不是我的意愿。"

孟子在齐，因为当时他决意离去，就不受俸禄，后来又因有战事而迁延下来。这反映了一个原则：不做事就不受俸禄，即所谓无功不受禄。

5.1　滕文公为世子①，将之楚，过宋而见孟子。孟子道性善，言必称尧、舜。

世子自楚反，复见孟子。孟子曰："世子疑吾言乎？夫道一而已矣。成𪧺②谓齐景公曰：'彼丈夫也，我丈夫也。吾何畏彼哉？'颜渊曰：'舜何人也？予何人也？有为者亦若是。'公明仪③曰：'文王，我师也，周公岂欺我哉？'今滕，绝长补短，将五十里也，犹可以为善国。《书》④曰：'若药不瞑眩⑤，厥疾不瘳⑥。'"

【注释】

①世子：国君的继承人，亦称"太子"。　②成𪧺：亦作"成荆""成庆"，齐国的勇者。　③公明仪：姓公明，名仪，曾子弟子。　④《书》：此处所引语句系《尚书》逸篇，后来被采入伪古文《尚书》的《说命》。　⑤瞑眩（mián xuàn）：晕眩。　⑥厥：指示代词，其、它。瘳（chōu）：痊愈。

【大意】

滕文公在做太子时，到楚国去，途经宋国时见到孟子。孟子讲人性善的道理，说话不离尧、舜。

世子从楚国回来，又去见孟子。孟子说："太子怀疑我的话吗？真理只有一个而已。成𪧺对齐景公说：'他是个男子汉，我

也是个男子汉，我为什么要怕他呢？'颜渊说：'舜是什么人？我
是什么人？有作为的人也可以像他一样。'公明仪说：'文王是我
的老师，周公这样说难道是欺骗我们吗？'现在的滕国，截长补
短，算下来将近五十里方圆，还能够治理成一个好国家。《尚书》
上说：'如果药不能使人晕眩，那病是不会痊愈的。'"

本章第一次提到了孟子主张人性善的思想。针对滕文
公对孟子所说还有犹疑的情况，孟子强调说，道只有一个，
圣贤能做到的，普通人经过努力也能做到。劝他专一相信，
不要犹疑而另求其他。可与12.2章参读。

5.2　滕定公薨①。世子谓然友②曰："昔者孟子尝与
我言于宋，于心终不忘。今也不幸至于大故③，吾欲使子
问于孟子，然后行事。"

然友之邹，问于孟子。

孟子曰："不亦善乎！亲丧固所自尽④也。曾子
曰⑤：'生，事之以礼；死，葬之以礼，祭之以礼，可谓孝
矣。'诸侯之礼吾未之学也；虽然，吾尝闻之矣。三年之
丧，齐疏之服⑥，飦粥之食⑦，自天子达于庶人，三代共
之。"

然友反命，定为三年之丧。父兄百官皆不欲，曰：

"吾宗国⑧鲁先君莫之行，吾先君亦莫之行也，至于子之身而反之，不可。且《志》⑨曰：'丧祭从先祖。'

曰："吾有所受之也⑩。"谓然友曰："吾他日未尝学问，好驰马试剑。今也父兄百官不我足⑪也，恐其不能尽于大事，子为我问孟子。"

然友复之邹，问孟子。

孟子曰："然，不可以他求者也。孔子曰：'君薨，听于冢宰⑫。歠⑬粥，面深墨⑭，即位而哭，百官有司莫敢不哀，先之也。'上有好者，下必有甚焉者矣。'君子之德⑮，风也；小人之德，草也。草尚⑯之风必偃。'是在世子。"

然友反命。世子曰："然，是诚在我。"五月居庐⑰，未有命戒⑱，百官族人可，谓曰知⑲。及至葬，四方来观之，颜色之戚，哭泣之哀，吊者大悦。

【注释】

①薨(hōng)：诸侯国君去世称薨。　②然友：世子之傅。傅，辅导太子的官。　③大故：重大的变故，此处是指父亲的去世。　④自尽：竭尽自己的心力。　⑤"曾子曰"一段：这里所引的曾子这段话，在《论语·为政》中是孔子所说。孟子说是曾子所说，也许另有根据。　⑥齐(zī)疏之服：粗布制作的丧服。齐，

衣服缝边。疏,粗。　⑦飦(zhān)粥:飦同"饘","厚曰饘,希(稀)曰粥"(《礼记·檀弓上》)。在丧事期间只能吃粥。　⑧宗国:滕、鲁始封的国君都是周文王之后,而鲁国祖先周公年最长,所有其余姬姓诸侯国都称鲁为宗国。　⑨《志》:不知具体是哪一本书。　⑩吾有所受之也:这句话是谁说的,有不同解释。一说这是父兄百官说的,是说滕国就是从过去的传统继承下来的;一说这是太子的话,是说我这样做是有所传承的,即传承了孟子所说的传统。此句前有"曰"字,如果是父兄百官的话,不需要加这个"曰",所以应以后说为好。　⑪不我足:以为我不足的意思。⑫冢宰:相当于后世的宰相。　⑬歠(chuò):饮。　⑭深:甚、很。墨:黑色。　⑮"君子之德"一段:这段话见于《论语·颜渊》。　⑯尚:上。这里用作动词,加于其上的意思。　⑰五月居庐:按当时的礼制规定,诸侯去世要五个月之后下葬,太子在这期间要住在守丧的"孝庐"里。　⑱命戒:指命令和指示。　⑲百官族人可,谓曰知:原作"可谓曰知",朱熹《四书章句集注》云:"疑有阙误",现移"可"与上文相连,指百官族人都赞同他的行为,下句"谓曰知"指世子知礼。

【大意】

滕定公去世了,太子对然友说:"过去孟子曾在宋国与我交谈,我心里一直没有忘记。现在不幸遭到了父丧,我想派你去向孟子请教，然后再办理丧事。"

然友到邹国，向孟子请教。

孟子说："很好啊，父母亲的丧事本来就该竭尽自己的心力。曾子说：'在世时依礼侍奉，去世了依礼安葬、依礼祭祀，可以称得上孝了。'诸侯的礼仪我没有学过，虽然没有学过，可是我曾听说过。三年的丧期，穿粗布缉边的孝服，吃稀饭薄粥，上自天子、下至庶民，夏、商、周三代都是这样的。"

然友回国作了报告，于是确定行三年的丧期。滕国的父老、百官都不愿意，说："宗国鲁国历代国君都没有这样做过，我们以前的国君也没有这样做过，到了你的手上却要改变，是不行的。而且《志》上说'丧葬、祭祀都依从祖宗的做法'。"

太子说："我是有所传承的。"对然友说："我过去没有在学问上用功，喜好跑马比剑，现在父老、百官都认为我不能使他们满意，恐怕他们不能在丧事上尽心了，你替我再去请教孟子。"

然友又到邹国去向孟子请教。

孟子说："是呀，这是不能求于他人的。孔子说：'国君去世，政务都听命于冢宰，喝稀粥，面色深黑，到孝子的位子上哭，大小百官没有敢不悲哀的，这是因为亲身带头呀。'在上者有什么爱好，下面一定会有人爱好得更厉害。'君子的德行像风，小人的德行像草，风吹到草上，草一定顺风倒伏。'事情全在于太子。"

然友向太子报告了。太子说："是呀，事情确实是在我。"于是在土屋中居丧五个月，没有下过命令、指示，百官、族人都赞成，认为太子懂道理。到举行葬礼时，各地都来观礼，太子容颜的悲戚、哭泣的哀痛，令前来吊丧的人都非常满意。

本章所述，反映了当时在丧礼方面的一些情况。三年治丧的旧礼，已经多年不行，为多数人所不知道和反对，孟子也只是听说过。这也是了解孟子思想的一个重要背景。

5.3　滕文公问为国①。

孟子曰："民事②不可缓也。《诗》③云：'昼尔于茅④，宵尔索绹⑤，亟其乘屋⑥，其始播百谷。'民之为道也，有恒产者有恒心，无恒产者无恒心。苟无恒心，放辟邪侈，无不为已。及陷乎罪，然后从而刑之，是罔民也。焉有仁人在位罔民而可为也？是故贤君必恭俭礼下⑦，取于民有制。阳虎⑧曰：'为富不仁矣，为仁不富矣。'

"夏后氏五十而贡，殷人七十而助，周人百亩而彻⑨，其实皆什一也。彻者彻⑩也，助者藉⑪也。龙子⑫曰：'治地莫善于助，莫不善于贡。'贡者，校⑬数岁之中以为常。乐岁粒米狼戾⑭，多取之而不为虐，则寡取之；凶年粪⑮其田而不足，则必取盈焉。为民父母，使民盻盻然⑯，将终岁勤动，不得以养其父母，又称贷而益之⑰，使老稚转乎沟壑，恶在其为民父母也？夫世禄，滕固行之矣。《诗》^⑱云：'雨我公田，遂及我私。'惟助为有公田。由此观之，虽周亦助也。

"设为庠、序、学、校^⑲以教之，庠者养也，校者教也，序者射也^⑳。夏曰校，殷曰序，周曰庠，学则三代共之，皆所以明人伦也。人伦明于上，小民亲于下。有王者起，必来取法，是为王者师也。《诗》^㉑云：'周虽旧邦，其命惟新'，文王之谓也。子力行之，亦以新子之国。"

使毕战问井地^㉒。

孟子曰："子之君将行仁政，选择而使子，子必勉之！夫仁政，必自经界^㉓始。经界不正，井地不钧^㉔，谷禄^㉕不平，是故暴君污吏必慢^㉖其经界。经界既正，分田制禄可坐而定也。

"夫滕壤地褊小，将为君子焉，将为野人焉。无君子莫治野人，无野人莫养君子。请野九一而助，国中什一使自赋。卿以下必有圭田^㉗，圭田五十亩，余夫^㉘二十五亩。死徙无出乡，乡田同井，出入相友，守望^㉙相助，疾病相扶持，则百姓亲睦。方里而井，井九百亩，其中为公田，八家皆私百亩，同养公田。公事毕，然后敢治私事，所以别野人也。此其大略也，若夫润泽之，则在君与子矣。"

【注释】

①为国：即治国。　②民事：指与民生有关的事务，朱熹释为"农事"。　③《诗》：此处诗句引自《诗经·豳风·七月》。④于：往取。茅：茅草。　⑤宵：晚上。索绹（táo）：指编草绳。索，此处作动词，拧绳子。绹，也是拧绳子的意思。　⑥亟：急。乘：治。　⑦恭俭礼下：俭为廉俭之俭，意思是自我约束和节制。朱熹注"恭则能以礼接下，俭则能取民以制"。　⑧阳虎：鲁国执政大夫季孙氏的家臣。　⑨贡、助、彻：古代的田租制度。五十、七十、百亩之数，杨伯峻认为"只是孟子假托古史以阐述自己的理想"（杨伯峻：《孟子译注》，中华书局，2001年版，第121页）。⑩彻：通。周的税法十中取一，叫作彻，意思是这是天下通行之法。　⑪藉：借。　⑫龙子：古贤人。　⑬校：比较、核定。在有的本子中，此字作"校"，是明代因避熹宗讳而改。　⑭粒米：犹言米粒。狼戾：犹狼藉，指粮食丰足，人们不加爱惜而多有浪费。　⑮粪：施肥。此处泛指农事管理。　⑯盻（xì）盻然：恨视之貌。　⑰称：举。贷：借。　⑱《诗》：此处诗句引自《诗经·小雅·大田》，这是一首农事诗。　⑲庠、序、学、校：古代乡校的名称。　⑳养、教、射：都是教导的意思；一说是指不同的教育内容。　㉑《诗》：此处诗句引自《诗经·大雅·文王》。　㉒毕战：滕臣。井地：即井田。传说中殷周时代的一种土地制度。　㉓经界：地界。经与界都是指边界，经亦可以视为动词，划分、治理的

意思。　㉔钧：通"均"。　㉕谷禄：指俸禄。　㉖慢：轻慢。

㉗圭田：卿大夫用于祭祀的田。士以洁白而升，则与以圭田，使供祭祀；若以不洁白而黜，则收其田里。有田以表其洁，无田以罚其不洁。也有说，不足百亩的零星田地称圭田，或说圭即"畦"字。

㉘余夫：一说"丁男"之外的人口为"余夫"。杨伯峻认为"此句承上圭田而言，恐不能和《周礼·遂人》'余夫亦如之'的'余夫'（一般农民家的余夫）一例看待"（杨伯峻：《孟子译注》，中华书局，2001年版，第123页）。　㉙守望：防寇盗。

【大意】

滕文公问怎样治国。

孟子说："与民生有关的事务不能放松。《诗经》说：'白天取茅草，晚上把绳绞，房屋赶快修整好，准备到时种庄稼。'百姓的一般情况，有稳定的产业收入的才有一定的道德准则，没有稳定产业收入的就没有一定的道德准则。如果没有一定的道德准则，就会放荡胡来，无所不为。等到他犯了罪，就跟着惩治他们，这等于是陷害他。哪有仁人当政而可以陷害百姓呢？因此，贤明的君主必定谦恭自制，有礼地对待臣仆和百姓，向百姓征税有一定的制度。阳虎说：'要发财就不会仁爱，要仁爱就不会发财。'

"夏代以五十亩为单位，实行'贡'法，商代以七十亩为单位，实行'助'法，周代以一百亩为单位，实行'彻'法，税率其实都是十分取一。彻是通行的意思，助是借助的意思。龙子说：'管理土地最好的是助法，最不好的是贡法。'贡是以核定几年收成的平均数作为定数。丰收之年粮食丰足，多收取些不算暴虐，却少收；歉收之年收成还不够一年种田的支出，却一定要收够定数。自称是百姓的父母，却使百姓面带怨恨，终年辛劳还不能养活自己的父母，还要靠借贷来凑满租税，致使老人小孩抛尸在山沟荒野，这还怎么能说是百姓的父母呢？卿大夫有世代承袭的俸禄，是滕国已经实行了的。《诗经》说：'雨水先灌我们的公田，然后泽及我的私田。'只有实行助法才要有公田。由此看来，就是周代也是实行助法的。

"设置庠、序、学、校来教育百姓，庠是教养的意思，校是教导的意思，序是宣示仪规的意思。夏代称校，商代称序，周代称庠；学是三代都有的，都是教人们懂得人伦关系和行为准则。在上的人懂得人伦关系和行为准则，下面的百姓们也亲爱和睦相处。如果有王者兴起，必定会来学习取法，这样就是王者的老师了。《诗经》上说：'周虽是旧国，国运却常新。'这是指的周文王。你努力实行吧，也使你的国家气象一新。"

滕文公派毕战来问井田制，孟子说："你的国君要施行仁政，选择你来问我，你一定要努力啊！施行仁政，一定要从整理田界开始。田界不正，井田面积就不均衡，作为俸禄的田租收入就不公平。所以暴君和贪官污吏一定会搞乱田界。田界正了，分配田地、制定俸禄就都能毫不费力地确定了。

"滕国的疆土虽然狭小，一样要有治国的君子，要有种地的农民。没有治国的君子就无法管理种地的农民，没有种地的农民就无法养活治国的君子。建议滕君在郊野施行九分取一的助法，在都城中十分取一而让国民自行交纳。国卿以下的官吏都有用于祭祀的圭田，每户五十亩，每户的多余人口给田二十五亩。丧葬、迁居都不出乡里，同一乡里、同耕一块井田的各家，出入劳作时相互伴随，防御盗贼时相互帮助，有病痛意外相互照顾，这样百姓就亲爱和睦了。一平方里为一块井田，每一井田有九百亩，中央的一百亩是公田，八家各分一百亩为私田。八家共同料理公田。公田上的事情做完了，然后才管理私田。这就是区分治国的君子和种地的农民的办法。这是井田的大概，至于怎样调度完善就靠国君和你了。"

这一章里孟子谈了他仁政的具体内容。要点有三：一，"民之为道也，有恒产者有恒心，无恒产者无恒心。苟无恒心，放辟邪侈，无不为已。"因此，必须关注民生，"恭俭礼下，取于民有制"；二，"仁政，必自经界始。"要整顿田界，实行井田制；三，"设为庠、序、学、校以教之"。可与1.5、1.7、13.23、14.27等章参读。

5.4　有为神农之言者许行[1]，自楚之滕，踵门[2]而告文公曰："远方之人闻君行仁政，愿受一廛而为氓[3]。"文公与之处。其徒数十人，皆衣褐[4]，捆屦[5]、织席以为食。

陈良[6]之徒陈相与其弟辛负耒耜而自宋之滕，曰："闻君行圣人之政，是亦圣人也，愿为圣人氓。"陈相见许行而大悦，尽弃其学而学焉。

陈相见孟子，道许行之言曰："滕君则诚贤君也，虽然，未闻道也。贤者与民并耕而食，饔飧[7]而治。今也滕有仓廪府库，则是厉[8]民而以自养也，恶得贤？"

孟子曰："许子必种粟而后食乎？"

曰："然。"

"许子必织布而后衣乎？"

曰："否，许子衣褐。"

"许子冠乎？"

曰："冠。"

曰："奚冠？"

曰："冠素。"

曰："自织之与？"

曰："否，以粟易之。"

曰："许子奚为不自织？"

曰："害于耕。"

曰："许子以釜甑爨^⑨，以铁^⑩耕乎？"

曰："然。"

"自为之与？"

曰："否，以粟易之。"

"以粟易械器者，不为厉陶冶；陶冶亦以其械器易粟者，岂为厉农夫哉？且许子何不为陶冶，舍皆取诸其宫中而用之^⑪，何为纷纷然与百工交易？何许子之不惮烦？"

曰："百工之事固不可耕且为也。"

"然则治天下独可耕且为与？有大人^⑫之事，有小人之事。且一人之身而百工之所为备，如必自为而后用之，是率天下而路^⑬也。故曰或劳心，或劳力；劳心者治人，劳力者治于人；治于人者食人，治人者食于人：天下之通义也。

"当尧之时，天下犹未平，洪水横流，泛滥于天下。草木畅茂，禽兽繁殖，五谷不登，禽兽偪^⑭人，兽蹄鸟迹之道交于中国。尧独忧之，举舜而敷^⑮治焉。舜使益掌火，益烈山泽而焚之，禽兽逃匿。禹疏九河^⑯，瀹济漯而注诸海^⑰，决汝汉、排淮泗而注之江^⑱，然后中国可得而食也。当是时也，禹八年于外，三过其门而不入，虽欲耕，得乎？后稷^⑲教民稼穑，树艺五谷^⑳，五谷熟而民人育。人之有道也，饱食、暖衣、逸居而无教，则近于禽兽。圣人有^㉑忧之，使契^㉒为司徒，教以人伦，父子有亲，君臣有义，夫妇有别，长幼有叙^㉓，朋友有信。放勋^㉔曰：'劳之来之^㉕，匡之直之，辅之翼之，使自得之，又从而振德之。'圣人之忧民如此，而暇耕乎？

"尧以不得舜为己忧，舜以不得禹、皋陶^㉖为己忧。夫以百亩之不易^㉗为己忧者，农夫也。分人以财谓之惠，教人以善谓之忠，为天下得人者谓之仁。是故以天下与人易，为天下得人难。孔子曰^㉘：'大哉尧之为君！惟天为大，惟尧则之。荡荡乎，民无能名焉。君哉舜也！巍巍乎，有天下而不与焉。'尧、舜之治天下，岂无所用其心哉？亦^㉙不用于耕耳。

"吾闻用夏变夷者，未闻变于夷者也。陈良，楚产也，悦周公、仲尼之道，北学于中国，北方之学者未能或之先也。彼所谓豪杰之士也。子之兄弟事之数十年，师死而遂倍^㉚之。昔者孔子没，三年之外，门人治任^㉛将归，入揖于子贡，相向而哭，皆失声，然后归。子贡反，筑室于场，独居三年，然后归。他日，子夏、子张、子游以有若似圣人，欲以所事孔子事之，强曾子。曾子曰：'不可。江汉以濯之，秋阳以暴之^㉜，皓皓^㉝乎不可尚已。'今也南蛮鴃舌^㉞之人非先王之道，子倍子之师而学之，亦异于曾子矣。吾闻出于幽谷迁于乔木者，未闻下乔木而入于幽谷者。《鲁颂》^㉟曰：'戎狄是膺^㊱，荆舒是惩^㊲。'周公方且膺之，子是之学，亦为不善变矣。"

"从许子之道，则市贾^㊳不贰，国中无伪。虽使五尺之童^㊴适市，莫之或欺。布帛长短同，则贾相若；麻缕丝絮轻重同，则贾相若；五谷多寡同，则贾相若；屦大小同，则贾相若。"

曰："夫物之不齐，物之情也，或相倍蓰^㊵，或相什百，或相千万。子比^㊶而同之，是乱天下也。巨屦小屦^㊷同贾，人岂为之哉？从许子之道，相率而为伪者也，恶能治国家？"

【注释】

①神农之言：神农是传说中上古的圣人，《尚书大传》等书以伏羲、神农、燧人为三皇。许行：生平无考，钱穆《先秦诸子系年考辨》卷三认为他可能就是《吕氏春秋·当染》中提到的"学于禽滑釐"的许犯，但又感到证据不够充分，未能论定。　②踵门：登门拜访。　③廛（chán）：居。古时一家所居占地二亩半，称一廛。氓：指从别处来归顺的百姓。也有说指郊野的百姓。④褐：以粗麻编织的衣服。　⑤捆屦：织草鞋。捆，织。　⑥陈

良：儒者。　⑦饔飧（yōng sūn）：熟食。这里用作动词，指自己煮饭。　⑧厉：病、害，此处是刻剥的意思。　⑨釜：煮物的锅。甑：蒸物的瓦器。　⑩铁：指农具。　⑪舍：什么，指许行自为陶冶生产的东西。一说指制作陶冶的场所。宫：指居室。　⑫大人：类似"君子"，有时指有德者，有时指有位者。此处指有位者。　⑬路：败，破败。指穷困之路。　⑭偪：同"逼"。　⑮敷：一说"治也"（《孟子正义》）；一说"布也"（《四书章句集注》）。杨伯峻注"徧也"（杨伯峻：《孟子译注》，中华书局，2001年版，第132页），徧即遍。　⑯九河：据《尚书·禹贡》，当时的黄河流到华北平原中部后"播为九河"，近代的研究者多认为，"九河"不一定是实指，而是对古代黄河下游多条支流的总称。　⑰济：水名，源于河南济源以西的王屋山，南下过黄河入海。今下游为黄河所占，黄河以南不复有济水之名。漯（tà）：古代黄河下游的主要支流之一，自今河南浚县西南别流，东北经濮阳过山东入海。今已湮没。　⑱决汝汉、排淮泗而注之江：这一句，自古以来争论很大，因为这几条河除汉水外都没有流入长江的历史。但孟子此处的主旨是申述大禹治水之功，不必拘泥于具体事实上。

⑲后稷：名弃，传说中周族的始祖。相传他善于种植各种粮食作物，曾在尧、舜时代担任过农官，教民耕种。　⑳树：种。艺：植。　㉑有：同"又"。　㉒契（xiè）：传说中商代的祖先。

㉓叙：次序。　㉔放勋：帝尧的名。　㉕劳、来：劳、来是同义

词，意为督促、勤勉。　㉖皋陶（yáo）：传说中东夷族的首领，在舜时担任掌管刑法的官。　㉗易：治。　㉘"孔子曰"一段：此处引语见于《论语·泰伯》，个别词语稍有不同。　㉙亦：此处为只是的意思。　㉚倍：同"背"。　㉛任：担。又一说，任的本义是抱，担于肩者，载于车者，通谓之任。治任犹现在所说的收拾行李。　㉜秋阳：周历的秋天，相当于今农历的五六月，实际上是夏日的太阳。阳，太阳。暴：同"曝"。　㉝皓皓：洁白貌。　㉞鴃（jué）舌：说话如鸟叫一般难懂。　㉟"《鲁颂》"一段：此处诗句引自《诗经·鲁颂·閟宫》。　㊱膺：击。　㊲荆：楚原建国于荆山一带，故旧名荆。舒：楚的与国，故地在今安徽舒城县。㊳贾：同"价"。　㊴五尺之童：古人尺短，五尺只及现在的三尺半。　㊵蓰（xǐ）：五倍。　㊶比：并列。　㊷巨屦小屦：粗屦细屦。

【大意】

有个主张神农学说的许行从楚国来到滕国，登门拜见滕文公，说："我这个远方来的人听说您施行仁政，希望能得到一个住所，做您的百姓。"文公给了他一个住所。他的门徒有几十个，都穿着粗麻编织的衣服，以打草鞋，织席子为生。

陈良的门徒陈相和他的弟弟陈辛，背着农具从宋国来到滕国，对文公说："听说您施行圣人的政治，这样您也是圣人了，我们愿意做圣人的百姓。"陈相见了许行非常高兴,抛弃了自己的学问去向他学习。

陈相去见孟子,转述许行的话说:"虽然滕君确实是个贤明的君主,但是还没有懂得治国的道。贤者应该和百姓一起种庄稼来吃,自己做饭,同时处理政务。现在滕国有粮仓钱库,是以刻剥百姓来奉养自己,怎么能说是贤明呢?"

孟子说:"许子一定要自己种庄稼才吃吗?"

陈相说:"是的。"

孟子说:"许子一定要自己织布才穿衣吗?"

陈相说:"不,许子穿粗麻编织的衣服。"

孟子说:"许子戴帽子吗?"

陈相说:"戴的。"

孟子说:"什么样的帽子?"

陈相说:"白绸的帽子。"

孟子说:"是他自己织的吗?"

陈相说:"不,用粟米换来的。"

孟子说:"许子为什么不自己织呢?"

陈相说:"因为妨碍种庄稼。"

孟子说:"许子用瓦罐煮饭,用铁器耕田吗?"

陈相说:"是的。"

孟子说:"是自己制作的吗?"

陈相说:"不,用粟米换来的。"

孟子说:"用粟米换用具的人,并不是刻剥陶工、铁匠;陶工、铁匠用自己所造的用具来换粟米,难道是刻剥农夫吗?而且许子为什么不兼做陶工、铁匠,把做出来的用具拿来自己家中使用,为什么要这么一样一样与各种工匠进行交易?为什么许子就不嫌烦呢?"

陈相说:"各种工匠的工作,本来就是不能和种庄稼兼着做的。"

孟子说:"那么,难道治理国家就能种着庄稼来兼做吗?有君子的事务,有小人的事务。而且以一人来说,各种工匠的制品都不可少,如果都一定要自己制作了来用,那是引导天下的人走向穷困之路呀。所以说有的人劳动心力,有的有劳动体力;劳动心力的人治人,劳动体力的人被人治;被人治的人养活人,治人的人靠人养活,这是天下通行的道理。

"当尧的时候,天下还不安定,洪水横溢,四处泛滥,草木繁茂,鸟兽众多,粮食却没有收成,禽兽迫近人类,中原大地到处都有飞鸟走兽出没的踪迹。只有尧对此感到忧虑,选拔了舜来进行治理。舜派益掌管火,益在山野沼泽点起烈火焚烧,鸟兽奔逃藏匿了。禹又疏浚九河,治理济水、漯水,引注入海;开掘汝水、汉水,疏通淮水、泗水,导注入江。这样,中原大地上才能耕种而得到食物。在那时,禹一连八年在外奔走,三次经过自己的家门都不进去，就是想要耕种，可能吗？后稷教百姓种庄稼，栽培谷物，谷物成熟了就能养育百姓。人类发展之道，吃饱了，穿暖了，住得安逸了，但还没有教养，就还和禽兽差不多。圣人又对此感到忧虑，派契担任司徒，以处理人与人关系的道理和行为准则来教导百姓，父子之间要亲爱，君臣之间要有礼义，夫妇之间要有男女之别，长幼之间要有尊卑之序，朋友之间要守信。尧说：'督促他们，纠正他们，帮助他们，使他们各得其所，随后再提高他们。'圣人是这样为百姓忧虑，还有闲暇耕种吗？

"尧以得不到舜这样的人为自己的忧虑，舜以得不到禹和皋陶这样的人为自己的忧虑，而以百亩农田没有种好为自己忧虑的是农夫。把财物分给别人叫作惠，把善的道理教给别人叫作忠，为天下百姓找到贤才叫作仁。所以把天下让给别人容易，为天下百姓找到贤才难。孔子说：'伟大啊，尧这样的君主。多么崇高啊！只有天最高大，只有尧能效法天的高大。多么广大啊，百姓都无法用言语来表达对他的赞美。真正的君主啊，舜！崇高啊，拥有了天下却不占有它。'尧、舜的治理天下，难道没有用他们的心思吗？只是不用在耕作上而已。

"我只听说过用中土的德教来改变蛮夷，没听说过被蛮夷所改变的。陈良是楚人，喜好周公、孔子的学说，北来中土学习，北方的士人没有一个能超过他，他就是所谓的豪杰之士。你们兄弟侍奉他数十年，老师死了却背叛他。过去孔子去世，门徒们守丧三年之后，收拾行李准备回去，进屋与子贡揖别，相对而哭，都泣不成声，然后才回去。子贡回到墓地，在祭坛边筑屋，独自住了三年，然后才回去。过了些日子，子夏、子张、子游因为有若长得像孔子，想要用侍奉孔子的礼待他，强求曾子同意。曾子说：'不行。就像在江汉的水中洗涤过，在六月的骄阳下曝晒过，老师那样的纯净洁白是无法超越的。'如今许行这种话语难懂的南蛮人来非难先王之道，你却背叛了你的老师向他学习，与曾子正好相反。我只听说鸟儿从幽暗的山谷飞往高大的树木，没听说过从高大的树木飞到幽暗的山谷中去的。《鲁颂》说：'攻击戎狄，遏止荆舒。'周公正要痛击他们，你却赞同他们的学说，这是不好的变更。"

陈相说："要是听从了许子的学说，市场上的物价就没有差别，都市里没有欺骗行为，即使是儿童到市场上去，也没有人会欺负他。布匹丝绸的长短相等，价钱就一样；麻线丝绵的分量相等，价钱就一样；粟米谷物的多少相等，价钱就一样；鞋的大小相同，价钱就一样。"

孟子说："物品之间品质不同，是物品本身的特性。或者相差一倍五倍，或者相差十倍百倍，或者相差千倍万倍。你要把它们拉平等同，这是扰乱天下。优质的鞋和粗劣的鞋卖同样的价钱，人们怎么会接受呢？要是听从了许子的学说，是引导大家去欺骗，怎么能治理国家呢？"

这一章记载孟子对农家思想的批评。农家学派主张，"贤者与民并耕而食，饔飧而治"，治国者必须和百姓一起耕种，亲自做饭，实际上是不理解社会分工的必要。孟子依据现实生活的实际情况，说明这样做是不可能的。"或劳心，或劳力；劳心者治人，劳力者治于人；治于人者食人，治人者食于人：天下之通义也。"有人批评说，孟子此语是为统治者辩护。其实这是对脑力劳动和体力劳动分离的历史现实的反映，论证了社会分工的合理性。

5.5　墨者夷之因徐辟而求见孟子①，孟子曰："吾固愿见，今吾尚病，病愈，我且往见，夷子不来②。"

他日，又求见孟子。孟子曰："吾今则可以见矣。不直，则道不见③，我且直之。吾闻夷子墨者，墨之治丧也，以薄为其道④也。夷子思以易天下，岂以为非是而不贵也？然而夷子葬其亲厚，则是以所贱事亲也。"

徐子以告夷子。夷子曰："儒者之道，古之人'若保赤子⑤'，此言何谓也？之则以为爱无差等，施⑥由亲始。"

徐子以告孟子。孟子曰："夫夷子信以为人之亲其兄之子为若亲其邻之赤子乎？彼有取尔也，赤子匍匐将入井，非赤子之罪也。且天之生物也，使之一本⑦，而夷子二本故也。盖上世尝有不葬其亲者，其亲死则举而委之于壑。他日过之，狐狸食之，蝇蚋姑嘬之⑧。其颡有泚⑨，睨而不视。夫泚也，非为人泚，中心达于面目，盖归反虆梩⑩而掩之。掩之诚是也，则孝子仁人之掩其亲，亦必有道矣。"

徐子以告夷子。夷子怃然为间曰⑪："命之⑫矣！"

【注释】

①夷之：生平无考。徐辟：孟子弟子。　②夷子不来：一说这是描述事实；现在一般认为此句也是孟子所说，意思是夷子不必来了。　③见：同"现"。　④墨之治丧也，以薄为其道：薄葬是墨家的基本主张之一。　⑤若保赤子：语出《尚书·周书·康诰》，这是周公据成王的命令告诫康叔的话。　⑥施：施行。⑦一本、二本：儒家认为人生的本原只有一个，就是父母，所以爱是有差等的，由亲及疏。墨子则认为对自己儿子的爱和对邻人儿子的爱是一样的，只是施行的时间先后有差别而已。这样也就是把自己的父亲和别人的父亲同等看待，就是二本。　⑧蚋：蚊子之类。姑：语助声，或曰蝼蛄。嘬：攒共食之。　⑨颡：额。泚（cǐ）：汗出貌。　⑩虆梩（léi lí）：盛土的箕和挖土的锹。⑪怃然：茫然自失之貌。为间：一会儿。　⑫命之：意思是说，孟子已教我了。命，教。

【大意】

　　墨家信徒夷之通过徐辟求见孟子。孟子说："我本来愿意见，但现在还在病中，等病好了我去见他。夷子不必来了。"

　　过了些日子，夷之又来求见孟子。孟子说："我现在可以见他了。话不直说道理就显现不出来，我就直说吧！我听说夷子是墨家的信徒，墨家办理丧事，以薄葬为原则。夷子想用它来改变天下的礼俗，岂能以为薄葬不对而轻视它呢？但夷子安葬他的父母亲却很丰厚，那就是用自己认为低贱的方式来侍奉父母亲了。"

　　徐辟把这些话告诉夷之。夷之说："儒家的道理，古代君王对待百姓就像爱护婴儿一般，这话是什么意思呢？我认为它是指爱没有亲疏厚薄的差别，只是从父母亲开始实施罢了。"

　　徐辟把这些话告诉孟子。孟子说："夷子真的认为人们爱自己哥哥的儿子，和爱邻居的儿子是一样的吗？他只是依据了一点：婴儿爬着快要掉到井里去了，这不是婴儿的罪过。（不论是谁都会去救。）天生万物，只有一个本原，而夷子却说有两个本原。上古时代曾经有不安葬自己父母亲的人，父母亲死了就抬着抛弃在山沟里。过了些日子经过那里，只见狐狸在吃他，蚊蝇在叮咬他。那人额头就冒出汗来，避开眼光不敢正视。这汗不是流给别人看的，而是内心的愧疚反映到脸上的表现。于是回去拿了锄头畚箕把尸体掩埋了。掩埋尸体确实是对的，所以孝子仁人安葬自己的父母是有道理的。"

徐辟把这些话告诉夷子。夷子怅然，好一会儿，说："他教育了我！"

这一章里孟子批评了墨家薄葬和兼爱的思想。孟子说明，儒家主张的爱人，不是没有差别的抽象的普遍之爱，而是有亲疏差等的。孟子对墨子的批评，还可参看6.9、13.26章。

滕文公下

凡十章

6.1 陈代①曰："不见诸侯，宜若②小然；今一见之，大则以王，小则以霸。且《志》曰：'枉尺而直寻③。'宜若可为也。"

孟子曰："昔齐景公田④，招虞人以旌⑤，不至，将杀之。志士不忘在沟壑，勇士不忘丧其元⑥。孔子奚取焉？取非其招不往也。如不待其招而往，何哉？且夫枉尺而直寻者，以利言也。如以利，则枉寻直尺而利，亦可为与？昔者赵简子使王良与嬖奚乘⑦，终日而不获一禽。嬖奚反命曰：'天下之贱工也。'或⑧以告王良。良曰：'请复之⑨。'强⑩而后可，一朝而获十禽。嬖奚反命曰：'天下之良工也。'简子曰：'我使掌与女乘。'谓王良，良不可。曰：'吾为之范我驰驱⑪，终日不获一；为之诡遇⑫，一朝而获十。《诗》⑬云："不失其驰，舍矢如破⑭。"我不贯⑮与小人乘，请辞。'御者且羞与射者比⑯，比而得禽兽，虽若丘陵，弗为也。如枉道⑰而从彼，何也？且子过矣，枉己者，未有能直人者也。"

【注释】

①陈代：孟子的弟子。　②宜若：好像，似乎。　③枉尺而直寻：比喻在小节上、在小的问题上不妨委屈一些，以求较大的好处。枉尺，弯曲后只有一尺长。枉，屈。直寻，伸直了有八尺长。

直, 伸。寻, 八尺为寻。 ④田: 打猎。 ⑤招: 召唤。虞人: 看守、管理猎场的人员。旌: 用羽毛装饰的小旗子, 诸侯用来召唤大夫的东西, 用旌召唤虞人则不合当时的规定。 ⑥元: 头颅。⑦赵简子: 赵鞅, 晋国正卿。王良: 春秋末年有名的驾车好手。与: 给、替。嬖奚: 受赵简子宠爱的小人, 名奚。乘: 驾车。⑧或: 有人。 ⑨复之: 再来一次。 ⑩强: 强制。 ⑪范我驰驱: 即我按照规范的要求奔驰。范, 规范。 ⑫诡遇: 此处指不按规范驾车。 ⑬《诗》: 此处诗句引自《诗经·小雅·车攻》)。⑭不失其驰, 舍矢如破: 意思是按照规矩驾车, 箭一射出就能射中。 ⑮贯: 通"惯", 习惯。 ⑯比: 此处是合作的意思。⑰枉道: 放弃道义原则。

【大意】

陈代说: "不愿意去谒见诸侯, 好像是顾虑一些小问题吧。如今一谒见诸侯, 大则可以称王, 小则可以称霸。而且《志》上也说: '弯曲起来只有一尺, 伸直了就有八尺', 好像可以干。"

孟子说: "从前齐景公田猎, 用旌来召唤猎场的管理人员, 管理人员不到, 齐景公就要杀他。有志之士不怕葬身于沟壑, 有勇气的人不怕掉脑袋。孔子赞扬他的是哪一点呢? 取的就是不合于礼的召唤他就不接受。如果没有得到邀请就去 (见诸侯), 那算是怎么一回事呢? 而且你说的'弯曲起来只有一尺, 伸直了就有八尺'，是从获得利益的角度来说的。如果从获得利益的角度讲，弯曲的是八尺，伸直起来只有一尺，也能获利的话，也可以去做吗？从前，赵简子让王良给嬖奚驾车去打猎，一整天打不到一只禽兽。嬖奚回来后对赵简子说：'他是天下最拙劣的驾车人。'有人把这话告诉了王良。王良说：'请再来一次。'强烈坚持之下，嬖奚才同意了。一个早晨便打了十只禽兽。嬖奚回来后对赵简子说：'他是天下最优秀的驾车人。'赵简子说：'那我就让他专门为你驾车。'告诉了王良。王良不答应。说道：'我按照规范的要求驾车奔跑，一整天打不着一只禽兽；我不按规范的要求驾车奔跑，一个早晨就打了十只禽兽。可是《诗经》上说过："不违背规范而驾车奔跑，箭一射出去就会击中目标。"我不习惯给小人驾车，请让我辞去这份差事。'驾车的人尚且以与拙劣的射手合作为耻辱，即使这种合作得到的禽兽堆积如同小山，也不愿干。如果损害道义而屈从那些诸侯，这是什么做法呢？而且你错了，损害自己的人格尊严的人，没有能够使别人正直的呀。"

本章提出见诸侯出仕的原则："非其招不往"。国君的召请必须符合道义，不合道义的召请，拒绝接受。特别批评了"枉尺而直寻"，通过放弃原则谋得官位，然后凭借官位成就事业，以小的代价换取大的成就的思想。指出"非其招不往"是为了坚守其道，而"枉尺而直寻"则是出于利的考虑。而且，"枉己者，未有能直人者也"。自己放弃了原则，是不可能使别人正直的，想取得成就也是不可能的。孔子曾提出，君子的出处进退，要以维护道义为原则，"守死善道"，本章的基本精神，是对孔子思想的继承和发挥。

"齐景公田，招虞人以旌"的故事，10.7章也有提到，可参读。

6.2　景春①曰："公孙衍、张仪岂不诚大丈夫哉②？一怒而诸侯惧，安居而天下熄③。"

孟子曰："是焉得为大丈夫乎？子未学礼乎？丈夫之冠④也，父命之；女子之嫁也，母命之，往送之门，戒之曰：'往之女家，必敬必戒，无违夫子。'以顺为正者，妾妇之道也。居天下之广居⑤，立天下之正位⑥，行天下之大道⑦，得志与民由之，不得志独行其道。富贵不能淫，贫贱不能移，威武不能屈，此之谓大丈夫。"

【注释】

①景春：孟子时人，信奉纵横家的思想。　②公孙衍：魏国人，名衍，战国中期的纵横家。张仪：魏国人，战国中期著名的纵横家。　③熄：指天下战争熄灭。　④冠：古代男子到了二十岁，

要举行冠礼，以示成年。　⑤广居：指仁。　⑥正位：指礼。
⑦大道：指义。

【大意】

景春说："公孙衍、张仪难道不是真正的大丈夫吗？一发
怒，诸侯就害怕；安居无事，能使天下战事熄灭。"

孟子说："这怎么能算是大丈夫呢？你没有学过礼吗？男子
行冠礼时，父亲训导他；女子出嫁时，母亲训导她，送她到门
口，告诫她说：'到了你的夫家，一定要恭敬、谨慎，不要违抗丈
夫。'以顺从为最高准则，这是做妻妾的妇人之道。住在天下最
宽广的住宅里，站在天下最正确的位置上，走在天下最光明的大
道上。得志的时候同百姓一起循着大道前进，不得志的时候独自
坚持自己的原则。富贵不能使他惑乱，贫贱不能使他动摇，威武
不能使他屈服，这才叫作大丈夫。"

什么样的人才是大丈夫？孟子说，"以顺为正"，一切以
顺从为原则，是"妾妇之道"。只有"居天下之广居，立天下
之正位，行天下之大道"，做到"富贵不能淫，贫贱不能移，
威武不能屈"，才称得上是大丈夫。"居天下之广居，立天
下之正位，行天下之大道"就是坚持"居仁由义"之志，反
映了孟子的人生追求。"富贵不能淫，贫贱不能移，威武不

能屈"，是在富贵的引诱，贫贱的煎熬和暴力的威胁面前不动摇，也就是孟子所说"浩然之气"的具体表现。而所以能做到这样，则是以"所欲有甚于生者"，"所恶有甚于死者"（11.10章）的人生价值观为基础。这是对孔子所说"匹夫不可夺志""守死善道"的继承和发挥。

可联系3.2、11.10、13.33等章读。

6.3　周霄^①问曰："古之君子仕乎？"

孟子曰："仕。传曰：'孔子三月无君，则皇皇^②如也，出疆必载质^③。'公明仪曰：'古之人三月无君则吊^④。'"

"三月无君则吊，不以急乎？"

曰："士之失位也，犹诸侯之失国家也。《礼》曰：'诸侯耕助^⑤，以供粢盛^⑥；夫人蚕缫^⑦，以为衣服^⑧。牺牲^⑨不成，粢盛不洁，衣服不备，不敢以祭。惟士无田，则亦不祭。'牲杀、器皿、衣服不备，不敢以祭，则不敢以宴，亦不足吊乎？"

"出疆必载质，何也？"

曰："士之仕也，犹农夫之耕也，农夫岂为出疆舍其耒耜哉？"

曰："晋国亦仕国也，未尝闻仕如此其急。仕如此其急也，君子之难仕，何也？"

曰："丈夫生而愿为之有室，女子生而愿为之有家。父母之心，人皆有之。不待父母之命、媒妁⑩之言，钻穴隙相窥，踰墙相从，则父母、国人皆贱之。古之人未尝不欲仕也，又恶不由其道。不由其道而往者，与钻穴隙之类也。"

【注释】

①周霄：魏人。　②皇皇：惶惶不安。　③质：通"贽"，古代初次与人相见所送的礼品。　④吊：哀伤。　⑤耕助：耕种藉田。藉田是古代统治者为勉励农民而亲自参加耕种的"样板田"。　⑥粢盛：祭祀时所用的米粮。　⑦夫人：专指诸侯的正妻。蚕缫：养蚕缫丝。　⑧衣服：指祭祀时所穿用的衣服。⑨牺牲：祭祀所杀的牛羊。　⑩媒妁："妁"与"媒"同义，均为古代的婚姻介绍人。

【大意】

周霄问道："古代的君子出仕吗？"

孟子说："出仕的。记载上说：'孔子要是三个月没有君主用他，就会惶惶不安，每离开一处一定带着拜见君主的礼物。'公明仪说：'古代的人要是三个月没有君主用他，就要慰问他。'"

周霄说："三个月没有君主用他就要慰问，不也太急了吗？"

孟子说:"士人失去了职位,就像诸侯失去了国家。《礼》上说:
'诸侯亲自耕种,以生产祭品;他们的夫人亲自养蚕缫丝,以制作
祭服。祭奠用的牛羊不肥壮,食品不洁净,礼服不完备,不敢用来
祭祀。士人如果没有土地也不能祭祀。'牛羊、器皿、礼服不完备,
不敢用来祭祀,也就不敢进行宴乐,难道不应该去慰问吗?"

周霄说:"每离开一处一定带着拜见君主的礼物是什么道
理呢?"

孟子说:"士人去出仕好比农夫去种地,农夫难道会在离开
一个地方的时候丢掉他的农具吗?"

周霄说:"魏国也是个有官可做的国家,但我从来没有听说
过士人求官位是这样急迫的。求官位既然这样急迫,那么君子为
什么又不轻易做官呢?"

孟子说:"男子生下来,父母就希望为他找到妻室;女子生
下来,父母就希望为她找到婆家。父母的这种心情是人人都有
的。但要是不得到父母的同意,没有媒人的介绍,就钻洞扒门缝
私下偷窥,翻墙头去幽会,那么父母和社会上的人都会鄙视他
们。古人不是不想做官,但是又厌恶不通过正当途径谋取官位。
不通过正当途径去谋取官位,就和钻洞翻墙差不多。"

这一章是讲对出仕为官的态度。一方面,出仕是士的
责任,就像耕作是农夫的责任一样,如《论语·微子》上说,

"君子之仕也，行其义也"，"不仕无义"；另一方面，出仕也要"由其道"，不可用不正当的手段去钻营牟取官位。

6.4　彭更①问曰："后车数十乘，从者数百人，以传食②于诸侯，不以泰乎？"

孟子曰："非其道，则一箪食不可受于人；如其道，则舜受尧之天下，不以为泰。子以为泰乎？"

曰："否。士无事而食，不可也。"

曰："子不通功易事，以羡③补不足，则农有余粟，女有余布；子如通之，则梓匠轮舆④皆得食于子。于此有人焉，入则孝，出则悌，守先王之道，以待⑤后之学者，而不得食于子。子何尊梓匠轮舆而轻为仁义者哉？"

曰："梓匠轮舆，其志将以求食也；君子之为道也，其志亦将以求食与？"

曰："子何以其志为哉？其有功于子，可食而食之矣。且子食志乎，食功乎？"

曰："食志。"

曰："有人于此，毁瓦画墁⑥，其志将以求食也，则子食之乎？"

曰："否。"

曰："然则子非食志也，食功也。"

【注释】

①彭更：孟子弟子。　②传食：即"转食"。就食于各个诸侯国之间。　③羡：余。　④梓匠轮舆：这些工匠都属木工，分而言之，梓人掌造礼器，匠人掌土木工程，轮人、舆人掌造车轮、车厢。　⑤待：持，扶持后来之学者。　⑥墁：本义是粉刷墙壁的工具。这里似乎指新粉刷的墙壁。

【大意】

彭更问道："用车几十辆，随从几百人，接受一个个诸侯国的供养，这样不是太过分了吗？"

孟子说："不合乎道，别人的一碗饭都不能接受；合乎道，舜接受了尧的天下都不以为过分。你以为过分吗？"

彭更说："我不以为舜过分，但士人没有做事就吃人家的，是不可以的。"

孟子说："你如果不沟通人们的劳作，交换他们的成果，用多余的弥补不足的，农夫就会有剩余的粟米，女子就会有剩余的布匹；你如果沟通他们，那么各种工匠都能从你那里得到吃的。现在有这么个人，在家孝敬父母，在外尊敬长辈，恪守先王的道义准则，以此扶持后辈学者，却不能从你那里得到吃的。你为什么看重工匠而轻视实行仁义的人呢？"

彭更说："工匠们的动机就是要谋饭吃，君子的研究和倡导道义，动机也是要谋饭吃吗？"

孟子说："你为什么要论他的动机呢？他们对你有功，可以给他吃，就给他吃了。你到底是根据他的动机给他吃的呢，还是根据他的功劳给他吃的呢？"

彭更说："根据动机。"

孟子说："现在有个人，打碎瓦片，污损墙壁，他的动机是要谋饭吃。你给他吃的吗？"

彭更说："不。"

孟子说："那么你就不是根据动机，而是根据功绩了。"

本章谈物质生活资料的分配。一要符合道义。"非其道，则一箪食不可受于人；如其道，则舜受尧之天下，不以为泰"，可与《论语·里仁》"富与贵是人之所欲也，不以其道得之，不处也"联系理解。二是根据其贡献，不是根据其动机。"非食志也，食功也"，对这一点的论证中也谈到对社会分工的认识。可与5.4章参读。

6.5　万章①问曰："宋，小国也，今将行王政，齐、楚恶而伐之②，则如之何？"

孟子曰："汤居亳③，与葛④为邻，葛伯放⑤而不祀。汤使人问之曰：'何为不祀？'曰：'无以供牺牲也。'汤使遗之牛羊，葛伯食之，又不以祀。汤又使人问之曰：'何为不祀？'曰：'无以供粢盛也。'汤使亳众往为之耕，老弱馈食，葛伯率其民，要⑥其有酒食黍稻者夺之，不授者杀之。有童子以黍肉饷，杀而夺之。《书》⑦曰：'葛伯仇饷。'此之谓也。为其杀是童子而征之，四海之内皆曰：'非富天下也，为匹夫匹妇复仇也。''汤始征，自葛载⑧'，十一征而无敌于天下。东面而征，西夷怨；南面而征，北狄怨，曰：'奚为后我！'民之望之，若大旱之望雨也，归市者弗止，芸者不变，诛其君、吊其民，如时雨降，民大悦。《书》曰：'徯我后，后来其无罚。''有攸不惟臣⑨，东征，绥厥士女，匪厥玄黄，绍我周王见休，惟臣附于大邑周。'其君子实玄黄于匪以迎其君子，其小人箪食壶浆以迎其小人，救民于水火之中，取其残而已矣。《太誓》⑩曰：'我武惟扬，侵于⑪之疆，则取于残，杀伐用张，于汤有光。'不行王政云尔，苟行王政，四海之内皆举首而望之，欲以为君。齐、楚虽大，何畏焉？"

【注释】

①万章：孟子的弟子。　②将行王政，齐、楚恶而伐之：《史记·宋世家》说宋王偃的暴行同于桀纣，后来终于被齐、楚、魏所

灭。而孟子这里说他行王政，后人对此说法有不同的解释。有的说《史记》的记载是大国的诬蔑之言；有的说孟子讲这话的时候宋王的行为尚善，只是后来的晚节不保而已。　③亳：此处所说的亳在今河南商丘东南，即前人所谓的南亳。　④葛：古国名。故城在今河南宁陵县北十五里。　⑤放：放纵、放肆。　⑥要：拦截。　⑦《书》：引文为《尚书》逸篇文。　⑧汤始征，自葛载：此句亦见于本书2.11章，也是《尚书》的逸文，唯文字略有出入。载，始。　⑨"有攸不惟臣"至"大邑周"一段：赵岐注以为也是《尚书》逸篇之文。有攸，诸侯国名，故地在今河南安阳和淇县的东南。不惟臣，即不臣服。惟，为。匪：同"篚"，装东西的筐子。玄黄：指献的丝帛。绍：继。休：美。大邑周：尊大之辞。　⑩《太誓》：即《泰誓》，据传是周武王伐商大会诸侯的誓词。但今本《尚书》中的《泰誓》出于汉以后人的伪撰。　⑪于：一说"于"为虚词；一说此处与下文"取于残"之"于"同"邘"，都是殷商时的诸侯国名。

【大意】

万章问道："宋是个小国，现在要施行王道，齐国、楚国感到憎恨而去讨伐它，怎么办呢？"

孟子说："成汤居住在亳地，与葛国相邻。葛伯放纵无道，不祭祀先祖。汤派人去问：'为什么不祭祀？'葛伯说：'没有牛羊来做祭品。'汤派人送了牛羊给他。葛伯把牛羊吃了，却不用来祭祀。汤又派人问他们说；'为什么不祭祀？'回答说：'没有粮食做祭物。'汤让亳地的百姓去帮他们种地，老弱的人给种地的人送饭。葛伯带着他的百姓拦截那些带着酒食米饭的人，进行抢夺，不肯给的就杀掉。有个孩子带着米饭和肉，葛伯杀了他，夺了他的食物。《尚书》说：'葛伯仇视送饭的人。'就是指这件事。成汤因为葛伯杀死了这个孩子而去征讨他，全天下的人都说：'这不是贪图天下的财富，是为老百姓报仇。''成汤的征讨从葛国开始'，征战十一次而无敌于天下。他东向征讨，西方的夷人便埋怨；南向征讨，北方的狄人便埋怨，都说：'为什么不先来我们这里呢！'百姓盼望他，就像大旱时盼望下雨一样。所到之处，赶集的不停止买卖，种田的不改变耕作，诛杀暴君，抚慰百姓，就像及时降下雨水一样，百姓非常高兴。《尚书》说：'等待我们的君王，他来了，我们就不再受罪了。''攸国不服，周王东向征讨，安抚那里的男女，他们用筐装着黑色和黄色的丝帛，侍奉周王，以求得到光荣，归服了大邦周室。'官吏把黑色和黄色的丝帛装在筐里来迎接官员，百姓用筐盛着饭食，用壶盛着酒浆来迎接士兵。这只是因为周把民众从水深火热中拯救出来，而除掉了残暴的君主而已。《泰誓》说：'我们的威武要发扬，攻入他们的国土，除掉那残暴的君主，以发挥杀伐的功效，比成汤的功业还要辉煌。'不施行王道政治便罢，如果施行，天下的人都抬头盼望,拥护这样的人来做君主,齐国、楚国虽然强大,有什么可怕的呢?"

　　孟子向宋君说,如果施行王道政治,百姓都会盼望你做他们的国君,就不必惧怕齐、楚这些强国,也是讲得民心者得天下的道理。可与1.6、4.1、7.9等章参读。

　　6.6　孟子谓戴不胜①曰:"子欲子之王之善与? 我明告子。有楚大夫于此,欲其子之齐语也,则使齐人傅②诸,使楚人傅诸?"

　　曰:"使齐人傅之。"

　　曰:"一齐人傅之,众楚人咻③之,虽日挞而求其齐也,不可得矣;引而置之庄岳④之间数年,虽日挞而求其楚,亦不可得矣。子谓薛居州⑤,善士也,使之居于王所。在于王所者,长幼卑尊,皆薛居州也,王谁与为不善? 在王所者,长幼卑尊,皆非薛居州也,王谁与为善? 一薛居州,独⑥如宋王何?"

【注释】

　　①戴不胜:宋臣。　　②傅:教。　　③咻(xiū):喧哗。　　④庄岳:齐国都城街里名。　　⑤薛居州:宋的善士。　　⑥独:犹"将"。

【大意】

孟子对戴不胜说："你是想要你的国君从善吧？让我明白地告诉你。有位楚国的大夫，希望他的儿子能说齐国话，那么是让齐国人来教他呢，还是让楚国人来教呢？"

戴不胜说："让齐国人来教。"

孟子说："一个齐国人教他，许多楚国人吵扰他，即使每天打他，要他说齐国话，也还是做不到。带他到临淄的街里住上几年，即使每天打他，要他说楚国话，也是做不到的。你说薛居州是善士，要让他住在王宫里。如果在国君身边的人，无论年纪大小、地位高低，都是薛居州那样的人，国君和谁去做不善的事呢？如果在国君身边的人，无论年纪大小、地位高低，都不是薛居州那样的人，国君和谁去做善事呢？一个薛居州，能把宋王怎么样呢？"

学语言，要有语言的环境。孟子用这来说明，国君周围的人会给国君重要的影响，国君如果被小人包围而不自知，是很危险的。这一点值得身居领导地位的人警惕。

6.7　公孙丑问曰："不见诸侯何义？"

孟子曰："古者不为臣不见。段干木①踰垣而辟之，泄柳闭门而不内，是皆已甚。迫，斯可以见矣。阳货欲见孔子②而恶无礼，大夫有赐于士，不得受于其家，则往拜其门。阳货瞰③孔子之亡也而馈孔子蒸豚，孔子亦瞰其亡也而往拜之。当是时，阳货先，岂得不见？曾子曰：'胁肩谄笑④，病于夏畦⑤。'子路曰：'未同而言⑥，观其色赧赧然⑦，非由之所知⑧也。'由是观之，则君子之所养可知已矣。"

【注释】

①段干木：名木，战国初年魏文侯时贤者。　②阳货欲见孔子：事见《论语·阳货》。　③瞰：窥伺，趁。　④胁肩：耸起肩来故作恭敬状。谄笑：强装笑容。　⑤病于夏畦：比夏天浇灌菜园还累。夏，夏天。畦，浇灌菜园。　⑥未同而言：见解不同而勉强交谈。　⑦赧（nǎn）赧然：惭愧而脸红的样子。　⑧非由之所知：意思是"非己所知"，表示非常厌恶。由，子路自称。

【大意】

公孙丑问道："不去见诸侯是什么道理呢？"

孟子说："古时候，不是臣属就不去见。段干木翻墙躲避魏文侯，泄柳关门不接待鲁穆公，都是过分了。如求见迫切，那也是可以见的。阳货想要孔子来见他，又不愿失礼，大夫赠送东西给士，士如果不在家，不能亲自接受，就应该去大夫家拜谢。于是，阳货就趁孔子不在家的时候给他送了一个蒸乳猪。孔子也打听清楚，在阳货不在家的时候前去拜谢。那时候，如果阳货先去见孔子，孔子怎么会不见呢？曾子说：'耸肩做出毕恭毕敬的样子，强装出讨好的笑容，比夏天浇菜地还累。'子路说：'志义不同却要勉强去交谈，脸色还带着羞惭的样子，我不知道还有这种做法。'从这里看来，君子要怎样修养自己，就可以知道了。"

本章谈见诸侯的态度。一般的道理，古时候不是臣属就不见。但段干木翻墙而走，泄柳闭门拒见，是过分了。在对方要求迫切的情况下，是可以见的。阳货要见孔子的事，如果阳货先去问孔子，孔子也不会不见。最后引曾子、子路的话，说如果志义不同，却还要强装笑容，毕恭毕敬，勉强去交谈，是他们所不做的。从不同角度说明了应持的态度。可与6.1章参读。

6.8　戴盈之①曰："什一，去关市之征，今兹②未能，请轻之，以待来年，然后已，何如？"

孟子曰："今有人日攘③其邻之鸡者，或告之曰：'是非君子之道。'曰：'请损④之，月攘一鸡，以待来年，然后已。'如知其非义，斯速已矣，何待来年？"

【注释】

①戴盈之：宋大夫。　②今兹：今年。兹，年。　③攘：盗窃。　④损：减少。

【大意】

戴盈之说："田租十分取一，取消关卡、市场的税收，今年还办不到，先减轻征收，等到明年再完全实行，怎么样？"

孟子说："现在有个人每天偷他邻居的鸡，有人对他说：'这不是君子的行为。'那人说：'我先少偷些，每月偷一只，等到明年再完全不偷。'如果知道这样做不符合正道，就赶快停止好了，为什么要等到明年呢？"

本章戴盈之对改革赋税的态度，为我们日常生活中所常见。读此章，当知知错即改，不要拖延。这是孔孟所提倡的力行的精神。

6.9　公都子①曰："外人皆称夫子好辩，敢问何也？"

孟子曰："予岂好辩哉？予不得已也！天下之生久矣，一治一乱。当尧之时，水逆行，泛滥于中国，蛇龙居之，民无所定，下者为巢、上者为营窟②。《书》③曰：'洚④

水警余。'洚水者，洪水也。使禹治之，禹掘地而注之海，驱蛇龙而放之菹⑤。水由地中行，江、淮、河、汉是也，险阻既远，鸟兽之害人者消，然后人得平土而居之。

"尧、舜既没，圣人之道衰。暴君代作⑥，坏宫室以为污池，民无所安息；弃田以为园囿，使民不得衣食。邪说暴行又作，园囿、污池、沛泽多而禽兽至。及纣之身，天下又大乱。周公相武王，诛纣伐奄⑦，三年讨其君，驱飞廉⑧于海隅而戮之，灭国者五十，驱虎、豹、犀、象而远之，天下大悦。《书》⑨曰：'丕显哉⑩，文王谟⑪！丕承哉，武王烈！佑启我后人，咸以正无缺。'

"世衰道微，邪说暴行有⑫作，臣弑其君者有之，子弑其父者有之。孔子惧，作《春秋》。《春秋》，天子之事也。是故孔子曰：'知我者其惟《春秋》乎！罪我者其惟《春秋》乎！'

"圣王不作，诸侯放恣，处士⑬横议，杨朱⑭、墨翟⑮之言盈天下。天下之言，不归杨，则归墨。杨氏为我，是无君也；墨氏兼爱，是无父也。无父无君，是禽兽也。公明仪曰：'庖有肥肉，厩有肥马，民有饥色，野有饿莩，此率兽而食人也。'杨墨之道不息，孔子之道不著，是邪说诬民，充塞仁义也。仁义充塞，则率兽食人，人将相食。吾为此惧，闲⑯先圣之道，距杨墨，放淫辞，邪说者不得作。作于其心,害于其事;作于其事,害于其政。圣人复起,不易吾言矣。

"昔者禹抑洪水而天下平,周公兼夷狄驱猛兽而百姓宁,孔子成《春秋》而乱臣贼子惧。《诗》[17]云:'戎狄是膺,荆舒是惩,则莫我敢承[18]。'无父无君,是周公所膺也。我亦欲正人心,息邪说,距诐行,放淫辞,以承三圣者。岂好辩哉?予不得已也!能言距杨墨者,圣人之徒也。"

【注释】

①公都子:孟子弟子。 ②营窟:在崖壁上开凿洞窟。营,建造。 ③《书》:此处引文出自《尚书》逸篇。伪古文《尚书》将其采入《大禹谟》。 ④泾:12.11章"水逆行,谓之洚水",河流不遵河道。 ⑤菹(jù):多水草的沼泽地。 ⑥代作:代有所出,是说其频繁。作,在此是兴起的意思。 ⑦奄:国名,故地在今山东曲阜东。周成王初年,随同武庚和东方的夷族起兵反周,被周公诛灭。 ⑧飞廉:亦作"蜚廉"。殷纣王的佞臣。 ⑨《书》:此处引文出自《尚书》逸篇。伪古文《尚书》将其采入《君牙》篇,相传本篇是周穆王任命君牙的册书。 ⑩丕:大。显:明。 ⑪谟:谋。 ⑫有:同"又"。 ⑬处士:不在朝为官而居家的,叫处士。 ⑭杨朱:魏国人,战国初年的著名思想家。

相传他反对儒、墨，主张贵生、重己。　⑮墨翟：春秋末年的著名思想家，墨家学说的创始人，该学派有《墨子》一书传世。⑯闲：木栅栏，引申为捍卫。　⑰《诗》：此处诗句引自《诗经·鲁颂·閟宫》。　⑱承：抵御。

【大意】

公都子说："别人都说老师喜欢辩论，请问是为什么呢？"

孟子说："我哪里是喜欢辩论呀？我是不得已啊！人类生存很久了，一时太平，一时动乱。在尧的时候，洪水横流，在中土泛滥，龙蛇在大地上居处，人无处安身；低处的人在树上筑巢，高处的人在山崖上凿洞。《尚书》说：'洚水给我们警示'，洚水就是洪水。于是派禹去治理，禹开掘河道，引水注入大海，把龙蛇驱赶到泽地，水沿着地上的河道流动，这就是长江、淮水、黄河、汉水。水患既已解除，鸟兽的危害也就消除，百姓们才得以在平原上居住。

"尧、舜去世以后，圣人之道逐渐衰微。暴君接连出现，拆毁居室来修池沼，使百姓无处安身；废弃农田来建园林，使百姓衣食无着。邪说、暴行随之兴起。园林、池沼、草泽多了，禽兽随之而来。到了殷纣时，天下又大乱。周公辅佐武王诛杀了殷纣。又讨伐奄国，征战了三年，把飞廉赶到海边处死，灭掉的国家有五十个，把虎、豹、犀牛、大象赶到远处，天下的百姓都非常高兴。《尚书》说：'多么英明伟大啊，文王的谋略；多么伟大的继承发扬啊，武王的功业。帮助、启发我们后人，都正确而没有缺陷。'

"世道衰败，道义荒废，邪说、暴行随之兴起，有臣属杀害君主的，也有儿子杀害父亲的。孔子为之忧虑，作了《春秋》。《春秋》所记述的，是天子的事。所以孔子说：'让世人了解我的，恐怕就是这部《春秋》了；让世人责怪我的，恐怕也就是这部《春秋》了。'

"没有圣王出现，诸侯肆无忌惮，在野人士横加议论，杨朱、墨翟的言论充斥天下，世人的言论不是赞成杨朱，就是赞成墨翟。杨朱主张为我，就是目无君王；墨子主张兼爱，就是目无父母。目无父母，目无君王，那就是禽兽了。公明仪说：'厨房里有肥肉，马厩里有肥马，而百姓却脸带饥色，野外有饿死的人，这等于是率领野兽去吃人。'杨朱、墨翟的学说不消灭，孔子的学说不发扬，就是邪说欺骗了百姓，阻塞了仁义的道路。仁义阻塞就等于是率领野兽来吃人，人与人也将相互残杀。我为此而忧虑，来捍卫先圣的思想，抵制杨、墨的学说，驳斥错误的言论，使邪说不能生长。邪说生在人们的心中，会危害他们的行为；生在人们的行为中，会危害到政治。即使再有圣人兴起，也不会不同意我的这番话。

"从前禹制服了洪水，使天下得以太平；周公兼并夷狄，赶走猛兽,使百姓得以安宁;孔子作《春秋》,使作乱的臣子和忤逆的儿子有所害怕。《诗经》说:'攻击戎狄,遏止荆舒,没有人敢抗拒我。'无视父母、无视君王,是周公所要痛击的。我也想要端正人心,消灭邪说,抵制偏颇的行为,驳斥错误的言论,来继承三位圣人的事业。我哪里是喜欢辩论呀?我是不得已啊!能说要抵制杨、墨学说的人,就是圣人的门徒。"

为了说明和推广自己的思想主张,孟子对其他学派的不同思想主张,进行了激烈的批评、辩驳。当时和后世人们都认为"好辩"是孟子的一大特点,这一章孟子说明了这个问题。他指出错误思想的危害,说自己不是好辩,而是不得已。

这一章中孟子比较集中地讲到杨朱、墨翟。关于这一点,还可参看5.5、13.26章。

6.10　匡章①曰:"陈仲子②岂不诚廉士哉?居於陵③,三日不食,耳无闻、目无见也。井上有李,螬④食实者过半矣,匍匐往将⑤食之,三咽,然后耳有闻、目有见。"

孟子曰:"于齐国之士,吾必以仲子为巨擘⑥焉。虽然,仲子恶能廉?充仲子之操,则蚓而后可者也。夫蚓,上食槁壤，下饮黄泉⑦。仲子所居之室，伯夷之所筑与，抑亦盗跖⑧之所筑与？所食之粟，伯夷之所树与，抑亦盗跖之所树与？是未可知也。"

曰："是何伤哉？彼身织屦，妻辟纑⑨，以易之也。"

曰："仲子，齐之世家也。兄戴，盖⑩禄万钟。以兄之禄为不义之禄而不食也，以兄之室为不义之室而不居也，辟⑪兄离母，处于於陵。他日归，则有馈其兄生鹅者，己频颢⑫曰：'恶用是鶂鶂⑬者为哉？'他日，其母杀是鹅也与之食之。其兄自外至，曰：'是鶂鶂之肉也。'出而哇⑭之。以母则不食，以妻则食之；以兄之室则弗居，以於陵则居之，是尚为能充其类也乎？若仲子者，蚓而后充其操者也。"

【注释】

①匡章：齐国人，曾在齐威王和宣王时担任过齐国的将军，是孟子的友人。　②陈仲子：亦称"田仲"，齐人，因其居于於陵，后人亦称之为"於陵子"。　③於（wū）陵：其地在今山东长山以南。　④蟺：金龟子的幼虫。　⑤将：取。　⑥巨擘（bò）：大拇指。　⑦黄泉：此处所说的"黄泉"指地下的泉水。　⑧盗跖（zhí）：春秋时有名的大盗。　⑨辟：把麻析成缕状搓捻成线。纑（lú）：漂洗麻线。　⑩盖：地名，陈仲子之兄的采邑。故地约

在今山东沂水县西北。 ⑪辟：同"避"。 ⑫频顣：同"颦蹙"，

形容不高兴时愁眉皱额的样子。 ⑬鶃（yì）鶃：鹅叫声。

⑭哇：呕吐。

【大意】

匡章说："陈仲子难道不真是位廉士吗？住在於陵，三天没

有吃东西，耳朵听不见了，眼睛看不见了。井边有颗李子，已经被

金龟子吃掉了大半，他爬着过去取来吃，吞咽了三口，耳朵才能听

了，眼睛才能看了。"

孟子说："在齐国的人士中，我一定把仲子看作最突出的。然

而，仲子怎么能做到廉呢？仲子的品行，充其量只是像蚯蚓可以

做到的那样。蚯蚓在地上吃干土，在地下饮用泉水。仲子所住的

房屋，是伯夷所造的，还是盗跖所造的？他所吃的粟米，是伯夷

所种植的，还是盗跖所种植的？这还不知道呢。"

匡章说："这有什么关系呢？他亲自编草鞋，妻子纺麻线，用

以交换来的。"

孟子说："仲子是齐国的世家大族，他的哥哥陈戴在盖邑有

万石粮食的俸禄。仲子认为哥哥的俸禄是不义之禄而不吃，认

为兄长的房屋是不义之室而不住，避开哥哥，离开母亲，住在於

陵。有一天回家，有人送给他哥哥活鹅。他皱着眉头说：'要这

种嘎嘎叫的东西干吗？'过了几天，他母亲杀了这只鹅，给他吃

了。他哥哥从外面回来，说：'这就是嘎嘎叫的东西的肉啊！'他立刻跑到外面呕了出来。母亲的食物不吃，妻子的食物就吃；哥哥的房屋不住，於陵的房屋就住，这还能充人类吗？像仲子那样，只有变成为蚯蚓才能完全做到啊。"

陈仲子认为哥哥的俸禄是不义的，就离开哥哥和母亲，独自住到於陵，也不吃母亲做的食物。孟子批评仲子离开母亲和哥哥是背弃了人伦，不能算廉。而且他住在於陵，吃妻子做的食物，也并不知道建造房子和提供食物的人，是义还是不义。所以他的原则事实上是无法贯彻到底的，除非是像蚯蚓那样只吃土只饮泉水。这反映了孟子对隐者的态度。《论语》中也记有关于孔子和隐者相遇的故事，可以联系、比较着看。

离娄上　凡二十八章

7.1　孟子曰："离娄①之明，公输子②之巧，不以规矩不能成方员③；师旷④之聪，不以六律不能正五音⑤；尧、舜之道，不以仁政，不能平治天下。今有仁心仁闻⑥而民不被其泽，不可法于后世者，不行先王之道也。故曰，徒善不足以为政，徒法不能以自行。《诗》⑦云：'不愆⑧不忘，率⑨由旧章。'遵先王之法而过者，未之有也。圣人既竭目力焉，继之以规矩准绳，以为方员平直，不可胜用也；既竭耳力焉，继之以六律，正五音，不可胜用也；既竭心思焉，继之以不忍人之政，而仁覆天下矣。故曰，为高必因丘陵，为下必因川泽。为政不因先王之道，可谓智乎？是以惟仁者宜在高位。不仁而在高位，是播其恶于众也。上无道揆⑩也，下无法守⑪也，朝不信道，工不信度⑫，君子犯义，小人犯刑，国之所存者幸也。故曰，城郭不完⑬，兵甲不多，非国之灾也；田野不辟⑭，货财不聚，非国之害也。上无礼，下无学，贼民兴，丧无日矣。《诗》⑮曰：'天之方蹶⑯，无然泄泄⑰。'泄泄，犹沓沓也。事君无义，进退无礼，言则非⑱先王之道者，犹沓沓也。故曰，责难于君谓之恭，陈善闭⑲邪谓之敬，吾君不能谓之贼。"

【注释】

①离娄：亦称"离朱"，相传是黄帝时人，能在百步之外见秋毫之末。　②公输子：名班（亦作"般"），鲁国人，故亦称为鲁班，是春秋末年的著名巧匠。　③规：圆规，画圆的工具。矩：曲尺，画方的工具。员：同"圆"。　④师旷：春秋晋平公时的著名乐师。　⑤六律：我国古代以律管确定乐音的标准音高，一套完整的律管共十二个，单数的六个管称"阳律"，简称"律"；双数的六个管称"阴吕"，简称"吕"。此处的"六律"是概称定音律管。五音：古代以宫、商、角、徵、羽为五个音阶，称五音，或五声。⑥闻：声闻，犹现在所说的声誉。　⑦《诗》：此处的诗句引自《诗经·大雅·假乐》，这是一首赞美周成王的诗歌。　⑧愆：过，即走样、偏离的意思。　⑨率：循。　⑩道揆（kuí）：以道义为标准度量事物。揆，度。　⑪法守：以法度自守。　⑫度：指尺度。　⑬完：坚牢，或解释为完好，亦通。　⑭辟：垦殖、开辟之意。　⑮《诗》：此处诗句引自《诗经·大雅·板》，旧说这是首讽刺周厉王的诗歌。　⑯蹶：动。　⑰泄泄：多言。　⑱非：否定、诋毁。　⑲闭：通"辟"，意为排斥、抵制。

【大意】

孟子说："以离娄那样的视力、公输般那样的技巧，不用圆规曲尺，也不能画出方形和圆形；以师旷那样听音的能力，不依据六律，就不能校正五音；以尧、舜的道，不施行仁政，也不能治理好天下。现在有些国君，虽然有仁爱之心和仁爱的声誉，但百姓却不能受到他们的恩泽，不能为后世所效法，就是因为不实行先王之道的缘故。所以说，只有善心不足以用来治理政治，只有法度它不会自行实施。《诗经》说：'不偏离，不遗忘，一切都依旧规章。'遵循先王的法度而犯错误的，从来没有过。圣人既竭尽自己的视力，再加以圆规、曲尺、水准、墨线，用来画方的、圆的、平的、直的，这种能力是用之不尽的；既竭尽自己的听力，再加以六律，用来校正五音，这种能力是用之不尽的；既竭尽自己的心思，再加以施行仁政，仁爱就覆盖天下，使所有人都能受惠了。所以说，筑高台一定要依傍山丘，挖深池一定要凭借河泽，治理政治却不靠先王之道，能称得上智吗？因此，只有仁者才适合处在高层地位，不仁的人处在高层地位，就是把他的坏的东西传播给众人。在上的人没有道义准则，在下的人没有法规遵循，朝廷不相信道义，工匠不相信尺度，君子触犯义理，小人触犯刑律，国家还能保存下来只是侥幸。所以说，城垒不坚固、武器不充足不是国家的灾难，土地没有开垦、财富没有积累不是国家的祸害；在上的人没有礼义，在下的人没有受教育，作乱的小人兴起，国家的灭亡就在眼前了。《诗经》说：'上天正在动，不要那样多嘴。'多嘴就是喋喋不休。侍奉国君没有道义，进退之间没有礼仪，说话就否定先王之道，这就是喋喋不休。

所以说，用高标准来要求国君叫作恭，陈说善德、抵制邪说叫作敬，认为国君做不到而不做努力叫作贼。”

本章谈治国之道。“离娄之明，公输子之巧，不以规矩不能成方员……尧、舜之道，不以仁政，不能平治天下”，强调法度的必要。治国的法度，就是先王之道。“徒善不足以为政，徒法不能以自行”，行先王之道，必须仁者在位。不仁的人占据高位，只会向下传播恶言恶行。在上的无道，下面就没有法度。法度和善人，二者不可或缺。

“城郭不完，兵甲不多，非国之灾也；田野不辟，货财不聚，非国之害也”，国家的安危，决定因素在人不在物。可与4.1、7.9章参读。

7.2　孟子曰：“规矩，方员之至^①也；圣人，人伦之至也。欲为君，尽君道，欲为臣，尽臣道，二者皆法尧、舜而已矣。不以舜之所以事尧事君，不敬其君者也；不以尧之所以治民治民，贼其民者也。孔子曰：‘道二：仁与不仁而已矣。’暴其民甚，则身弑国亡；不甚，则身危国削，名之曰‘幽、厉^②’，虽孝子慈孙，百世不能改也。《诗》^③云‘殷鉴^④不远，在夏后之世’，此之谓也。”

【注释】

①至：极。 ②幽、厉：周代两个暴虐昏乱之君的谥号。厉王因激起国人反抗而被驱逐，幽王则因信用佞臣而被入侵的犬戎所杀。 ③《诗》：此处的诗句引自《诗经·大雅·荡》。 ④鉴：铜镜，引申为教训。

【大意】

孟子说："圆规、曲尺是方、圆的标准，圣人是做人的标准。做国君就应尽国君之道，做臣子就应尽臣子之道，这两者都只要效法尧、舜就好了。不用舜侍奉尧的做法来侍奉君主，就是不敬君主；不用尧治理百姓的做法来治理百姓，就是虐害百姓。孔子说：'道只有两个：仁与不仁而已。'暴虐百姓严重的，自身会被杀，国家会灭亡；不太严重的，自身也会危险，国家也会削弱。死后被称为'幽''厉'，即使有孝顺仁慈的子孙，历经百代也无法改变。《诗经》说：'殷商的诫鉴并不遥远，就在那夏朝统治的年代'，就是这个意思。"

本章进一步讲规矩、法度。不论君道臣道，都只在效法尧、舜，行尧、舜之道，亦即仁道。3.3、7.3、14.13章都谈到这一点，可参读。

分而言之，君有君道，臣有臣道。可参看7.20、8.3、12.14章。

7.3　孟子曰："三代之得天下也以仁，其失天下也以不仁，国之所以废兴存亡者亦然。天子不仁，不保四海；诸侯不仁，不保社稷①；卿、大夫不仁，不保宗庙；士、庶人不仁，不保四体②。今恶死亡而乐不仁，是犹恶醉而强酒。"

【注释】

①社稷：土地神和谷神。古代在国都立社和稷的神庙，故亦用来代称统治或政权。　②四体：即四肢。

【大意】

孟子说："夏、商、周三代得到天下是由于仁，他们失去天下是由于不仁，国家的兴盛或衰落、存续或灭亡也是这样。天子不仁，不能保有天下；诸侯不仁，不能保有国家；卿、大夫不仁，不能保有宗庙；士人、庶民不仁，不能保全自身。现在有人害怕死亡却乐于不仁，就好比害怕醉酒却偏要喝酒。"

这一章总结三代兴亡的经验教训，谈存亡兴废之道，指出天下、国家的兴亡存废，全在仁与不仁。关于三代的经验教训，可与7.9章参读；关于仁与不仁，可与3.3、7.2、14.13章参读。

7.4　孟子曰："爱人不亲，反①其仁；治人不治，反其智；礼人不答，反其敬。行有不得者，皆反求诸己，其身正而天下归之。《诗》云：'永言配命，自求多福。'"

【注释】

①反：反省，即下文"反求诸己"的意思。

【大意】

孟子说："爱别人，别人却不亲近我，反省自己仁爱做得够不够；治理百姓，百姓却没有走上正道，反省自己智慧够不够；礼待他人，却得不到相应的回报，反省自己对人的恭敬够不够。做事没有得到预期的效果，就都反身自省，从自己身上找原因。自身端正了，天下的人就会归服。《诗经》说：'行事永远与天命相符，自己去寻求更多的幸福。'"

孔子说："君子求诸己，小人求诸人。"（《论语·卫灵公》）求诸己是儒家为人的一项基本态度。这一章所说，就是求诸己的态度。

7.5　孟子曰："人有恒①言，皆曰'天下国家'。天下之本在国，国之本在家，家之本在身。"

【注释】

①恒：常。

【大意】

孟子说："人们通常有句话，都说'天下国家'。天下的根本在于国，国的根本在于家，家的根本在于个人。"

本章的思想是宗法封建制度社会情况的反映。宗法封建制度下，天下、国、家的结构和宗法家族的结构是同一的。天子、诸侯、大夫的关系，同时也是父子、兄弟的关系。这里的家，是指宗法封建制度下大夫的封邑，不是现代社会的家庭。秦统一中国后实行郡县制，建立统一的中央集权的帝国。地方官员由中央任命委派，与皇帝没有了血缘关系，这种天下、国、家的关系也就不再存在。

7.6　孟子曰："为政不难，不得罪于巨室①。巨室之所慕，一国慕之；一国之所慕，天下慕之；故沛然德教溢乎四海。"

【注释】

①巨室：有影响的世家大族。

【大意】

孟子说："治理政事不难，不要得罪那些世家大族就行。世家大族所敬慕的，一国的人都会敬慕；一国的人所敬慕的，天下的人都会敬慕，因此德教就浩浩荡荡地充溢于天下。"

本章所说，也和宗法社会的背景相关，可与上章联系理解。

7.7　孟子曰："天下有道，小德役①大德，小贤役大贤；天下无道，小役大，弱役强。斯二者，天也。顺天者存，逆天者亡。齐景公曰：'既不能令，又不受命，是绝物也。'涕出而女于吴②。今也小国师大国而耻受命焉，是犹弟子而耻受命于先师也。如耻之，莫若师文王。师文王，大国五年，小国七年，必为政于天下矣。《诗》③云：'商之孙子④，其丽不亿⑤。上帝既命，侯⑥于周服。侯服于周，天命靡常。殷士肤敏⑦，裸将于京⑧。'孔子曰：'仁不可为众也。夫国君好仁，天下无敌。'今也欲无敌于天下而不以仁，是犹执热⑨而不以濯也，《诗》⑩云：'谁能执热，逝⑪不以濯？'"

【注释】

①役：此句与下一句的"役"，是"役于"的省略。被奴役，听命于。 ②涕出而女于吴：吴是当时的强国，齐景公因抵御不了吴的进攻，只好把自己的女儿嫁到吴国去"和亲"。女，以女嫁人。③《诗》：此处诗句引自《诗经·大雅·文王》。 ④孙子：即子孙，指后裔。 ⑤丽：数。不亿：犹言不下亿万。古时十万为一亿。⑥侯：发语词，无义。 ⑦肤：美、大。敏：达。 ⑧祼（guàn）：祭祀时酹酒迎神。将：助祭。京：周的京都，今陕西西安。 ⑨执热：拿了烫手的东西。 ⑩《诗》：此处诗句引自《诗经·大雅·桑柔》，旧说这是首讽刺周厉王的诗。 ⑪逝：发语词，无义。

【大意】

孟子说："天下秩序正常时，道德差的人受道德高的人所役使，贤能差的人受贤能高的人所役使；天下秩序混乱时，小的被大的所役使，弱的被强的所役使。这两种情况都是由天决定的。顺从天的生存，违背天的灭亡。齐景公说：'既不能号令他人，又不听命于他人，真是无路可走了。'流着眼泪把女儿嫁往吴国。现在小国效法大国，却以接受大国命令为耻，这就好比学生耻于听命于老师。如果感到羞耻，不如效法周文王。效法周文王，大国五年，小国七年，一定能治理整个天下了。《诗经》说：'殷商的后裔啊，何止十万。上帝授命于周，就都臣服于周。臣服于周啊，天命并非永恒。殷裔的士人壮美而敏达，来到周都助祭。'孔子说：'仁德的力量，是不能用人数多少来衡量的。如果国君爱好仁，就天下无敌。'现在想要无敌于天下却又不行仁政，就好比烫着了却不用凉水冲洗。《诗经》说：'有谁能烫着了却不用凉水冲洗？'"

战国时期，群雄争霸，以大欺小，以强凌弱。孟子认为，这是天下无道情况下出现的现象。而天下有道，正常的情况则是贤德的人居主导地位。小国想学大国，依靠武力免受欺辱，是没有出路的。"国君好仁，天下无敌"，弱小国家如想免于受辱，"莫若师文王"，行仁政，只有效法文王之道，才能最后无敌于天下。

仁者无敌，是孟子王道思想的一部分，可与整个王道思想联系理解。

7.8　孟子曰："不仁者可与言哉？安其危而利其灾，乐①其所以亡者。不仁而可与言，则何亡国败家之有？有孺子歌曰②：'沧浪之水清兮，可以濯我缨；沧浪之水浊兮，可以濯我足。'孔子曰：'小子听之！清斯濯缨，浊斯濯足矣，自取之也。'夫人必自侮，然后人侮之；家必自毁，而后人毁之；国必自伐，而后人伐之。

《太甲》曰‘天作孽，犹可违；自作孽，不可活。’此之谓也。”

【注释】

①乐：耽乐、沉湎。　②“有孺子歌曰”四句：这四句歌词是楚歌，“沧浪”指汉水上游。缨：帽子左右的丝带，用于系结颌下以防脱落。

【大意】

孟子说：“不仁的人，可以向他建言吗？以危险为安全，以灾祸为有利，耽乐于导致自身灭亡的事。对不仁的人，如果还可以向他建言，那怎么会有亡国败家的事呢？有个孩子唱道：‘沧浪的水清澈啊，可以洗我的帽带；沧浪的水浑浊啊，可以洗我的脚。’孔子说：‘后生们听着！水清洗帽带，水浊洗脚，都是水自身招致的。’人一定是先有自取侮辱的事，然后别人才侮辱他；家一定是先有自我毁坏的事，然后别人才毁坏它；国一定是先有本国人的内乱，然后外国才征伐它。《尚书·太甲》上说过：‘天降的灾祸，还可以躲避；自己作的孽，逃也逃不掉。’说的就是这个意思。”

“人必自侮，然后人侮之；家必自毁，而后人毁之；国必自伐,而后人伐之。"灾祸危难,起于自身,要从自身找原因,也是7.4章求诸己思想的表现。"天作孽,犹可违;自作孽,不可活"应时刻警醒我们。可与3.4章参读。

> 7.9 孟子曰:"桀纣之失天下也,失其民也;失其民者,失其心也。得天下有道:得其民,斯得天下矣;得其民有道:得其心,斯得民矣;得其心有道:所欲与之聚①之,所恶勿施,尔②也。民之归仁也,犹水之就下、兽之走圹③也。故为渊驱鱼者,獭④也;为丛驱爵⑤者,鹯⑥也;为汤武驱民者,桀与纣也。今天下之君有好仁者,则诸侯皆为之驱矣。虽欲无王⑦,不可得已。今之欲王者,犹七年之病求三年之艾⑧也。苟为不畜⑨,终身不得。苟不志于仁,终身忧辱,以⑩陷于死亡。《诗》⑪云'其何能淑,载胥及溺⑫',此之谓也。"

【注释】

①聚:聚集。 ②尔:如此。 ③圹:旷野。 ④獭:水獭,以鱼为食。 ⑤爵:通"雀"。 ⑥鹯(zhān):形似鹞,一种猛禽。 ⑦无王:不称王。无,不。 ⑧艾:艾草,一种中草药。 ⑨畜:储备。 ⑩以:从整个句子看,此"以"是"以至"的意思。 ⑪《诗》:此处引文出自《诗经·大雅·桑柔》。 ⑫其何能淑,载

胥及溺：那怎么能有好呢？只能是一起落水淹死罢了。淑，善、好。载，语助词，可译为"只能是"。胥，皆。

【大意】

孟子说："夏桀和商纣丧失天下，是由于失去了老百姓的支持；而失去老百姓支持的原因，是失去了民心。得到天下是有办法的：得到老百姓的支持，就能得到天下。得到老百姓的支持是有办法的：得到老百姓的心，就能得到老百姓的支持。得到老百姓的心是有办法的：他们所希望得到的东西就给他们，为他们聚集，他们所厌恶的事情就不要加在他们的身上，如此而已。老百姓归附仁政，就好像水往低处流，兽往空旷的地方跑一样。所以为深渊赶来鱼的是水獭，为森林赶来鸟的是鹞鹰；为商汤和周武赶来百姓的是夏桀和商纣。现在天下的国君如果有爱好仁德的，那其他诸侯就会把百姓赶到他这里来。就是他不想称王天下，也做不到了。现在这些想称王天下的人，好比是得了七年的病却想用三年的艾草（来医治）。如果平时不积蓄，那终身都得不到。如果无意于仁德，终身都会忧愁受辱，以至陷入死亡的境地。《诗经》上说：'那怎么能有好呢？只是一起落水溺死罢了。'说的正是这个意思。"

这一章中，孟子根据历史经验，得出了得民心者得天下，失民心者失天下的结论。古今中外的全部兴亡史，证明了这是颠扑不破的真理。孟子还进一步指出，要想得民心，就要关注百姓的意愿，"所欲与之聚之，所恶勿施"。这也是孟子仁政思想的基本原则，对于今天也有其借鉴的意义。

可与1.6、4.1章参读。

7.10　孟子曰："自暴①者，不可与有言也②；自弃者，不可与有为③也。言非④礼义，谓之自暴也；吾身不能居仁由义，谓之自弃也。仁，人之安宅也；义，人之正路也。旷安宅而弗居，舍正路而不由⑤，哀哉！"

【注释】

①暴：残害。　②有：词头，无意义。言：从下一句的"言非礼义"看，此"言"指谈论仁、义、礼、智。　③为：从后面的"吾身不能居仁由义"看，此"为"指道德行为。　④非：否定、诋毁。　⑤由：遵循，行走。

【大意】

孟子说："自己残害自己的人，不能与他讨论有意义的问题；自己抛弃自己的人，不能与他一道做什么善事。说话否定礼义，就叫作自己残害自己；认为自己不能心怀仁德，遵义而行，就叫作自己抛弃自己。仁是人安逸的住宅，义是人正确的道路。放着安逸的住宅不住，丢开正确的道路不走，真是悲哀呀！"

"自暴自弃"这个成语就出于孟子这一段话。居仁由义，是孟子对做人提出的基本要求。孟子认为，仁义是人所固有，仁是人的安宅，义是人的正路。只要自觉发挥自己的本性，居仁由义，就可以成为高尚的人。可是有些人却把这些丢弃不用，这就是自暴自弃，是非常可悲的。这一思想，对于启发人的自觉，激励人们自强上进，有极重要的意义。可与3.7、13.33章参读。

7.11　孟子曰："道在尔①而求诸远，事在易而求之难。人人亲其亲、长其长而天下平。"

【注释】

①尔：通"迩"，近。

【大意】

孟子说："道就在身边，却到远处去找；事情本来很简单，却往难处去做。每个人都爱自己的双亲，尊敬自己的长辈，天下就太平了。"

　　儒学的中心思想在做人的道理，它就在日常生活中。学为人之道，要从日常生活中爱亲敬长开始。可是有人喜欢离开现实生活，去追寻虚空高玄的道理。本章孟子批评这种做法是舍近求远，舍易求难。道不远人，志于道、学道要从日常如何对待父母、兄弟、夫妇、朋友，如何待人处事的切身问题上用功，不可脱离实际问题追求高玄。这是儒学经典反复申述的基本精神，应予以注意。

　　7.12　孟子曰："居下位而不获于上①，民不可得而治也。获于上有道：不信于友，弗获于上矣；信于友有道：事亲弗悦，弗信于友矣；悦亲有道：反身不诚，不悦于亲矣；诚身②有道：不明乎善，不诚其身矣。是故诚者，天之道也；思诚者，人之道也。至诚而不动者，未之有也；不诚，未有能动者也。"

【注释】

　　①获于上：得到上级的信任。　　②诚身：使自己能够做到诚心诚意、真实无欺。

【大意】

孟子说："身居低位而得不到上级的信任，是没有办法把百姓治理好的。要得到上级的信任有办法，不能取信于朋友就不能得到上级的信任；取信于朋友有办法，侍奉父母不能使双亲高兴就不能取信于朋友；要使父母高兴有办法，反身自问，心意不诚就不能使父母高兴；要使自己诚心诚意有办法，不明白什么是善，就不可能诚心诚意。所以，真实无妄是自然的法则；追求真实无妄是做人的法则。做到最大的真诚而不能感动别人，是从来没有过的事；不诚心诚意，没有能感动别人的。"

这一章提出一个非常重要的命题，即"诚者，天之道也；思诚者，人之道也"。《中庸》说："诚者，天之道也；诚之者，人之道也。""诚之者"和"思诚者"是一个意思。诚，真实无妄。宇宙万物，都是真实的，没有一丝虚假，所以说诚是"天之道"，是自然的法则。天道如此，人也应该像天地自然那样，做到真实无欺。诚，是悦于亲、信于友、获于上，治理好政事的基础。不诚什么都做不成。所以追求真诚，"思诚""诚之"就是做人应遵守的根本原则。

《大学》"八条目"中有"诚意"，《中庸》说诚颇详，可以参读。

7.13 孟子曰:"伯夷辟纣,居北海之滨,闻文王作①,兴曰:'盍归乎来②!吾闻西伯③善养老者。'太公辟纣,居东海之滨,闻文王作,兴曰:'盍归乎来!吾闻西伯善养老者。'二老者天下之大老也,而归之,是天下之父归之也。天下之父归之,其子焉往?诸侯有行文王之政者,七年之内必为政于天下矣。"

【注释】

①作:一说以"作兴"为一词,一说以"作"断句,"兴"属下读。此处从后说。 ②来:此处的"来"是句末助词。 ③西伯:即周文王。

【大意】

孟子说:"伯夷躲避纣王,住在北海之滨,听说文王兴起,说:'何不去归附呢!我听说西伯善于奉养长者。'姜太公躲避纣王,住在东海之滨,听说周文王兴起,说:'何不去归附呢!我听说西伯善于奉养长者。'他们两位是天下有声望的长者,他们归附文王,也就是天下所有父亲都归附了文王。天下所有父亲都归附了文王,他们的儿子还会到哪里去呢?诸侯中如果有施行文王之政的,七年之内一定能掌管天下的政事了。"

　　本章说文王善待老者，吸引伯夷、姜太公来归附，进而影响天下人都来归附。行文王之政，可以得天下。反映了以孝治天下的思想。

　　7.14　孟子曰[①]："求也为季氏宰，无能改于其德，而赋粟倍他日。孔子曰：'求非我徒也，小子鸣鼓而攻之可也。'由此观之，君不行仁政而富之，皆弃于孔子者也，况于为之强战？争地以战，杀人盈野；争城以战，杀人盈城，此所谓率土地而食人肉，罪不容于死。故善战者服上刑[②]，连诸侯者次之，辟草莱、任土地者次之。"

　　【注释】

　　①"孟子曰"一段：事见《论语·先进》。　　②上刑：重刑。

　　【大意】

　　孟子说："冉求做季康子的总管，没有能改变季氏的德行，征收的田赋却加了一倍。孔子说：'冉求不是我的学生，你们大张旗鼓地声讨他吧。'由此看来，国君不施行仁政，还要帮他富起来，都是被孔子所唾弃的，更何况帮助这些国君去作战呢？为争夺土地而战，杀死的人遍于野外；为争夺城池而战，杀死的人遍于城邑，这就是所谓带着土地来吃人肉，即使处以死刑也不足以赎其罪。所以，好战的人应受最重的刑罚，搞合纵连横的人次一等，开垦荒地、扰乱田制的人再次一等。"

本章引冉求为季氏聚敛，孔子斥责他"非我徒也"，要弟子们"鸣鼓而攻之"的故事，说臣下应辅助君王行仁政，而不应助君王行恶政。孟子特别指出战争给百姓带来的灾难，批评为君主谋划和进行战争的行为，认为这样做的人都应该受刑。反映了孟子反对诸侯争霸战争的态度。可与1.6章参读。

7.15　孟子曰："存^①乎人者，莫良于眸子^②，眸子不能掩其恶。胸中正，则眸子瞭^③焉；胸中不正，则眸子眊^④焉。听其言也，观其眸子，人焉廋^⑤哉？"

【注释】

①存：察。　②眸（móu）子：瞳仁。　③瞭：明亮。　④眊（mào）：黯淡、昏暗。　⑤廋（sōu）：藏匿、隐藏。

【大意】

孟子说："观察人，没有比看他的眼睛更好了，眼睛不能掩盖他的丑恶。心正，眼睛就明亮；心不正，眼睛就昏暗。听他的言谈，看他的眼睛，一个人怎样能隐藏得了呢？"

本章孟子指出，一个人心正与不正，都会反映在他的眼睛上。心正，眼睛就明亮，心不正，眼睛就昏暗。所以，观察人最好的方法，就是看他的眼睛。看他的眼睛，他是无法隐藏的。

7.16　孟子曰："恭者不侮人，俭①者不夺人。侮夺人之君，惟恐不顺②焉，恶得为恭俭？恭俭岂可以声音笑貌为哉？"

【注释】

①俭：古注俭为"廉俭"（《四书章句集注》）之俭，意思是自我约束和节制，又说"无欲而俭"（《孟子正义》），与贪夺相对。杨伯峻释为"节俭"（杨伯峻：《孟子译注》，中华书局，2001年版，第177页）。　②顺：顺从。

【大意】

孟子说："尊敬别人的人不会侮辱别人，自我节制的人不会掠夺别人。侮辱、掠夺别人的君主，只怕别人不顺从自己，又怎么能做到恭敬和自我节制呢？恭敬和自我节制这两种品德难道能凭着好听的声音和笑脸做出来吗？"

本章说"恭""俭"。孟子说恭、俭的要求就是不侮人、不夺人。只想侮辱、掠夺别人，唯恐别人不肯顺从自己，这样的人不可能恭、俭。孟子的这番道理对于我们处理人际交往，尤其是对掌握一定权力、身居领导地位的人来说，值得认真领会。

对"俭"，有的解释为节俭。原文说"俭者不夺人"，俭是与夺相对的。与节俭相对的是奢侈，说节俭的人不会夺人，也可通，但不如以无欲、节制与贪夺相对，更直接明白。

孟子指出，恭俭不是靠声音笑貌就可以做到的，这与孔子说的"巧言令色，鲜矣仁"（《论语·学而》）是一致的，可以联系起来理解。

7.17　淳于髡①曰："男女授受不亲，礼与？"

孟子曰："礼也。"

曰："嫂溺，则援之以手乎？"

曰："嫂溺不援，是豺狼也。男女授受不亲，礼也；嫂溺援之以手者，权②也。"

曰："今天下溺矣，夫子之不援，何也？"

曰："天下溺，援之以道；嫂溺，援之以手。子欲手援天下乎？"

【注释】

①淳于髡：名髡，齐国人。　②权：变通。

【大意】

淳于髡说："男女间不亲手传递东西，是礼吗？"

孟子说："是礼。"

淳于髡说："嫂嫂掉到水里，要伸手去救她吗？"

孟子说："嫂嫂落水而不救，那是豺狼的行为。男女之间不亲手传递东西，是礼；嫂嫂掉到水里伸手去救，是变通。"

淳于髡说："现在整个天下都掉到水里了，先生不去救，是为什么呢？"

孟子说："天下掉到水里要用道来救，嫂嫂掉到水里伸手去救，你想用手去救天下吗？"

这一章提出"权"，即变通的概念。在坚持道义原则的同时，要懂得变通，这是很重要的问题。要在实际生活中认真体会、把握。《论语·子罕》说："可与共学，未可与适道；可与适道，未可与立；可与立，未可与权。"可参读。

7.18　公孙丑曰："君子之不教子，何也？"

孟子曰："势不行也。教者必以正；以正不行，继之以怒；继之以怒，则反夷①矣。'夫子教我以正，夫子未出于正也。'则是父子相夷也。父子相夷，则恶矣。古者易子而教之，父子之间不责善。责善则离，离则不祥②莫大焉。"

【注释】

①夷：伤。　②祥：善、福。

【大意】

公孙丑说："君子不亲自教育儿子，为什么呢？"

孟子说："因为在情势上行不通。教育一定要用正道，用正道没有成效，接着就会忿怒，一忿怒就反而伤感情了。'老人家用正道教育我，可是您自己却没有按正道来做'，这样就是父子间相互伤感情了。父子间相互伤感情，关系就恶化了。古时候交换儿子来进行教育，父子之间不以求善相责备。以求善相责备就会有隔阂，隔阂那是最不好的事了。"

父子之间不责善，易子而教，未必合理。但在教子时注意避免伤害亲情，却是非常重要的。

7.19　孟子曰："事①孰为大？事亲为大；守②孰为

大? 守身为大。不失其身而能事其亲者, 吾闻之矣; 失其身而能事其亲者, 吾未之闻也。孰不为事? 事亲, 事之本也; 孰不为守? 守身, 守之本也。曾子养曾晳③, 必有酒肉。将彻, 必请所与。问有余, 必曰'有'。曾晳死, 曾元④养曾子, 必有酒肉。将彻, 不请所与。问有余, 曰'亡矣'。将以复进也。此所谓养口体者也。若曾子, 则可谓养志也。事亲若曾子者, 可也。"

【注释】

①事: 侍候、奉养。　②守: 守护。　③曾晳(xī): 曾参的父亲, 他也是孔子的弟子。　④曾元: 曾参的儿子。

【大意】

孟子说: "侍奉谁最重要? 侍奉父母最重要; 守护什么最重要? 守护自身最重要。不丧失自己的品德操守而能侍奉其父母的人, 我听说过; 丧失了自己的品德操守还能侍奉父母的人, 我没有听说过。哪个长辈不应该侍奉? 但是侍奉父母是侍奉的根本; 需要守护的东西中哪个不应该守护? 但是守护自己的道德品质是根本。曾子奉养曾晳, 每餐一定有酒和肉, 饭后撤碗碟的时候一定要问, 剩下的给谁; 如果曾晳问有没有多余, 曾子一定说有。曾晳去世后, 曾元奉养曾子, 每餐一定有酒和肉, 饭后撤碗碟的时

候不问剩下的给谁；如果曾子问有没有多余，就说没有了。他是
想下次再拿来给曾子吃。这叫作奉养父母的口腹和身体，像曾子
那样才可称为奉养父母的意志。侍奉父母像曾子那样，就好了。"

本章以事亲、守身为两件大事，二者又以守身为本。守
身，即"守死善道"，立身于道。不能立身于道，不能真正善
事亲长。行孝道以守身善道为基础，这一点要认真体会。

另外，本章又提出养亲中养口体和养志的差别，是对
"至于犬马，皆能有养，不敬，何以别乎？"（《论语·为政》）
的发挥。

7.20　孟子曰："人不足与適①也，政不足间②也。唯
大人为能格③君心之非。君仁莫不仁，君义莫不义，君
正莫不正。一正君而国定矣。"

【注释】

①適：通"谪"，批评、指责。　②间：非。　③格：正，纠正。

【大意】

孟子说："人事不值得去指责，政事也不值得去非议，只有
有大德的人能够纠正君主思想的错误。君主仁，就没有人不仁；

君主义，就没有人不义；君主正，就没有人不正。端正了国君，国家就安定了。"

　　孟子说最重要的不是对政事、人事批评指责，而是要格君心之非，改正国君思想上的错误。如果只是改正政事和用人的错失，而不从思想上认识到问题所在，那就会改一件事，又错一件，罢免一个人，又有一个，改不胜改。所以最重要的是格君心之非，端正君主的思想。君主的思想端正了，一切也就正了。而要格君心之非，则除非有大人之德，也是做不到的。其中包含治标不如治本的思想，值得借鉴。而把格君心之非当作根本，则是反映了孟子"君正莫不正"的思想。可与7.2、8.5章参读。受孟子这一思想影响，格君心之非也成为儒者给自己提出的要求。

7.21　孟子曰："有不虞①之誉，有求全之毁。"

【注释】

①不虞：意料之外。

【大意】

　　孟子说："有意想不到的赞誉，有苛求完美的诽谤。"

人们的毁誉，未必符合实际。所以对于毁誉，都应有分析。对自己，不因毁誉而影响自己修身的意志和情绪；对他人，不凭某些毁誉做简单的判断和评价。

7.22　孟子曰："人之易^①其言也，无责^②耳矣。"

【注释】

①易：轻易。　②无责：有不同的解释。一、因为没有受过说错话的责备；二、因没有进言之责而轻易不劝谏；三、不足责备；四、没有责任心。

【大意】

孟子说："人们出言轻率，是因为他对所说的话没有责任心。"

此章批评说话轻率，不负责任的毛病。

7.23　孟子曰："人之患在好为人师。"

【大意】

孟子说："人们的毛病在于喜欢当别人的老师。"

谦逊、乐取于人以为善（3.8章）是中华民族传统美德，好为人师是其反面。孟子指出此乃人们通病，值得引以为戒。

> 7.24　乐正子从于子敖①之齐。乐正子见孟子。孟子曰："子亦来见我乎？"
>
> 曰："先生何为出此言也？"
>
> 曰："子来几日矣？"
>
> 曰："昔者②。"
>
> 曰："昔者，则我出此言也，不亦宜乎！"
>
> 曰："舍馆③未定。"
>
> 曰："子闻之也，舍馆定，然后求见长者乎？"
>
> 曰："克有罪。"

【注释】

①子敖：即本书《公孙丑下》篇中提到的王驩，子敖是他的字。　②昔者：指昨天。　③舍馆：指住宿的地方。

【大意】

乐正子跟随王子敖来到齐国。乐正子去见孟子。孟子说："你也来看我吗？"

乐正子说:"先生为什么说这样的话呢?"

孟子说:"你来了有几天了?"

乐正子说:"昨天到的。"

孟子说:"既是昨天,那么我说这样的话不也合适么!"

乐正子说:"住处没有确定。"

孟子说:"你听说过,要等住处确定以后才去见长者的吗?"

乐正子说:"我有过错。"

孟子批评乐正子,是说他到齐国没有及时去见孟子,违背了弟子对长者应有的礼节。

> 7.25　孟子谓乐正子曰:"子之从于子敖来,徒餔啜^①也。我不意子学古之道而以餔啜也。"

【注释】

①餔啜(bū chuò):吃吃喝喝。餔,食。啜,饮。

【大意】

孟子对乐正子说:"你跟着王子敖来,只是吃吃喝喝。我没想到你学了古人的道却只知道吃喝。"

本章接上章，批评乐正子到齐国只知吃喝。

7.26　孟子曰："不孝有三[①]，无后为大。舜不告而娶，为无后也，君子以为犹告也。"

【注释】

①不孝有三：赵岐注："于礼有不孝者三事，谓阿意曲从，陷亲不义，一也；家贫亲老，不为禄仕，二也；不娶无子，绝先祖祀，三也。"（《四书章句集注》）

【大意】

孟子说："不孝的行为有三件，没有后裔最为重大。舜没有禀告父母就娶妻，就是因为没有后裔，君子认为他这样做实际上和禀告了父母一样。"

舜不告而娶，体现了"权"，是一种变通，可与7.17章参读。孝的具体要求是随社会的发展变化而变化的，"不孝有三，无后为大"是当时社会需要的反映，今天已不适用。

7.27　孟子曰："仁之实[①]，事亲是也；义之实，从[②]兄是也；智之实，知斯二者弗去是也；礼之实，节文斯二者是也^③；乐^④之实，乐斯二者，乐则生矣；生则恶可已^⑤也，恶可已，则不知足之蹈之、手之舞之。"

【注释】

①实：实际内容。　②从：顺从。　③节：调节。文：修饰。
④乐（yuè）：音乐。后文两个"乐"读作lè，是快乐的意思。
⑤已：停止。

【大意】

孟子说："'仁'的内容是侍奉父母；'义'的内容是顺从兄长；'智'的内容是明白这二者的道理而又坚持它；'礼'的内容是对这两种行为进行调节和修饰；'乐'的内容是以做这两件事为乐，快乐就会产生。快乐产生了就无法停止，无法停止就情不自禁地手舞足蹈起来。"

这一章中孟子把仁、义、礼、智、乐的内容都归之于事亲从兄，也就是孝悌。这反映了孟子思想中重要的一点：对人伦，特别是孝悌的重视。要注意联系有关章节仔细领会。

7.28　孟子曰："天下大悦而将归己。视天下悦而归己，犹草芥也。惟舜为然。不得乎亲，不可以为人；不顺

乎亲, 不可以为子。舜尽事亲之道而瞽瞍厎豫^①, 瞽瞍
厎豫而天下化, 瞽瞍厎豫而天下之为父子者定, 此之谓
大孝。"

【注释】

①瞽瞍: 舜的父亲。厎: 致。豫: 乐。

【大意】

孟子说:"天下的人都愉快地要来归附自己,把天下人愉快
地归附自己看得如同草芥一般,只有舜是如此。得不到父母的欢
心不能够做人,不顺从父母不能够做儿子。舜竭尽侍奉父母之
道,使父亲瞽瞍欢乐;瞽瞍欢乐了就使天下人受到感化;瞽瞍欢
乐了,天下人的父子之间也都安定了,这就叫作大孝。"

这一章讲孝。儒家称颂舜是大孝的楷模,所以本章称
颂舜的孝来说明孝的意义。"不得乎亲,不可以为人;不顺
乎亲,不可以为子",以孝为做人的根本。关于舜的孝悌,
还可参读9.1、9.2、9.3、9.4等章。

離婁下　凡三十三章

8.1　孟子曰：“舜生于诸冯①，迁于负夏②，卒于鸣条③，东夷之人也。文王生于岐周④，卒于毕郢⑤，西夷之人也。地之相去也，千有余里；世之相后也，千有余岁。得志行乎中国，若合符节⑥。先圣后圣，其揆⑦一也。”

【注释】

①诸冯：地名，相传在今山东荷泽以南。　②负夏：约在今山东滋阳以西。　③鸣条：地点不详。　④岐周：即“岐下”，周族的发祥地。岐下即今之岐山，在陕西岐山县东北。　⑤毕郢：其地当在今陕西西安附近。　⑥符节：古代的一种信物，剖为两半，双方各持一半为凭，相合无误以证明身份。　⑦揆：度。

【大意】

孟子说：“舜出生在诸冯，迁居到负夏，死在鸣条，是东部的人；周文王出生在岐周，死在毕郢，是西部的人。地域相隔一千多里，时代相差一千余年，当他们得以在中国实行其志向时，做的却像符节相合那样分毫不差。先前的圣王和后继的圣王，他们的准则是相同的。”

孟子说古今圣王时空相距很远，而所行的道则只是一个，完全相同，反映了中华文化重传承的思想。

8.2　子产①听郑国之政,以其乘舆济人于溱、洧②。孟子曰:"惠③而不知为政。岁十一月④,徒杠⑤成,十二月,舆梁⑥成,民未病涉也。君子平其政,行辟⑦人可也。焉得人人而济之? 故为政者,每人而悦之,日亦不足矣。"

【注释】

①子产: 即公孙侨,子产是他的字(亦作"子美")。郑国贵族,曾在郑简公、定公时执政二十多年,实行改革,是当时著名的政治家。　②乘舆: 指子产自己所乘坐的马车。溱(zhēn):水名,源于今河南密县东北,东南与洧水汇合为双泊河,东流入贾鲁河。洧(wěi):水名,源于河南登封以东,东流至密县与溱水汇合。③惠: 恩惠。《论语》中孔子也以"惠"来评价子产,可参看。④岁十一月:孟子所称的月份大多是周历,其十一月相当农历的九月。　⑤徒杠:简陋的独木便桥。　⑥舆梁:可以通车轿的桥。⑦辟:回避。古代高级官员出行,有专人开路清道,要行人回避。

【大意】

子产主持郑国的政务,用自己的车帮助别人渡溱水、洧水。孟子说:"子产有恩惠,但却不懂得治理政治。十一月,搭好了独木桥;十二月,建成了行车的桥,百姓并没有为渡河而发愁。君子整治好自己的政务，外出的时候让人回避都是可以的。怎么可能一个个地帮人渡河呢？管理政治的人，要想让每个人都满意，时间也不够呀。"

孟子批评子产"惠而不知为政"，反映了孟子的为政思想。为政不是在具体的一人一事上去帮助人，而是要治理好政务，给所有人带来福祉。

> 8.3　孟子告齐宣王曰："君之视臣如手足，则臣视君如腹心；君之视臣如犬马，则臣视君如国人^①；君之视臣如土芥，则臣视君如寇雠。"
>
> 王曰："礼，为旧君有服^②，何如斯可为服矣？"
>
> 曰："谏行言听，膏泽下于民；有故而去，则君使人导之出疆，又先^③于其所往；去三年不反，然后收其田里。此之谓三有礼焉。如此，则为之服矣。今也为臣，谏则不行，言则不听，膏泽不下于民；有故而去，则君搏执^④之，又极^⑤之于其所往；去之日，遂收其田里。此之谓寇雠。寇雠，何服之有？"

【注释】

①国人：犹言路人。　②为旧君有服：为原来的国君服丧。

③先:打前站,先到所去之地布置好。 ④搏执:入室搜索拘捕。 ⑤极:困穷。

【大意】

孟子告诉齐宣王说:"君主把臣下看作手足,那么臣下就会把君主待为腹心;君主把臣下看作狗马,那么臣下就会把君主看作路人;君主把臣下看作泥土和草芥,那么臣下就会把君主看作强盗和仇敌。"

宣王说:"礼制规定,要为以往侍奉过的君主服丧,君主怎样做,臣下才会为他服丧呢?"

孟子说:"劝谏能得到君主听从,建议能为君主所采纳,恩惠下及百姓;因事要离去,君主派人引导他离开国境,并派人先期前往他所要去的地方安排好;离去了三年还不回来,才收掉他的禄田和房屋。这叫作三有礼。这样,臣下就会为他服丧了。如今做臣下,劝谏不被听从,建议不被采纳,恩惠到不了百姓;有事要离去,君主就到他住处搜索拘捕,并派人到他所要去的地方让他陷于困境;离开的当天就收掉他的禄田和房屋。这就叫作强盗、仇敌。对强盗、仇敌还服什么丧呢?"

这是谈君臣关系的一段名言。孟子说,臣对君的态度取决于君对臣的态度;君对臣取什么样的态度,臣对君就会取什么样相应的态度。孔子说"君使臣以礼，臣事君以忠"（《论语·八佾》），后人有不同解释。读《孟子》，可知孟子此章应是对孔子思想的正解。《论语》《孟子》这两章精神是一致的。他们认为君臣在人格上是平等的、对等的，双方都应遵守仁道，而在道德上又各有各的要求，而不是后世"三纲"中"君为臣纲"那样的单方面绝对服从的关系。儒学不是一成不变的，在发展中，后儒的思想与孔孟有许多不同，这是需要特别注意的。

这样说明君臣关系，也体现了"行有不得，反求诸己"的精神。可与2.12、3.7、7.4、7.7、7.8、8.28等章参读。

8.4　孟子曰："无罪而杀士，则大夫可以去；无罪而戮民，则士可以徙。"

【大意】

孟子说："没有罪名就处死士人，大夫就可以离去；没有罪名就杀戮百姓，士人就可以迁走。"

8.5　孟子曰："君仁，莫不仁；君义，莫不义。"

【大意】

孟子说："君主仁，就没有人不仁；君主义，就没有人不义。"

这一思想是对孔子"政者正也。子帅以正，孰敢不正"（《论语·颜渊》）的发挥，《孟子》反复谈到这一点。

8.6　孟子曰："非礼之礼①，非义之义，大人弗为。"

【注释】

①非礼之礼：似是而非的礼。

【大意】

孟子说："似是而非的礼，似是而非的义，君子是不做的。"

"非礼之礼，非义之义"，形似礼义而实非礼义，所以君子不为。孔子说："恶紫之夺朱也，恶郑声之乱雅乐也，恶利口之覆邦家者。"（《论语·阳货》）似是而非，鱼目混珠，具欺骗性，危害极大。所以非但不为，更要明辨而反对之，以保礼义的纯洁。

8.7　孟子曰："中也养不中^①，才也养不才，故人乐有贤父兄也。如中也弃不中，才也弃不才，则贤、不肖之相去，其间不能以寸^②。

【注释】

①中：无过无不及。养：教育熏陶。　②其间不能以寸：谓中间存不下一寸，言距离相近。

【大意】

孟子说："有道德的人影响、教育没有道德的人，有才能的人影响、教育没有才能的人，所以人们乐于有贤良的父兄。如果有道德的人不去教育没有道德的人，有才能人不去教育没有才能的人，那么贤能与品行不良之间的差距，就小得不能用寸来衡量了。"

贤能者有责任教育影响没有贤能的人，不能这样做，贤能就没有意义，与不贤不能者没有区别了。可与10.1章参读。

8.8　孟子曰："人有不为也，而后可以有为。"

【大意】

孟子说："人要有所不为，然后才能有所作为。"

　　人要有所不为，才能有所为。有所不为就是知耻，知耻才能有所不为。不知耻，就会无所不为。无所不为的人是不能有什么作为的。可与13.6、13.7、13.17章参读。

　　8.9　孟子曰："言人之不善，当如后患何？"

【大意】

孟子说："谈论他人的不好，由此带来后患该怎么办呢？"

　　本章指出，言人之不善会带来后患。中华传统文化主张严于律己，宽以待人。对人要多看其长处。孔子说"躬自后而薄责于人，则远怨矣"（《论语·卫灵公》），严己宽人可以减少怨恨，又批评子贡常议论他人短长的毛病，都体现了这个精神。

　　8.10　孟子曰："仲尼不为已甚者。"

【大意】

孟子说："孔子不做过分的事。"

不做过分的事，是"过犹不及"的体现。《论语》："子绝四：毋意，毋必，毋固，毋我"（《论语·子罕》），子曰："人而不仁，疾之已甚，乱也"（《论语·泰伯》）可参读。

8.11　孟子曰："大人者，言不必信，行不必果，惟义所在。"

【大意】

孟子说："有德行的人，说话不一定句句守信，做事不一定事事果敢，只是以义为依据。"

这一章的意思不是说说话不必守信，行动不必果敢，而是强调守信、果敢不能脱离义的规范。孟子说："义，人路也。"（11.11章）一切言行都应以义为准，背离义的守信和果敢是不可取的。《论语·学而》："信近于义，言可复也"，可参读。

8.12　孟子曰："大人者，不失其赤子之心者也。"

【大意】

孟子说："有德行的人，是能保持那婴儿纯朴之心的人。"

孟子认为仁、义、礼、智的善性是人所固有的，其根源是天赋的"四心"（3.6章）。人所以有恶，是因为丢失了自己的本心。所以对于人来说，最重要的就是保养好本心（养心）和找回那已经丢失的本心（求放心），也就是要"不失其赤子之心"。做到这一点，也就是有德的大人了。

可与3.6、11.11、13.1、13.4、13.21等章参读。

> **8.13**　孟子曰："养生者不足以当大事，惟送死可以当大事。"

【大意】

孟子说："奉养健在的父母算不上大事，唯有安葬送终才算得上是大事。"

此章并非轻视父母在世时对父母的孝敬奉养，而是说父母生时固然应敬侍奉养，终究是日常每日所做的事；而送死则是事亲的最后一件事，以后即使心欲奉养也再无可能，所以更应作为大事。

> **8.14**　孟子曰："君子深造之以道，欲其自得之也。自得之，则居之安；居之安，则资①之深；资之深，则取

之左右逢其原^②，故君子欲其自得之也。"

【注释】

①资：一说借，凭借；一说积，蓄积，都通。　②原：同
"源"。

【大意】

孟子说："君子用大道来提高自己，是要做到自己真有所
得。自己真有所得，就能自然地把握此道；自然地把握，能够凭
借的就深；能够凭借的深，用的时候就可以左右逢源，所以君子
希望自己真有所得。"

《论语·宪问》："古之学者为己，今之学者为人。"本
章说"欲其自得之"，就是"为己"之意，可联系理解。

8.15　孟子曰："博学而详说之，将以反说约也。"

【大意】

孟子说："广博地学习，详尽地加以解说，是为了回到简略
地说明大意。"

孔子教人博学于文，又告人并非博闻多识，其道一以贯之。博不是学的目的，贵在求其一以贯之之道。而学如不博，也无从凭空了解一以贯之之道。可与本章联系理解。

8.16　孟子曰："以善服人①者，未有能服人者也；以善养②人，然后能服天下。天下不心服而王者，未之有也。"

【注释】

①服人：取胜于人。　②养：在此是影响、教育之意。

【大意】

孟子说："以善来要人服输，没有能使人服输的；以善来影响、教育他人，才能使天下的人折服。天下的人不心服就统治天下，是从来没有过的。"

本章区别"以善服人"和"以善养人"。朱熹注说："服人者，欲以取胜于人；养人者，欲其同归于善。"（《四书章句集注》）前者是要他人服从自己，后者是帮助他人一起为善。虽然都是善，人们的反应却大不同，对这一点要细心体会。可与13.14章参读。3.8章又讲与人为善，亦可参读。

8.17　孟子曰："言无实不祥①。不祥之实，蔽贤者当之。"

【注释】

①实：内容。祥：善。

【大意】

孟子说："说话没有内容是不好的。'不好'这个词的内容，可以用'埋没贤才者'来说明。"

对此章有不同解释。一说本章意思是"说话而无内容，是不好的。这种不好的结果，将由妨碍贤者进用的人负责"。何者为好，读者可自省察判断。

8.18　徐子①曰："仲尼亟②称于水，曰：'水哉，水哉！'何取于水也？"孟子曰："原泉混混③，不舍昼夜。盈科而后进④，放⑤乎四海，有本者如是，是之取尔。苟为无本，七八月之间⑥雨集，沟、浍⑦皆盈，其涸也，可立而待也。故声闻⑧过情，君子耻之。"

【注释】

①徐子：即本书《滕文公上》篇中提到的孟子弟子徐辟。
②亟：数。　③混混：形容水量丰富。　④盈：满。科：坎，即洼地。　⑤放：至。　⑥七八月之间：周历的七八月，相当于农历的五六月，正是北方的多雨季节。　⑦浍（kuài）：田间水道。
⑧声闻：名誉。

【大意】

徐子说："孔子多次对水加以赞誉，说'水呀，水呀'，他所取于水的是哪一点呢？"孟子说："水源丰足的水滚滚向前，昼夜不停，注满了低洼地，继续向前，一直流入海洋。有本源的东西是这样，孔子所取的就是这一点。如果是没有本源的水，七、八月间，雨水众多，沟渠都满了，而它们的干涸，也是立等可待的。所以，名声超过实际，君子以为是可耻的。"

本章以水喻人。有德有才的人，如水源丰沛的水，不停地向前，一路填满低洼，最后流入大海。无德无才，徒有虚名的人，则如骤发的暴雨，一时声势浩大，却很快退去，干涸。用以说明"声闻过情，君子耻之"，君子以虚名超过实情为可耻。8.14章说君子欲自得之，也是此意，可联系读。《论语·颜渊》中孔子也曾谈到闻和达的问题，也可联系读。

8.19　孟子曰："人之所以异于禽兽者几希^①，庶民^②去之，君子存之。舜明于庶物^③，察于人伦^④，由仁义行^⑤，非行仁义^⑥也。"

【注释】

①几希：即很少，一点点。几，细微。希，少。　②庶民：与君子相对，百姓。　③庶物：各种事物。　④人伦：人与人之间的关系。　⑤由仁义行：指发自内心地依照仁义之心去做事。　⑥行仁义：是指认识到仁义的重要而按照仁义的要求去做。

【大意】

孟子说："人与禽兽不同的地方只有那么一点点，普通人丢失了它，君子保存了它。舜认识事物的性质，明白人伦关系，他是按照自己仁义的本心来做的，不是认识到仁义的重要而按照仁义的要求来实行仁义的。"

认识人和禽兽的区别，是孟子人性学说的理论出发点。他反对"生之谓性"的观点，认为并不是生来就有的就是人性，只有人区别于禽兽的那些才是人性。在生物的本能上人和禽兽没有根本的区别，人之区别于禽兽的地方是很少的。如果我们不能把区别于禽兽的那一点点人性保留、保护好，那就会近于禽兽了。谈人与禽兽的区别，人之所以为人之处的，有3.6、11.6章。对"生之谓性"的批评，见11.3章。

区别"由仁义行"和"行仁义"有深意，望读者认真体会。

8.20　孟子曰："禹恶旨酒而好善言。汤执中，立贤无方[①]。文王视民如伤，望道而未之见。武王不泄迩[②]，不忘远[③]。周公思兼三王[④]，以施四事；其有不合者，仰而思之，夜以继日；幸而得之，坐以待旦。"

【注释】

①立贤无方：只要是贤人就予以任用，不受常规限制。方，常。　②泄：狎，亲近的意思。迩：近人，指朝臣。　③远：远人，指诸侯。　④三王：指夏、商、周三代君王，禹、汤、文、武。

【大意】

孟子说："禹厌恶美酒而爱好善言。成汤坚持中和之道，起用贤人不拘一格。周文王看待百姓，像他们受到了伤害一样去照顾；已经望见了大道，还像没看到一样努力追求。周武王不轻慢朝中的近臣，不遗忘在外的远臣。周公想兼学夏、商、周三代贤王的长处，实行禹、汤、文、武的做法；遇到有与当下形势不合的地方，就抬头思考，夜以继日，有幸想明白了，就坐着等待天亮来实施。"

本章孟子赞扬夏商周三代禹、汤、文、武以及周公的美德。

8.21　孟子曰："王者之迹熄①而《诗》亡，《诗》亡然后《春秋》作。晋之《乘》、楚之《梼杌》、鲁之《春秋》②，一也。其事则齐桓、晋文，其文则史。孔子曰：'其义则丘窃取之矣③。'"

【注释】

①王者之迹熄：即传统的采诗制度已经废止。古代有采诗的制度，由专人手拿木铎，在路上巡行，采集民间歌谣。
②晋之《乘》、楚之《梼杌》、鲁之《春秋》：古代各诸侯国都有史官，掌管记载史实的事，此三者是这三国所记史书的书名。
③窃取之矣：谦虚的说法。意思是这是个人的意见。

【大意】

孟子说："王者采诗的制度废止了，《诗》也就没有了；

《诗》没有了，才有了《春秋》。晋国的《乘》、楚国的《梼杌》、鲁国的《春秋》，是一样的。它们记载的事情都是齐桓公、晋文公之类，它们的文字都是史书的文字。孔子说：'对史事人物褒贬的大义则是我个人的意见了。'"

本章谈《春秋》，可与6.9章参读。

8.22　孟子曰："君子之泽五世而斩①，小人之泽五世而斩。予未得为孔子徒也，予私淑②诸人也。"

【注释】

①泽：滋润。指家族遗风润泽后代。斩：断绝之意。　②淑：善。一说取。

【大意】

孟子说："君子的流风余韵传五代就断了，小人的流风余韵传五代也断了。我没有能做孔子的门徒，我是私下向他们学习的。"

本章是孟子自述。3.2章说"乃所愿，则学孔子"，可参读。

8.23　孟子曰:"可以取,可以无取,取伤廉;可以与,可以无与,与伤惠;可以死,可以无死,死伤勇。"

【大意】

孟子说:"可以取,可以不取,取了会伤害廉;可以给,可以不给,给了会伤害惠;可以死,可以不死,死了会伤害勇。"

可取可不取,选择不取;可给可不给,选择不给;可死可不死,选择不死。这是为了严格准确地履行道德要求。

8.24　逢蒙学射于羿①,尽羿之道,思天下惟羿为愈②己,于是杀羿。孟子曰:"是亦羿有罪焉。"

公明仪曰:"宜若无罪焉。"

曰:"薄乎云尔,恶得无罪?郑人使子濯孺子③侵卫,卫使庚公之斯④追之。子濯孺子曰:'今日我疾作,不可以执弓,吾死矣夫!'问其仆曰:'追我者谁也?'其仆曰:'庚公之斯也。'曰:'吾生矣。'其仆曰:'庚公之斯,卫之善射者也,夫子曰"吾生",何谓也?'曰:'庚公之斯学射于尹公之他,尹公之他学射于我。夫尹公之他,端人⑤也,其取友必端矣。'庚公之斯至,曰:'夫子何为不执弓?'曰:'今日我疾作,不可以执弓。'曰:'小人学射于尹公之他，尹公之他学射于夫子。我不忍以夫子之道反害夫子。虽然，今日之事，君事也，我不敢废。'抽矢扣轮，去其金⑥，发乘矢⑦而后反。"

【注释】

①逢（péng）蒙：传说中羿的弟子。羿：神话中射日的英雄。

②愈：胜过。　③子濯孺子：郑大夫。　④庚公之斯：卫大夫。

⑤端人：即正派人。端，正。　⑥金：指箭镞。　⑦乘矢：古时一车四马为一乘，也以乘表示四，这里的乘矢就是四箭。

【大意】

逢蒙向羿学习射箭，完全掌握了羿的技艺，心想天下只有羿胜过自己了，于是杀死了羿。孟子说："这件事羿也有过错。"

公明仪说："似乎没有过错吧。"

孟子说："不过轻一点罢了，怎么会没有过错呢？郑人派子濯孺子侵犯卫国，卫国派庚公之斯追击他。子濯孺子说：'今天我的病发作了，拿不了弓，我要死了！'问驾车的人说：'追我的是谁？'驾车人说：'是庚公之斯。'子濯孺子说：'我有生路了。'驾车人说：'庚公之斯是卫国优秀的射手，先生说有生路，是什么道理呢？'子濯孺子说：'庚公之斯是跟尹公之他学的射箭，尹公之他是跟我学的射箭。尹公之他是个正派人，他的朋友也

一定正派。'庚公之斯追上了，说：'先生为什么不拿弓？'子濯孺
子说：'今天我的病发作了，拿不了弓。'庚公之斯说：'我跟尹
公之他学习射箭，尹公之他跟先生学习射箭，我不忍心用先生的
技艺反过来伤害先生。虽然如此，今天的事是国家的公务，我不
敢废弃。'说完抽出箭来，在车轮上磕去箭头，射了四箭之后回去
了。"

羿教会逢蒙射箭，逢蒙杀了羿；庚公之斯跟尹公之他学
射，放走了尹公之他的老师子濯孺子。孟子对比这两件事，
说逢蒙杀羿，羿也有错，是说教人不能只教技艺，重要的是
教人做人。

8.25　孟子曰："西子①蒙不洁，则人皆掩鼻而过
之。虽有恶人②，齐③戒沐浴，则可以祀上帝。"

【注释】

①西子：西施，越国美女。　②恶人：指面貌丑陋的人。
③齐：通"斋"。

【大意】

孟子说："如果西施身上沾上了污秽的东西，别人从她身旁

走过时也会捂着鼻子；纵使面貌丑陋的人，如果他斋戒沐浴，也可以祭祀上帝。"

蒙不洁，喻指有恶行；斋戒沐浴，喻指改过自新。本章主旨是说好人有恶行，也会遭人唾弃；恶人改恶从善，也能受到欢迎。告诫人们要谨慎言行，避免沾染恶行，劝有错的人要改过自新。

8.26　孟子曰："天下之言性也，则故①而已矣。故者以利②为本。所恶于智者，为其凿也。如智者若禹之行水也，则无恶于智矣。禹之行水也，行其所无事也，如智者亦行其所无事，则智亦大矣。天之高也，星辰之远也，苟求其故，千岁之日至③，可坐而致也。"

【注释】

①故：以往之事，已然之迹。　②利：顺，顺应自然之势。③日至：夏至、冬至都称日至，此处当指冬至。

【大意】

孟子说："天下人谈人性，只是就过去已有的事来说而已。而谈过去的事，根本是在顺应自然的趋势。对于智者，人们厌恶的是他们的穿凿附会。如果智者像禹疏通水流那样，那就不会对智者有厌恶了。禹的疏通水流，是不加干涉，让它们顺其自然地流行；如果智者也能不加干涉，顺其自然地去做，那么智慧也就大了。以天这样的高，星辰这样的远，如果探求他们运行的自然趋势，千年以后的冬至日，都可以坐着推算得知的。"

本章谈智慧。真正的智慧是能"行其所无事"，顺应事物自身规律自然而行。一些人把穿凿附会当作智慧，招人厌恶。

8.27　公行子①有子之丧，右师②往吊。入门，有进而与右师言者，有就右师之位而与右师言者。孟子不与右师言。右师不悦曰："诸君子皆与驩言，孟子独不与驩言，是简驩也。"

孟子闻之，曰："礼，朝廷不历位③而相与言，不踰阶而相揖也。我欲行礼，子敖以我为简，不亦异乎？"

【注释】

①公行子：齐大夫。　②右师：官名。据下文说他名驩、字子敖来看，此人就是本书《公孙丑下》篇中提到的齐王宠臣王驩。③历位：指越过位次。

【大意】

公行子的儿子死了，右师前往吊唁。走进大门，有上前来同他说话的，有来到他席位旁同他说话的。孟子不同右师说话。右师不高兴地说："各位君子都同我交谈，唯有孟子不同我说话，这是简慢我。"

孟子知道后说："礼仪规定，在朝堂上不越过位次交谈，不越过台阶作揖。我是想依礼行事，子敖却认为是我简慢他，不也可怪吗？"

孔子曾说"事君尽礼，人以为谄也"（《论语·八佾》）。本章孟子待右师以礼，右师以为简。事不同而孔孟循礼而行，不随流俗的精神则同。

8.28　孟子曰："君子所以异于人者，以其存心①也。君子以仁存心，以礼存心。仁者爱人，有礼者敬人。爱人者，人恒爱之；敬人者，人恒敬之。有人于此，其待我以横逆②，则君子必自反也：我必不仁也，必无礼也，此物奚宜至哉③？其自反而仁矣，自反而有礼矣，其横逆由④是也，君子必自反也：我必不忠。自反而忠矣，其横逆由是也，君子曰：'此亦妄人也已矣。如此，则与禽兽奚择⑤哉？于禽兽又何难⑥焉？'是故君子有终身之忧，无一朝之患也。乃若所忧则有之：舜，人也；我，亦人也。舜为法于天下，可传于后世。我由未免为乡人也，是则可忧也。忧之如何？如舜而已矣。若夫君子所患则亡矣。非仁无为也，非礼无行也。如有一朝之患，则君子不患矣。"

【注释】

①存心：存于心而不忘。　②横逆：蛮横无理。　③物：事。奚宜：为什么。至：来到，发生。　④由：通"犹"。　⑤择：区别。　⑥难：责难。

【大意】

孟子说："君子与一般人不同的地方，在于他们心中所想。君子把心放在仁上，把心放在礼上。有仁心的人爱别人，讲礼的人尊敬别人。爱别人的人，别人也总是爱他；尊敬别人的人，别人也总是尊敬他。这里有个人，他对我蛮横无理，那君子一定要反问自己：一定是我不仁了，一定是我失礼了，不然这样的事为什么会发生呢？反省的结果自己没有不仁，也没有失礼，那个人还是蛮横无理，君子一定还要反问自己：一定是我不忠了。反省的结果自己没有不忠，那个人还是蛮横无理，君子就会说：'这不过是个狂妄的人罢了，既然这样，那与禽兽有什么区

301

别呢？对于禽兽又能责难它什么呢？'所以君子有终身的忧虑，却没有突然而至的痛苦。这样的忧虑是有的：舜是人，我也是人。可是舜是天下人效法的模范，名声一直传于后代，我仍然不免是一个普通人。这才是真正值得忧虑的事。忧虑又怎么办呢？像舜那样做罢了。至于君子其他的痛苦就没有了。不合于仁的事不做，不合于礼的事不做。即使有突然发生的灾祸，君子并不担心。"

这一章孟子提出一个"存心"的问题，认为君子与普通人不一样的地方在于他的"存心"。君子存心于仁义，时刻不忘道德修养，总觉得自己没有做到尧、舜那样，这是他们终生的忧虑。把自己的心思放在哪里？是孜孜以求于道德修养，还是孜孜以求物质利益？说的就是人生理想追求、精神家园的问题。

孔子说："君子求诸己，小人求诸人。"（《论语·卫灵公》）这一章孟子提出，遇有人无理对待自己，"君子必自反也"，也就是"求诸己"的态度。凡事首先要求自己，从自己做起，是为人处事的重要原则。可与3.4、7.4等章参读。

> 8.29　禹、稷当平世，三过其门而不入[①]，孔子贤之。颜子当乱世，居于陋巷。一箪食，一瓢饮，人不堪其

忧，颜子②不改其乐，孔子贤之。孟子曰："禹、稷、颜回同道。禹思天下有溺者，由③己溺之也；稷思天下有饥者，由己饥之也，是以如是其急也。禹、稷、颜子易地则皆然。今有同室之人斗者，救之，虽被发缨冠④而救之可也；乡邻有斗者，被发缨冠而往救之，则惑也，虽闭户可也。"

【注释】

①三过其门而不入：这是禹的事迹，称稷是连类并及。②颜子：即孔子的弟子颜渊，颜子"居于陋巷……不改其乐"见《论语·雍也》。 ③由：通"犹"。 ④被发缨冠："被"同"披"，缨在此作动词用。古时候戴冠要先结发，被发缨冠是说来不及束发就把帽子戴上，是形容事情的急。

【大意】

禹、稷处于太平时代，三次经过自己家门都不进去，孔子称赞他们。颜回处于动乱时代，住在破陋的巷子里，一筐饭、一瓢水，别人受不了这种清苦，颜回却没有改变他的生活乐趣，孔子称赞他。孟子说："禹、稷、颜回的道是一样的。禹看天下有人遭水淹，就像是自己使他们淹入水中一样；稷看天下有挨饿的人，就像是自己使他们挨饿一样，所以他们这样急迫。禹、稷、颜回如果互换位置，他们的做法都会是一样的。有同屋的人在争斗，即使披散着头发就戴上帽子去救，也是可以的。乡里的邻居在争斗，披散着头发就戴帽子去救就是糊涂了，即使关起门来都没有关系。”

　　这一章说“禹、稷、颜回同道”。尽管禹、稷为救百姓于苦难三过家门而不入，颜回居陋巷，处贫困，不改其乐，他们的行为不同，但他们的道都是一致的。禹、稷和颜回做法所以不同，是因为所处的时代、地位不同。如果把时代、地位调换过来，他们的做法都会是一样的，“易地则皆然”。可与8.1章参读。

　　8.30　公都子曰：“匡章，通国皆称不孝焉。夫子与之游，又从而礼貌之，敢问何也？”

　　孟子曰：“世俗所谓不孝者五：惰其四支，不顾父母之养，一不孝也；博弈好饮酒，不顾父母之养，二不孝也；好货财，私妻子，不顾父母之养，三不孝也；从①耳目之欲，以为父母戮②，四不孝也；好勇斗很③，以危父母，五不孝也。章子有一于是乎？夫章子，子父责善而不相遇④也。责善，朋友之道也；父子责善，贼恩之大者。夫章子岂不欲有夫妻子母之属哉？为得罪于父，不得近。出妻屏⑤子，终身不养焉。其设心以为不若是，是则罪之大者，是则章子已矣。"

【注释】

①从：同"纵"。　②以为父母戮：使父母受到羞辱。以为，"以"与"为"相配合变成使动词，"使"的意思。戮，羞辱。③很：同"狠"。　④责善而不相遇：遇，合。章子父子责善不相合的事，在《战国策·齐策一》"秦假道韩魏以攻齐"章有记载。杨伯峻《孟子译注》注释中有引述。　⑤屏：屏退、疏远。

【大意】

公都子说："匡章这个人，举国上下都说他不孝，夫子却和他来往，又还礼待他，请问是什么道理呢？"

孟子说："一般人所说的不孝的行为有五种：四肢懒惰，不管父母的生活，一不孝；好下棋喝酒，不管父母的生活，二不孝；好钱财，偏爱自己的妻室儿女，不管父母的生活，三不孝；放纵耳目之欲，使父母为此受到羞辱，四不孝；好逞勇斗殴，危及父母，五不孝。章子有一种这样的行为吗？章子是儿子、父亲之间以求善相责备而意见不合。以求善相责备是朋友相处之道；父子之间互相以求善相责备是最伤感情的事。章子难道不想有夫妻、母子同处这样的关系吗？只因为得罪了父亲，不能和他亲近，因此离弃了妻子，疏远了子女，终身不要他们奉养。他的用心，认为不这样做罪过更大，章子也只能这样做了。"

此章指出不孝的五种表现，至今仍有现实意义。

8.31　曾子居武城①，有越寇②。或曰："寇至，盍去诸？"曰："无寓③人于我室，毁伤其薪木。"寇退，则曰："修我墙屋，我将反。"寇退，曾子反。左右曰："待先生如此其忠且敬也，寇至则先去以为民望④，寇退则反，殆于⑤不可。"沈犹行⑥曰："是非汝所知也。昔沈犹有负刍之祸⑦，从先生者七十人，未有与焉。"

子思居于卫，有齐寇。或曰："寇至，盍去诸？"子思曰："如伋去，君谁与守？"

孟子曰："曾子、子思同道。曾子，师也，父兄也；子思，臣也，微也。曾子、子思易地则皆然。"

【注释】

①武城：鲁国的城邑名，在今山东费城西南。　②越寇：越灭吴以后，其疆土与鲁相邻接，故能直接入侵鲁国。　③寓：寄。　④以为民望：使百姓瞻望而效之。　⑤殆于：恐怕。⑥沈犹行：姓沈犹，名行，曾子弟子。　⑦有负刍之祸：一说负刍

是人名;一说是作乱者;一说是指背草的人。

【大意】

曾子住在武城,有越国人入侵。有人说:"敌寇来了,何不离开这儿呢?"曾子说:"不要让别人住在我的屋子里,毁坏那些树木。"敌人退了,曾子说:"把我的房子修好,我就要回去了。"敌人退走,曾子就回来了。他身边的人说:"他们对待先生是那样忠诚、恭敬,敌寇来了,先生就带头离去,给百姓做了个坏榜样;敌寇一退走,先生就回来了,恐怕不可以吧。"沈犹行说:"这不是你们所知道的。过去先生住在我那儿,有个叫负刍的人作乱,跟随先生的七十个人,没有一个留下和先生在一起。"

子思住在卫国,有齐国人入侵。有人说:"敌寇来了,何不离开这儿?"子思说:"如果我离开了,国君和谁一起防守呢?"

孟子说:"曾子、子思遵循的是一个道理。曾子是老师,是长辈;子思是卫国的臣子,是下属。曾子、子思如果互换位置,也都会这样做的。"

敌寇来犯,面临危难的情况下,曾子和子思一去一留,采取了不同的做法。他们所遵循的准则是一致的,但因各自所处的地位不同而做法不同。原则要坚守,具体的处置要因时因地制宜。

8.32　储子①曰:"王使人瞷②夫子,果有以异于人乎?"孟子曰:"何以异于人哉?尧、舜与人同耳。"

【注释】

①储子:齐人。　②瞷(jiàn):窥视、观察。

【大意】

储子说:"王派人来观察夫子,真有不同于别人的地方吗?"

孟子说:"有什么不同于别人的呢?尧、舜同一般人也是一样的。"

"尧、舜与人同"是说人有共同的本性,所以从人的本性上讲,尧、舜与普通人是一样的。从这一观点来看圣人,圣人和普通人是平等的,不是高不可及的。这一思想鼓励人们通过自己的努力,不断提升自己的道德境界,对于中华民族的文化和道德发展有深远的影响。

基督教信仰的上帝,是高高在上、不可企及的全知全能的化身,是神。中国儒家尊崇的圣人则是与人平等的,和普通人一样的人,不是神。这是中西文化的一大不同,很值得注意。

8.33 齐人有一妻一妾而处室者，其良人①出，则必餍酒肉而后反。其妻问所与饮食者，则尽富贵也。其妻告其妾曰："良人出，则必餍酒肉而后反；问其与饮食者，尽富贵也，而未尝有显者来，吾将瞷良人之所之也。"

蚤②起，施③从良人之所之。遍国④中无与立谈者。卒之东郭墦⑤间，之祭者，乞其余；不足，又顾而之他，此其为餍足之道也。

其妻归，告其妾曰："良人者，所仰望⑥而终身也，今若此。"与其妾讪⑦其良人，而相泣于中庭⑧。而良人未之知也，施施⑨从外来，骄其妻妾。

由君子观之，则人之所以求富贵利达者，其妻妾不羞也，而不相泣者，几希矣。

【注释】

①良人：丈夫。　②蚤：通"早"。　③施：古"斜"字。一说，逶迤，为了不让良人发觉。　④国：此指城。　⑤墦：坟墓。⑥仰望：仰赖、指望。　⑦讪：羞愧，或说怨恨责骂。　⑧相：相与，共同。中庭：堂阶前。　⑨施施：喜悦自得之貌。

【大意】

齐国有一个有一妻一妾的家庭，丈夫每次外出一定吃饱了酒肉才回来。妻子问他一同吃喝的人，则都是富贵人家。妻子告诉妾说："丈夫出去就一定吃饱了酒肉才回来，问他一同吃喝的人，都是富贵人家，但从来没有显贵的人到家里来过，我要暗中看看丈夫都到些什么地方去了。"

一早起来，她悄悄地跟着丈夫出去。走遍全城，没有一个人站下来和他说话。最后他到了东郊的墓地，又到上坟的人那里，乞讨剩余的供品；不够吃，又四处张望，跑到别人那里乞讨，这就是他吃饱喝足的方法。

妻子回来告诉了妾，说："丈夫是我们指望依靠他过一辈子的人，现在竟是这个样子。"与妾一起又羞愧、又怨恨，骂她们的丈夫，在堂前相对哭泣。她们的丈夫还不知道，洋洋自得地从外面回来，向自己的妻妾炫耀。

由君子看来，人们用来求取富贵腾达的手段，能使他们的妻妾不感到羞愧、不相对哭泣的，是很少的。

为谋取酒肉饭菜，到墓地乞讨供品，尽弃做人的尊严，又还不知羞耻，向妻妾炫耀。孟子以此批评当时一班追求富贵之人，所作所为使妻妾也蒙羞哭泣，是可耻至极。今之不择手段谋求富贵，又道貌岸然，大言不惭者，岂不有过之而无不及？

万章上

凡九章

9.1　万章问曰："舜往于田①，号泣于旻天②，何为其号泣也？"

孟子曰："怨慕③也。"

万章曰："'父母爱之，喜而不忘；父母恶之，劳而不怨'④，然则舜怨乎？"

曰："长息问于公明高曰⑤：'舜往于田，则吾既得闻命矣；号泣于旻天，于父母，则吾不知也。'公明高曰：'是非尔所知也。'夫公明高以孝子之心，为不若是恝⑥，我竭力耕田，共⑦为子职而已矣，父母之不我爱，于我何哉⑧？帝使其子九男二女⑨，百官牛羊仓廪备，以事舜于畎亩⑩之中。天下之士多就之者，帝将胥⑪天下而迁之焉。为不顺于父母，如穷人无所归。天下之士悦之，人之所欲也，而不足以解忧；好色，人之所欲，妻帝之二女，而不足以解忧；富，人之所欲，富有天下，而不足以解忧；贵，人之所欲，贵为天子，而不足以解忧。人悦之、好色、富贵，无足以解忧者，惟顺于父母可以解忧。人少，则慕父母；知好色，则慕少艾⑫；有妻子，则慕妻子；仕则慕君，不得于君则热中⑬。大孝终身慕父母。五十⑭而慕者，予于大舜见之矣。"

【注释】

①舜往于田：相传舜曾耕于历山，往于田就是到田地里去。
②号泣：古称哀哭"有言为号，无声为泣"，所谓号泣即边哭边
言。旻（mín）天：上天、苍天。　③慕：思念、依恋。　④"父母
爱之"等句：此处四句见于《礼记·祭义》《大戴礼记·曾子大孝》
等篇，是曾子所说。　⑤长息：公明高弟子。公明高：曾子弟子。
⑥怨（jiá）：无愁之貌。　⑦共：通"供"。一说通"恭"。　⑧于
我何哉：有不同解释。一说，不知自己有何罪；另一说，与我有什
么关系呢？　⑨九男二女：尧将二女嫁给舜之事见于《尚书·尧
典》，使九男事舜之事不详。　⑩畎（quǎn）亩：犹言田地。
⑪胥：皆，所有。　⑫少艾：年轻美貌之人。艾是美好的意思。
⑬热中：躁急心热而恐惧。　⑭五十：舜摄政时年五十，是说舜在
位时还恋慕母亲。

【大意】

万章问道："舜来到田地里，向苍天哭诉，他为什么要哭诉
呢？"

孟子说："因为怨恨和思慕。"

万章说："'父母爱他，高兴而不懈怠；父母嫌恶他，忧愁而
不怨恨'，那么，舜会怨恨吗？"

孟子说："长息问公明高说：'舜到田地里去，我已经听你说

过了；呼喊着父母向苍天哭诉，我就不明白了。'公明高说：'这不是你所能明白的。'公明高认为，孝子之心是不会这样无忧无愁的，我尽力耕田，尽我做儿子的职责，父母不喜爱我，我的罪在哪里呢？帝尧派他的九个儿子、两个女儿和百官，备齐了牛羊、粮食，到田野里侍奉舜，天下的士人许多都去归附他，帝尧就把整个天下交付给了他。舜却因为没能得到父母的欢心，就像穷困的人找不到归宿一样。受天下士人喜爱，是人们所追求的，却不足以解除他的忧愁；美貌的女子，是人们所追求的，娶了帝尧的两个女儿，却不足以解除他的忧愁；富有，是人们所追求的，富有至于拥有了整个天下，却不足以解除他的忧愁；尊贵，是人们所追求的，尊贵至于身为天子，却不足以解除他的忧愁。受到人们喜爱、美貌的女子、富有和尊贵，没有一项能解除忧愁，唯有得到父母的欢心才能解除忧愁。人在幼年时，思慕父母；懂得爱女子了，就思慕美丽的少女；有了妻室、子女，就思慕妻室、子女；担任了官职就思慕君主，得不到君主信任就焦急烦躁。大孝的人则终身思慕父母。到五十岁时还思慕父母的，我在大舜身上见到了。"

　　这一章和下面两章，都是讲舜。这一章讲舜对父母的孝，下两章讲他对弟弟象的悌。本章说舜的大孝，表现在他"人悦之、好色、富贵，无足以解忧者，惟顺于父母可以解忧"，把"顺于父母"看作高于一切的最高的愿望。反映他推崇孝悌的思想。《论语·学而》说"孝弟也者，其为仁之本与"，只说孝悌"为仁之本"，《孟子》则说"尧、舜之道，孝、弟而已矣"，直接说尧、舜之道就是孝悌。其中差异，值得注意。

9.2　万章问曰："《诗》①云：'娶妻如之何？必告父母。'信斯言也，宜莫如舜。舜之不告而娶，何也？"

孟子曰："告则不得娶。男女居室，人之大伦也。如告，则废人之大伦，以怼②父母，是以不告也。"

万章曰："舜之不告而娶，则吾既得闻命矣；帝之妻舜而不告，何也？"

曰："帝亦知告焉则不得妻也。"

万章曰："父母使舜完廪，捐阶③，瞽瞍焚廪。使浚井④，出⑤，从而揜⑥之。象⑦曰：'谟盖都君咸我绩⑧。牛羊父母，仓廪父母，干戈朕，琴朕，弤⑨朕，二嫂使治朕栖⑩。'象往入舜宫，舜在床琴⑪。象曰：'郁陶⑫思君尔！'忸怩⑬。舜曰：'惟兹臣庶，汝其于⑭予治。'不识舜不知象之将杀己与？"

曰："奚而⑮不知也？象忧亦忧，象喜亦喜。"

曰："然则舜伪喜者与？"

曰：“否。昔者有馈生鱼于郑子产，子产使校人⑯畜之池。校人烹之，反命曰：“始舍之圉圉⑰焉，少则洋洋⑱焉，攸然而逝⑲。’子产曰：‘得其所哉！得其所哉！’校人出，曰：‘孰谓子产智？予既烹而食之，曰，得其所哉，得其所哉。’故君子可欺以其方，难罔以非其道。彼以爱兄之道来，故诚信而喜之，奚伪焉？”

【注释】

①《诗》：此处诗句引自《诗经·齐风·南山》，相传这是首讥刺齐襄公的诗歌。　②怼（duì）：怨。　③捐阶：去掉梯子。　④浚井：淘井。　⑤出：舜从井里出来。　⑥掩：掩盖。　⑦象：舜的同父异母弟弟。　⑧谟：谋。盖：盖井。都君：对舜的称呼，舜所居住的地方三年就成为都城，所以叫舜为都君。一说，都，与。咸：皆，都是。绩：功绩。　⑨弤（dǐ）：雕弓。　⑩栖：床。　⑪在床琴：坐在床上弹琴。　⑫郁陶：思念而又郁闷不得表达。　⑬忸怩：惭愧的样子。　⑭于：此处的“于”作“为”解。　⑮奚而：如何、怎么。　⑯校人：管池沼的小吏。　⑰圉（yǔ）圉：困而未舒之貌，形容鱼刚放入水中还没有恢复的样子。　⑱洋洋：形容鱼舒缓摇尾的样子。⑲攸然而逝：自得而远去。

【大意】

万章问道:"《诗》说:'娶妻应该怎么办?一定要先禀告父母。'相信这道理的,该没人比得上舜了。可是,舜没有禀告父母就娶了妻,是什么道理呢?"

孟子说:"禀告就娶不成了。男女成亲,是人与人的重要伦常关系。如果事先禀告,就会破坏了这一重要的伦常关系,因而怨恨父母,所以就不禀告了。"

万章说:"舜没有禀告父母就娶妻,我已经听你说明白了;帝尧嫁女儿给舜,也没有告诉他父母,又是什么道理呢?"

孟子说:"帝尧也知道,先告诉了女儿就嫁不成了。"

万章说:"父母叫舜去整修谷仓,撤掉了梯子,父亲瞽瞍又放火烧谷仓。要舜去淘井,舜从井里出来了,(他父亲以为他还在井里)就堵塞了井口。弟弟象说:'设法害舜都是我的功劳。牛羊给父母,粮仓给父母,干戈归我,琴归我,雕漆的弓归我,两个嫂嫂让她们伺候我睡觉。'象走进舜的屋子,舜正坐在床上弹琴。象说:'我想你想得好苦啊!'神情带着羞愧。舜说:'我想念那些臣下和百姓,你替我来管理吧。'我不明白,舜是不知道象要杀害自己吗?"

孟子说:"怎么会不知道呢?象忧愁他也忧愁,象高兴他也高兴。"

万章说:"那么,舜的高兴是假装的吗?"

孟子说："不。从前有人送了条活鱼给子产，子产叫管池塘的人把它养在水池里。那人把鱼煮着吃了，回来报告说：'刚放到水里，它还有点蔫的样子；一会儿，就自在地甩起尾巴，活动起来，悠然自得地游走了。'子产说：'找到该去的地方了，找到该去的地方了！'那人退出来，说：'谁说子产聪明？我已经把鱼煮着吃了，他却说，找到该去的地方了，找到该去的地方了！'这是说对君子能用合乎情理的方法欺骗他，却不能用不合常理的手段诓骗他。象用爱兄长的姿态来见舜，所以舜真诚地相信而感到高兴，哪里是假装的呢？"

本章说到两点。一是舜不告而娶。孟子解释说，这是因为告了就娶不成了，而婚姻大事又不可耽误。这是"权"的表现，可与7.26章参读。二是孟子对象的态度是不是假装的。孟子解释说，舜的态度是他真情的表现，象用对待兄长的姿态来见舜，舜也就相信他，并不是假装。《论语·宪问》中"不逆诈，不亿不信，抑亦先觉者，是贤乎"是待人的原则，可以参读。

9.3　万章问曰："象日以杀舜为事，立为天子，则放①之，何也？"

孟子曰："封之也，或曰放焉。"

万章曰："舜流共工于幽州②，放驩兜于崇山③，杀三苗于三危④，殛鲧于羽山⑤，四罪而天下咸服，诛不仁也。象至不仁，封之有庳⑥。有庳之人奚罪焉？仁人固如是乎？在他人则诛之，在弟则封之。"

曰："仁人之于弟也，不藏怒焉，不宿怨焉，亲爱之而已矣。亲之，欲其贵也；爱之，欲其富也。封之有庳，富贵之也。身为天子，弟为匹夫，可谓亲爱之乎？"

"敢问或曰放者，何谓也？"

曰："象不得有为于其国，天子使吏治其国，而纳其贡税焉，故谓之放。岂得暴彼民哉？虽然，欲常常而见之。故源源而来。'不及贡，以政接于有庳⑦'，此之谓也。"

【注释】

①放：放逐。　②共工：水官名。幽州：指北方边远的地方。③驩兜：即尧的儿子丹朱。一说，他是尧臣，因朋比共工为恶而被放逐。崇山：指南方的边远之地。　④三苗：一说为古国名，一说是指远古三凶（浑敦、穷奇、饕餮）的后裔。三危：指西方的边远之地。　⑤殛：诛杀。一说"殛"通"极"，亦放逐之意。鲧：禹的父亲。相传他因治水无功而获罪。羽山：指东方的边远之地。⑥有庳（bì）：地名，旧说在今河南道县之北。　⑦不及贡，以政

接于有庳：不等到诸侯朝贡之期，就以政事为由接见有庳之君。

【大意】

万章问道："象每天都做着谋害舜的事，舜即位做了天子只是放逐他，是什么道理呢？"

孟子说："舜是封了他，有的人说是放逐。"

万章说："舜把共工流放到幽州，把驩兜放逐到崇山，把三苗驱赶到三危，把鲧诛杀在羽山，惩罚了这四个罪人，天下都归服了，因为这是惩处了不仁的缘故。象是最不仁的，却把他封在有庳，有庳的人有什么过错呢？仁人就应该是这样的吗？别人有罪就惩处，弟弟有罪就封给土地。"

孟子说："仁人对于弟弟，有忿怒、怨恨不留在心中，只是亲近爱护他罢了。亲近他，就是要使他显贵；爱护他，就是要使他富有。把他封在有庳，就是使他显贵富有。自己做了天子，弟弟却还是普通老百姓，能说是亲近爱护他吗？"

万章说："请问，有人说是放逐，指什么呢？"

孟子说："象不能管理他的国事，天子派了官吏去治理国事，收取百姓的贡税，所以称为放逐。怎么能让象暴虐他的百姓呢？即使如此，舜希望常常见到他，所以象不断地来朝见。记载说'不等到规定朝贡的时候，就以政事的名义接见有庳的君长'，就是指这件事。"

以上三章说尧、舜的孝悌，反映孟子对孝悌的推崇。孟子把尧、舜之道归结为孝悌，12.2章说"尧、舜之道，孝、弟而已矣"是概括的结论，这三章是具体的说明。本章讲封象于有庳的事，其中说"仁人之于弟也，不藏怒焉，不宿怨焉，亲爱之而已矣。亲之，欲其贵也；爱之，欲其富也。封之有庳，富贵之也。身为天子，弟为匹夫，可谓亲爱之乎？"对亲人的亲爱，就表现在使他富贵上，这是反映宗法制度家族关系的观念。而为了不让象危害百姓，舜又派官员去主持政事，限制象的权力，则是一种弥补的措施。

现实生活中，"亲之，欲其贵也；爱之，欲其富也"，"身为天子，弟为匹夫，可谓亲爱之乎？"这些思想的影响仍然存在，而且成为腐败的温床。对此应有警惕，并予以清除。

9.4　咸丘蒙①问曰："语云：'盛德之士，君不得而臣，父不得而子。'舜南面②而立，尧帅诸侯北面而朝之，瞽瞍亦北面而朝之。舜见瞽瞍，其容有蹙③。孔子曰：'于斯时也，天下殆哉，岌岌④乎！'不识此语诚然乎哉？"

孟子曰："否，此非君子之言，齐东野人之语也。尧老而舜摄也。《尧典》曰：'二十有八载，放勋乃徂落⑤，百姓如丧考妣⑥，三年，四海遏密八音⑦。'孔子曰：'天无二日，民无二王。'舜既为天子矣，又帅天下诸侯以为尧三年丧，是二天子矣。"

咸丘蒙曰："舜之不臣尧，则吾既得闻命矣。《诗》⑧云：'普天之下，莫非王土；率土之滨⑨，莫非王臣。'而舜既为天子矣，敢问瞽瞍之非臣，如何？"

曰："是诗也，非是之谓也；劳于王事而不得养父母也。曰：'此莫非王事，我独贤劳⑩也。'故说《诗》者，不以文害辞⑪，不以辞害志。以意逆⑫志，是为得之。如以辞而已矣。《云汉》⑬之诗曰'周余黎民，靡有孑⑭遗'，信斯言也，是周无遗民也。孝子之至，莫大乎尊亲；尊亲之至，莫大乎以天下养。为天子父，尊之至也；以天下养，养之至也。《诗》⑮曰'永⑯言孝思，孝思维则'，此之谓也。《书》⑰曰'祗载见瞽瞍⑱，夔夔齐栗⑲，瞽瞍亦允若⑳'，是为父不得而子也。"

【注释】

①咸丘蒙：孟子弟子。　②南面：面向南。下文北面即面向北。　③蹙（cù）：不安的样子。　④岌岌：危险貌。　⑤徂落：死。徂，升。落，降。古人认为人死则魂升而魄降，所以称死为徂落。　⑥百姓：指各姓的贵族。考妣：父死为考，母死为妣。

⑦遏：止。密：无声。　⑧《诗》：此处诗句引自《诗经·小雅·北山》。相传这是首讥刺周幽王的诗歌。　⑨率土之滨：犹今言四海之内。率，循。　⑩贤劳：以贤才而劳苦。　⑪文：字。辞：词语。　⑫逆：推求、揣测。　⑬《云汉》：《诗经·大雅》篇名，相传这是首赞美周宣王的诗歌。　⑭子（jié）：遗。⑮《诗》：此处诗句引自《诗经·大雅·下武》。这是首赞美周武王的诗歌。　⑯永：长。　⑰《书》：此处引文出自《尚书》逸篇。伪古文《尚书》将其辑入《大禹谟》。　⑱祗：敬。载：事。⑲夔夔齐栗：敬谨恐惧之貌。　⑳允：信。若：顺。

【大意】

咸丘蒙问道："俗话说：'道德崇高的人，君主不能把他作为臣属，父亲不能把他作为儿子。'舜面南就天子之位，尧带领诸侯面北朝见他，他的父亲瞽瞍也面北朝见他。舜见到瞽瞍，神情局促不安。孔子说：'在那个时候，天下岌岌可危呀！'不知道这话确实如此吗？"

孟子说："不，这不是君子的话，是齐国东郊民间的话。舜是在尧年老的时候代理天下的。《尧典》说：'过了二十八年，尧便去世，群臣就像死了父母一样，服丧三年，停止了一切音乐，听不到一点乐声。'孔子说：'天上没有两个太阳，百姓没有两位天子。'舜如果已经做了天子，又带领天下的诸侯为尧服丧三年，就是同时有两位天子了。"

咸丘蒙说:"舜不以尧为臣,我已经听你说明白了。《诗经》说:'遍天下没有一处不是天子的土地,遍地上没有一个不是天子的臣民。'舜已经做了天子,请问瞽瞍却不是臣民,是怎么回事?"

孟子说:"这首诗说的不是这个意思,是说为国事操劳而不能奉养父母,意思是说'这些事没有一件不是天子的事务,为什么只有我才这样劳苦呢?'所以,解说《诗经》的人,不要拘泥于文字而误解词句,不要拘泥于词句而误解意义;要用自己的心意去推寻诗的本意,这就对了。如果只看词句,《云汉》的诗篇说'周朝余下的百姓,没有留下一个',相信这句话,周就没有留下来的百姓民众了。孝子的极致,没有比尊敬父母更大的;尊敬父母的极致,没有比以天下来奉养更大的。做天子的父亲,是尊贵的极点;以天下来奉养,是奉养的极点。《诗经》说'永远尽孝道,孝道是法则',就是这个意思。《尚书》说'舜恭敬地去见瞽瞍,战战兢兢,因而瞽瞍也诚实顺理而行',这就是父亲不能把他当儿子。"

孟子否定"盛德之士,君不得而臣,父不得而子"的说法,他说做天子的父亲是尊贵的极点。舜当天子之后,仍然尊敬、奉养瞽瞍,是孝的极致。由此可见,孟子把孝看得

高于君臣之礼，是在任何条件下都必须遵行的最高的道德
要求。

孟子还讲到对《诗经》的理解应首先注重大义，不能
拘泥于文字而误解《诗经》的真正含义。孟子对学《诗经》
的这一见解，值得重视，这也是读其他经典时应注意的
问题。

9.5　万章曰："尧以天下与舜，有诸？"

孟子曰："否，天子不能以天下与人。"

"然则舜有天下也，孰与之？"

曰："天与之。"

"天与之者，谆谆①然命之乎？"

曰："否。天不言，以行与事示之而已矣。"

曰："以行与事示之者，如之何？"

曰："天子能荐人于天，不能使天与之天下；诸侯
能荐人于天子，不能使天子与之诸侯；大夫能荐人于诸
侯，不能使诸侯与之大夫。昔者尧荐舜于天而天受之，
暴②之于民而民受之，故曰：天不言，以行与事示之而
已矣。"

曰："敢问荐之于天而天受之，暴之于民而民受之，
如何？"

曰：“使之主祭而百神享之，是天受之；使之主事而事治，百姓安之，是民受之也。天与之，人与之，故曰天子不能以天下与人。舜相尧二十有八载，非人之所能为也，天也。尧崩，三年之丧毕，舜避尧之子于南河③之南，天下诸侯朝觐者，不之尧之子而之舜；讼狱者，不之尧之子而之舜；讴歌者，不讴歌尧之子而讴歌舜，故曰天也。夫然后之中国④，践天子位焉。而居尧之宫，逼尧之子，是篡也，非天与也。《太誓》曰：‘天视自我民视⑤，天听自我民听’，此之谓也。”

【注释】

①谆谆：教诲不倦的样子。　②暴（pù）：暴露、显露。
③南河：尧的都城在黄河北，所以称黄河为南河。　④中国：指国都。帝王的都城在国的中央，所以称国都为中国。　⑤“天视自我民视”两句：这两句见于梅赜伪古文《尚书》。自，从。是说天的视听来自于民。

【大意】

万章说：“尧把天下给了舜，有这回事吗？”

孟子说：“不，天子不能把天下给别人。”

万章说：“那么舜得到天下，是谁给他的呢？”

孟子说:"天给他的。"

万章说:"天给他,是反复叮咛地要他接受的吗?"

孟子说:"不,天不说话,只是用行为和事情来表示而已。"

万章说:"用行为和事情来表示,是怎样的呢?"

孟子说:"天子能向天推荐人,不能要天把天下给他;诸侯能向天子推荐人,不能要天子给他诸侯的爵位;大夫能向诸侯推荐人,不能要诸侯给他大夫的职位。从前尧把舜推荐给天,天接受了;向百姓公示,百姓接受了,所以说,天不说话,只是用行为和事情来表示而已。"

万章说:"请问,向天推荐天接受了,向百姓公示百姓接受了,是怎么回事呢?"

孟子说:"让舜主持祭祀,所有神明都来享用,就是天接受了;让舜主持政事,政事治理得很好,百姓满意,就是百姓接受了。是天给他,百姓给他的,所以说天子不能把天下给人。舜辅佐尧二十八年,不是人的意志所能决定的,而是天意。尧去世了,三年服丧结束之后,舜为了让尧的儿子继承天下,躲到了南河以南。天下的诸侯来朝见天子的,不到尧的儿子那里去而到舜这里来;打官司的,不到尧的儿子那里而到舜这里来;歌颂的人,不歌颂尧的儿子而歌颂舜。所以说这是天意。这样,舜才来到国都,登上天子之位。如果住进尧的宫室,逼迫尧的儿子,就是篡夺,不是天给的了。《太誓》说'天所见,来自我百姓所见;天所听，来自我百姓所听'，就是这个意思。"

孟子通过讲尧、舜禅让阐述"天视自我民视，天听自我民听"的思想。孟子认为，不是尧把天下给了舜，而是天给的舜。天子只能向天推荐继承人，不能把天下给人。而"天视自我民视，天听自我民听"，天是依据百姓的意愿而决定把天下授予舜。在这个说明里，天仍然是最高的决定一切的力量，但说天是依据民的愿望做决定，在一定程度上也反映了民本思想。

9.6　万章问曰："人有言，'至于禹而德衰，不传于贤而传于子'。有诸？"

孟子曰："否，不然也。天与贤则与贤，天与子则与子。昔者舜荐禹于天，十有七年，舜崩。三年之丧毕，禹避舜之子于阳城①。天下之民从之，若尧崩之后，不从尧之子而从舜也。禹荐益于天，七年，禹崩，三年之丧毕，益避禹之子于箕山之阴②。朝觐、讼狱者不之益而之启③，曰'吾君之子也'。讴歌者不讴歌益而讴歌启，曰'吾君之子也'。丹朱④之不肖，舜之子亦不肖。舜之相尧，禹之相舜也，历年多，施泽于民久。启贤，能敬承继禹之道。益之相禹也，历年少，施泽于民未久。舜、禹、益相去久远，其子之贤、不肖，皆天也，非人之所能为也。莫之为而为者，天也；莫之致而至者，命也。匹夫而有天下者，德必若舜、禹，而又有天子荐之者，故仲尼不有天下。继世以有天下，天之所废必若桀、纣者也，故益、伊尹、周公不有天下。伊尹相汤以王于天下。汤崩，太丁未立，外丙二年，仲壬四年。太甲颠覆汤之典刑，伊尹放之于桐⑤。三年，太甲悔过，自怨自艾⑥，于桐处仁迁义；三年，以听伊尹之训己也，复归于亳⑦。周公之不有天下，犹益之于夏，伊尹之于殷也。孔子曰：'唐、虞禅，夏后、殷、周继，其义一也。'"

【注释】

①阳城：山名，在今河南登封以北。　②箕山：在今河南登封东南。阴：古称山南为阳、山北为阴。　③启：禹的儿子。④丹朱：尧之子，名朱，后封于丹，故名丹朱。　⑤桐：位处当时商国都偃师的西南方。　⑥艾：尽、停止、完结。　⑦亳（bó）：在今河南偃师西。

【大意】

万章问道："人们说，'到禹的时候道德就衰败了，天下不传给贤人而传给儿子'。有这回事吗？"

孟子说:"不对,不是这样的。天给贤人就给贤人,天给儿子就给儿子。那时候舜把禹推荐给天,过了十七年,舜去世了,三年丧期结束,禹为了让舜的儿子继承天子位,躲到阳城。天下的百姓跟随他,就像尧去世后不跟随尧的儿子而跟随舜一样。禹把益推荐给天,过了七年,禹去世了。三年丧期结束,为了让禹的儿子继承天子位,益躲到箕山的北面。朝见、打官司的人不到益那里而到启那里去,说'他是我们君主的儿子';歌颂的人不歌颂益而歌颂启,说'他是我们君主的儿子'。尧的儿子丹朱品行不好,舜的儿子品行也不好,舜辅佐尧、禹辅佐舜年头多,给百姓带来恩惠的时间很长。启很贤明,能认真地继承禹的德行。益辅佐禹的年头短,给百姓恩惠的时间不长。舜、禹、益相隔时间的长短、他们儿子的好或不好,是天意,不是人力所能决定的。没有去做却做到了,这是天;没有去追求却得到了,这是命。平民而能够拥有天下的,他的道德一定要像舜、禹一样,而且还要有天子推荐他,所以孔子没有拥有天下。继承祖先而拥有天下的,天所废弃的一定要是像桀、纣那样的人,所以益、伊尹、周公没有拥有天下。伊尹辅佐成汤称王天下,成汤去世了,太丁还没继位就死了,外丙在位二年,仲壬在位四年。太甲破坏了成汤的法度,伊尹把他放逐到桐邑。过了三年,太甲悔过了,自己怨恨,自己改正,就在桐邑以仁义要求和改变自己,听从伊尹对自己的教诲,三年后重新回到了亳都。周公没有拥有天下,正像益在夏代、伊尹在殷代一样。孔子说：‘唐尧虞舜禅让，夏、殷、周三代继承，道理是一样的。’”

　　这一章谈对夏商周废弃禅让，实行继承的认识。一方面，突出“天与之”和“天视自我民视，天听自我民听”的思想；另一方面，说“唐、虞禅，夏后、殷、周继，其义一也”，否定了禅让的意义。很值得注意。

　　9.7　万章问曰：“人有言‘伊尹以割烹要汤①’，有诸？”

　　孟子曰：“否，不然。伊尹耕于有莘②之野，而乐尧、舜之道焉。非其义也，非其道也，禄之以天下，弗顾也；系马千驷，弗视也。非其义也，非其道也，一介③不以与人，一介不以取诸人。汤使人以币④聘之，嚣嚣然⑤曰：‘我何以汤之聘币为哉？我岂若处畎亩之中，由是以乐尧、舜之道哉？’汤三使往聘之，既而幡⑥然改曰：‘与⑦我处畎亩之中，由是以乐尧、舜之道，吾岂若使是君为尧、舜之君哉？吾岂若使是民为尧、舜之民哉？吾岂若于吾身亲见之哉？天之生此民也，使先知觉后知，使先觉觉后觉也。予，天民之先觉者也；予将以斯道觉斯民也。非予觉之，而谁也？'思天下之民匹夫匹妇有不被尧、舜之泽者，若己推而内⑧之沟中。其自任以天下之重如此，故就汤而说⑨之以伐夏救民。吾未闻枉己而正人者也，况辱己以正天下者乎？圣人之行不同也，或远或近，或去或不去，归洁其身而已矣。吾闻其以尧、舜之道要汤，未闻以割烹也。《伊训》⑩曰：'天诛造攻自牧宫⑪，朕载⑫自亳。'"

【注释】

①以割烹要汤：有记载说，伊尹曾自任厨师，通过烹饪接近汤，得到汤的任用。　②有莘（shēn）：古称国名常在前加"有"，当时的莘国约在今河南开封东南，一说在今山东曹县以北。　③介：通"芥"，细小之意。　④币：本义是帛，生丝绸。后因常用帛作礼物，所以也以币指称礼物。　⑤嚣嚣然：闲暇貌。⑥幡：通"翻"。　⑦与：与其。　⑧内：同"纳"。　⑨说：游说。　⑩《伊训》：《尚书》逸篇名。现在《尚书》中的《伊训》是伪古文。　⑪造：始。牧宫：桀宫。　⑫载：始。

【大意】

万章问道："人们说'伊尹自己当厨师，切肉、烹饪来邀结成汤'，有这回事吗？"

孟子说："不，不是这样的。伊尹在莘国的郊野种地，而喜欢尧、舜之道。不合于义，不合于道，把整个天下给他作俸禄，他都不回头看一眼；四千匹马系在那里，他看都不看。不合于义，不合于道，一点点东西都不给别人，也不从别人那里拿一点点东西。成汤派人带了礼物聘请他，他悠闲自得地说：‘我要成汤的聘礼干什么呢，还不如住在这田野中，就这样欣赏尧、舜之道呢。’成汤三次派人去聘请他，他完全改过了态度说：‘我与其住在这田野中，这样欣赏尧、舜之道，还不如使现在的君主成为尧、舜那样的君主，使现在的百姓成为尧、舜治下的百姓；还不如让我亲眼见到这些呢！天生育百姓，是让先知先觉的人去启发后知后觉的人。我是百姓中的先觉者，我要用尧、舜的大道来启发百姓。不是我去启发他们，又有谁呢？’他觉得，天下的百姓如果有一位男子或一位妇女没有受到尧、舜的恩泽，就像是自己把他推到沟里去的一样，他把天下人的疾苦当作自己的责任，是看得如此之重呀。所以到了成汤那里，就用讨伐夏桀、拯救民众的道理去说服汤。我没有听说过扭曲自己的人能使别人走正道的，更何况先屈辱自己却要使天下走上正道呢？圣人的行为是不同的，或疏远君主，或接近君主，或离去或不离去，归根结底是洁净自身罢了。我只听说伊尹用尧、舜之道来邀结成汤，没听说过是用切肉、烹饪。《伊训》说：‘上天的讨伐由夏桀自己在宫中造成，我是从亳都开始的。’”

孟子赞扬伊尹"思天下之民匹夫匹妇有不被尧、舜之泽者，若己推而内之沟中。其自任以天下之重如此"。"以天下为己任"，是中华文化推崇的理想人格追求，中华民族民族精神的重要内容。10.1章有同样的词句，可参读。

9.8　万章问曰："或谓孔子于卫主痈疽①，于齐主侍人瘠环②，有诸乎？"

孟子曰："否，不然也。好事者为之也。于卫主颜雠由③。弥子④之妻与子路之妻，兄弟也。弥子谓子路曰：'孔子主我，卫卿可得也。'子路以告。孔子曰：'有命。'孔子进以礼，退以义，得之不得曰'有命'，而主痈疽与侍人瘠环，是无义无命也。孔子不悦于鲁、卫，遭宋桓司马将要而杀之⑤，微服⑥而过宋。是时孔子当厄，主司城贞子⑦，为陈侯周⑧臣。吾闻观近臣⑨，以其所为主；观远臣⑩，以其所主。若孔子主痈疽与侍人瘠环，何以为孔子？"

【注释】

①主：指住在他家，以之为主人。痈疽（yōng jū）：指卫君的亲信，一个治痈疽的医生。　②侍人：即后来所谓的宦官。瘠环：名环，齐君所亲近之人。　③颜雠由：卫国的贤大夫。

④弥子：卫灵公的宠臣弥子瑕。　⑤遭宋桓司马将要而杀之：《史记·孔子世家》云："孔子去曹适宋，与弟子习礼大树下，宋司马桓魋欲杀孔子，拔其树，孔子去。"《论语·述而》中也提到此事。　⑥微服：指改变日常服装以避人耳目。微，隐蔽。　⑦司城贞子：据《史记·孔子世家》，此人是陈国人。　⑧陈侯周：名周的陈国国君。⑨近臣：在朝之臣。　⑩远臣：从远方来的臣子。

【大意】

万章问道："有人说，孔子在卫国寄居在一个治痈疽的医生家里，在齐国寄居在近侍瘠环家里，有这回事吗？"

孟子说："不，不是这样的，这是好事之徒编造的。孔子在卫国寄居在颜雠由家，弥子瑕的妻子和子路的妻子是姊妹，弥子瑕对子路说：'孔子要是住到我家，就能当上卫国的国卿。'子路把这话告诉了孔子。孔子说：'这要由命决定。'孔子据礼而进，依义而退，对于能不能得到官位，说'要由命决定'；而寄居到痈疽医生和近侍瘠环的家里，那就无义无命了。孔子在鲁国、卫国不得志，还遇上宋国的司马桓魋要拦截杀死他，只得改变服装经过宋国离开。当时孔子处境困难，寄居在司城贞子家中，在陈国国君周那里做了臣子。我听说，观察在朝的臣子，要看他所接待的宾客；观察外来的臣子，要看他寄居的主人。如果孔子寄居到痈疽医生和近侍瘠环家中，还怎么叫孔子呢？"

本章主旨是说寄居旁人家，要以礼、义为标准，有所选择，不可为了谋取官位而到奸佞小人家中寄居。孟子提出"观近臣，以其所为主；观远臣，以其所主"，看在位的近臣接纳什么人入住，不在位的远臣入住什么人家，是考查一个人品德的重要方面。

9.9　万章问曰："或曰：'百里奚①自鬻于秦养牲者五羊之皮，食牛②，以要秦穆公。'信乎？"

孟子曰："否，不然。好事者为之也。百里奚，虞③人也。晋人以垂棘之璧与屈产之乘假道于虞以伐虢④。宫之奇⑤谏，百里奚不谏。知虞公之不可谏而去，之秦，年已七十矣，曾⑥不知以食牛干秦穆公之为污也，可谓智乎？不可谏而不谏，可谓不智乎？知虞公之将亡而先去之，不可谓不智也。时举于秦，知穆公之可与有行⑦也而相之，可谓不智乎？相秦而显其君于天下，可传于后世，不贤而能之乎？自鬻以成其君，乡党自好者不为，而谓贤者为之乎？"

【注释】

①百里奚：春秋时人，原为虞国大夫，虞灭后被转卖到楚国，秦穆公听说他有贤才，遂以五张羊皮的代价将其赎出，任命他为

大夫。后来，秦穆公在他的辅佐下成就了霸业。此事《史记》有记载。杨伯峻《孟子译注》注有转述。　②食(sì)牛：喂养牛。③虞：周初所封诸侯国名。故地在今山西平陆。　④垂棘：美玉所出地名。璧：用玉制作的礼器。屈产之乘：屈地所生之良马。晋以璧和良马向虞借路伐虢在公元前658年。　⑤宫之奇：虞臣，他进谏虞君之事载于《左传》的僖公二年与五年。　⑥曾：乃、竟。⑦有行：犹言有所作为。

【大意】

万章问道："有人说，百里奚以五张羊皮的价格把自己卖给秦国养牲畜的人，通过养牛来邀结秦穆公。确实吗？"

孟子说："不，不是这样的，这是好事之徒编造的。百里奚是虞国人，晋人用垂棘的美玉和屈地的良马向虞国借路去攻打虢国，宫之奇劝谏国君不要同意，百里奚不劝谏。他知道虞君不可劝谏，离开了虞国，到秦国时年已七十了。他竟不知道以养牛来邀结秦穆公是一种卑下的行为，能说是智吗？知道不可劝谏而不劝谏，能说是不智吗？预见到虞君将要覆亡而提前离去，不能说是不智。当他被秦国举用时，知道秦穆公是可以与之有所作为的而辅佐他，能说是不智吗？辅佐秦国而使他的国君扬名天下，能流传于后世，不贤明能做到吗？以出卖自身来成全国君，乡里中洁身自好的人都不干，难道说贤者会这样做吗？"

本章孟子为百里奚辩诬。具体情况已经无法了解，孟子依据可知的表现，反复推论，驳斥了对百里奚的诬陷不实之词，表现出孟子的辩才。在没有受到任用之前，百里奚为他人养牛不足为怪。而一班好事之徒以自己不正之心去看，就以为百里奚是为了谋取官位而卖身养牛，以致黑白混淆，是非颠倒。这样的事，今天也有，不可不辩。

万章下

凡九章

10.1　孟子曰：“伯夷，目不视恶色，耳不听恶声。非其君不事，非其民不使。治则进，乱则退。横①政之所出，横民之所止，不忍居也。思与乡人处，如以朝衣朝冠坐于涂炭也。当纣之时，居北海之滨以待天下之清也。故闻伯夷之风者，顽夫②廉，懦夫有立志。

“伊尹曰：‘何事非君？何使非民？’治亦进，乱亦进。曰：‘天之生斯民也，使先知觉后知，使先觉觉后觉。予，天民之先觉者也；予将以此道觉此民也。’思天下之民匹夫匹妇有不与被尧、舜之泽者，若己推而内之沟中，其自任以天下之重也。

“柳下惠不羞污君，不辞小官。进不隐贤，必以其道。遗佚而不怨，厄穷而不悯。与乡人处，由由然不忍去也。‘尔为尔，我为我，虽袒裼裸裎于我侧，尔焉能浼我哉？’故闻柳下惠之风者，鄙③夫宽，薄④夫敦。

“孔子之去齐，接淅而行⑤；去鲁，曰：‘迟迟吾行也。’去父母国之道也。可以速而⑥速，可以久而久，可以处而处，可以仕而仕，孔子也。”

孟子曰：“伯夷，圣之清者也；伊尹，圣之任者也；柳下惠，圣之和者也；孔子，圣之时者也。孔子之谓集大成。集大成也者，金声而玉振之⑦也。金声也者，始条理也；玉振之也者，终条理也。始条理者，智之事也；终条理者,圣之事也。智,譬则巧也;圣,譬则力也。由^⑧射于百步之外也,其至,尔力也;其中,非尔力也。"

【注释】

①横:专横、暴虐。　②顽夫:贪婪的人。　③鄙:狭小。
④薄:浅薄。　⑤接淅而行:淘米之后来不及煮饭,用手捞起米就走。形容走得急迫。淅,淘米。　⑥而:则。　⑦金声而玉振之:指奏乐时以钟声起音而以磬声收尾。　⑧由:通"犹"。

【大意】

孟子说:"伯夷,眼睛不看丑恶的事物,耳朵不听丑恶的声音,不合格的君主他不侍奉,不合格的百姓他不使唤,世道太平就出来做官,世道昏乱就退隐山林。施行暴政的地方,暴民所在的地方,他都不忍心居留。他认为,和横暴的人在一起,就像是穿戴着上朝的礼服坐在污泥黑炭之上。殷纣时,他居住在北海之滨,等待天下的清平。所以,听说伯夷的风范的,贪婪的人变得廉洁,懦弱的人也有了自立的志向。

"伊尹说过:'什么样的君主不能侍奉?什么样的百姓不能使唤?'治世出来做官,乱世也出来做官,并且说:'上天降生这些百姓,就是要先知先觉的人使后知后觉的人觉醒。我,就是这些人中间先知先觉的人。我要用尧、舜之道帮助后知后觉的人觉醒。'他心中想，天下百姓中有一个男人或一个女人没有受到尧、舜的恩泽，就好像是自己把他们推到了山沟之中一样。他把天下人的疾苦当作自己的责任，是看得如此之重呀。

"柳下惠不以待奉卑下的君主为羞耻，不因官职卑微而不做；进身任职不隐藏自己的才干，一定按自己的原则办事；遭到遗弃而不怨恨，困于贫穷而不忧愁。他和乡里平民相处，悠然自得而不忍心离去，说：'你是你，我是我，纵然赤身裸体站在我旁边，你怎么能玷污我呢？'所以，听说柳下惠的风范的，狭隘的人变得宽容，浅薄的也厚道了。

"孔子离开齐国，不等煮饭，捞起淘好的米漉着水就上路；离开鲁国，说'我们慢慢地走吧。'这是离开祖国的态度。可以速去就速去，可以久留就久留，可以住下就住下，可以做官就做官，这就是孔子。"

孟子说："伯夷是圣人中清高的，伊尹是圣人中重责任的，柳下惠是圣人中随和的，孔子是圣人中识时务的。孔子叫作集大成。所谓集大成，就如奏乐，从敲钟起音，以击磬收尾。敲钟起音是有条理地开始，击磬收尾是有条理地结束。有条理地开始，是在于智；有条理地结束，是在于圣。智好比技艺，圣好比力气。犹如在百步之外射箭，射得到，是靠你的力气；射得中，就不是靠你的力气了。"

　　孟子分别用"清""任""和"评论伯夷、伊尹、柳下惠，说三人都有圣者之德，行事却又不同，都偏于一面，而孔子则不同于三人，"可以速而速，可以久而久，可以处而处，可以仕而仕"，是"圣之时者"，是"集大成"的。他用乐曲的金声玉振，射箭的力和巧，比喻说明圣和智的关系，说明伯夷等三人德足以成为圣者，而智则有偏，孔子的"集大成"则是圣智兼备。

　　《论语·微子》中，孔子谈到伯夷、叔齐和柳下惠等逸民的行事态度，说"我则异于是，无可无不可"，可以参读。

　　10.2　北宫锜①问曰："周室班②爵禄也，如之何？"

　　孟子曰："其详不可得闻也。诸侯恶其害己也，而皆去其籍。然而轲也，尝闻其略也。天子一位，公一位，侯一位，伯一位，子、男同一位，凡五等也。君一位，卿一位，大夫一位，上士一位，中士一位，下士一位，凡六等。天子之制，地方千里，公、侯皆方百里，伯七十里，子、男五十里，凡四等。不能③五十里，不达于天子，附于诸侯，曰附庸。天子之卿受地视④侯，大夫受地视伯，元士⑤受地视子、男。大国地方百里，君十卿禄，卿禄四大夫，大夫倍上士，上士倍中士，中士倍下士，下士与庶人在官者同禄，禄足以代其耕也。次国地方七十里，君十卿禄，卿禄三大夫，大夫倍上士，上士倍中士，中士倍下士，下士与庶人在官者同禄，禄足以代其耕也。小国地方五十里，君十卿禄，卿禄二大夫，大夫倍上士，上士倍中士，中士倍下士，下士与庶人在官者同禄，禄足以代其耕也。耕者之所获，一夫百亩。百亩之粪⑥，上农夫食九人，上次食八人，中食七人，中次食六人，下食五人。庶人在官者，其禄以是为差⑦。"

【注释】

①北官锜：卫人。 ②班：排列。 ③不能：这里是不足的意思。 ④视：比照。 ⑤元士：即上士。 ⑥粪：施肥。 ⑦差：等差。

【大意】

北宫锜问道："周王室对爵位、俸禄等级的规定，是怎样的呢？"

孟子说："详情已经无法知道了，诸侯们嫌它不利于自己，销毁了所有的文献资料。不过我曾听说过一个大概。天子一级，公一级，侯一级，伯一级，子和男同一级，一共五等。君一级，卿一级，大夫一级，上士一级，中士一级，下士一级，一共六等。天子所管辖的土地方圆千里，公、侯都是方圆百里，伯七十里，子、男五十里，一共四等。土地方圆不足五十里的，不直接隶属于天子，附属于诸侯，叫作附庸。天子的卿所受的土地比照侯，大夫所受的土地比照伯，士所受的土地比照子、男。大国的土地方圆百里，国君的俸禄十倍于卿，卿的俸禄四倍于大夫，大夫倍于上士，上士倍于中士，中士倍于下士，下士与在官府服役的平民俸禄相同，俸禄足以代替他们耕种。中等国家的土地方圆七十里，国君的俸禄十倍于卿，卿的俸禄三倍于大夫，大夫倍于上士，上士倍于中士，中士倍于下士，下士与在官府服役的平民俸禄相同，俸禄足以代替他们耕种。小国的土地方圆五十里，国君的俸禄十倍于卿，卿的俸禄二倍于大夫，大夫倍于上士，上士倍于中士，中士倍于下士，下士与在官府服役的平民俸禄相同，俸禄足以代替他们耕种。耕种者的所得，农夫每户一百亩地，百亩地经上肥耕作，上等的农夫可以供养九人，次上供养八人，中等的供养七人，次中供养六人，下等的供养五人。在官府服役的平民，他们的俸禄按这个来分等。"

从这一章所说，可以看到，在孟子所处的时代，周代关于爵位、俸禄等级方面的礼制，已经被完全破坏，连典籍都被毁，无从查考。孟子也只是凭听闻他人所说，约略说个大概。了解这一点，对于理解孟子的思想是很重要的。

10.3　万章问曰："敢问友。"

孟子曰："不挟长，不挟贵，不挟兄弟①而友。友也者，友其德也，不可以有挟也。孟献子②，百乘之家也，有友五人焉：乐正裘、牧仲，其三人则予忘之矣。献子之与此五人者友也，无献子之家③者也。此五人者，亦有献子之家，则不与之友矣。非惟百乘之家为然也。虽小国之君亦有之。费惠公④曰：'吾于子思，则师之矣；吾于颜般则友之矣；王顺、长息则事我者也。'非惟小国之君为然也，虽大国之君亦有之。晋平公之于亥唐也⑤，入云⑥则入，坐云则坐，食云则食。虽疏⑦食菜羹，未尝不饱，盖不敢不饱也，然终于此而已矣。弗与共天位也，弗与治天职也，弗与食天禄也，士之尊贤者也，非王公之尊贤也。舜尚见帝，帝馆甥于贰室⑧，亦飨舜，迭为宾主，是天子而友匹夫也。用⑨下敬上，谓之贵贵；用上敬下，谓之尊贤。贵贵尊贤，其义一也。"

【注释】

①挟兄弟：有不同解释，可参看杨伯峻《孟子译注》。挟，依仗。　②孟献子：鲁国大夫仲孙蔑，献是他死后的谥号。　③无献子之家：有二说。一，没有献子这样的家产；二，对献子的家产"视之若无"，不当回事。依此，后文"有献子之家"是看重献子

的家产。 ④费惠公：费国国君。费，小国名。 ⑤晋平公：春秋时晋国国君，名彪。亥唐：晋贤人。 ⑥入云、坐云、食云：是云入、云坐、云食的倒语。 ⑦疏：通"蔬"。 ⑧甥：女婿。贰室：副宫。 ⑨用：以。

【大意】

万章问道："请问如何交友。"

孟子说："不倚仗年长，不倚仗地位显贵，不倚仗兄弟的富贵去交友。交友，是结交他的道德，不能有所倚仗。孟献子是拥有百乘马车的世家，他有五位友人，乐正裘、牧仲，另外三位我忘记了。孟献子与这五个人交友，他们都不把孟献子的家产当回事，如果这五个人很看重献子的家产，献子就不和他们结交了。不仅拥有百乘马车的世家如此，就是小国的国君也有这样的情形。费惠公说：'我对于子思，是以他为师；对于颜般，是与他交友；王顺、长息，则是侍奉我的人。'不仅小国的国君如此，就是大国的国君也有朋友。晋平公对于亥唐，亥唐说进去，他就进去；说坐下，他就坐下；说吃饭，他就吃饭。即使是糙米饭、蔬菜汤也不会不吃饱，因为不敢不吃饱。不过也仅此而已，他们不一起共有官位，不一起治理政务，不一起享受俸禄，这只是士人尊敬贤者的态度，不是王公尊敬贤者的态度。舜去进见帝尧，帝尧安排这位女婿住在另外的宫中，也宴请他，互为宾主，这是以天子的身份和普通人交友。以在下者尊敬在上者，叫作敬重贵人；以在上者尊敬在下者，叫作尊敬贤者。敬重贵人，尊敬贤者，道理是相同的。"

这一章讲交友之道。"友也者，友其德也，不可以有挟也。"交友是以德为基础，不可依仗其他因素。孟献子与五人交友，双方都不考虑献子的家产地位。晋平公对亥唐，亥唐说进去就进去，说坐下就坐下，说吃饭就吃饭。即使是粗茶淡饭也不敢不吃饱，但他们不一起共有官位，治理政务，享受俸禄。这都是尊敬贤者，以朋友相待的态度。无论在下的人对上级，还是在上的人对下级，道理都是一样。以德相交，不掺杂功利的考虑，才是真正的交友之道，这一点今天更有重要意义。《论语》论交友，有"君子以文会友，以友辅仁"（《论语·颜渊》），"益者三友，损者三友。友直，友谅，友多闻，益矣。友便辟，友善柔，友便佞，损矣"（《论语·季氏》），可参读。

10.4　万章问曰："敢问交际①何心也？"

孟子曰："恭也。"

曰："却之却之为不恭，何哉？"

曰："尊者赐之，曰'其所取之者，义乎，不义乎'，而后受之，以是为不恭，故弗却也。”

曰："请无以辞却之，以心却之，曰'其取诸民之不义也'，而以他辞无受，不可乎？"

曰："其交也以道，其接也以礼，斯孔子受之矣。"

万章曰："今有御人于国门之外者②，其交也以道，其馈也以礼，斯可受御与？"

曰："不可。《康诰》③曰：'杀越人于货④，闵⑤不畏死，凡民罔不譈⑥。'是不待教而诛者也。殷受夏，周受殷，所不辞也。于今为烈⑦，如之何其受之？"

曰："今之诸侯取之于民也，犹御也。苟善其礼际矣，斯君子受之，敢问何说也？"

曰："子以为有王者作，将比⑧今之诸侯而诛之乎？其教之不改而后诛之乎？夫谓非其有而取之者盗也，充类至义⑨之尽也。孔子之仕于鲁也，鲁人猎较⑩，孔子亦猎较。猎较犹可，而况受其赐乎？"

曰："然则孔子之仕也，非事道⑪与？"

曰："事道也。"

"事道，奚猎较也？"

曰："孔于先簿正祭器⑫，不以四方之食供簿正。"

曰："奚不去也？"

曰："为之兆⑬也。兆足以行矣，而不行，而后去，是以未尝有所终三年淹⑭也。孔子有见行可⑮之仕，有际可⑯之仕，有公养⑰之仕。于季桓子⑱，见行可之仕也；于卫灵公⑲，际可之仕也；于卫孝公⑳，公养之仕也。"

【注释】

①交际：交往。　②御人：阻止别人，杀死他并抢劫他的财物。御，阻止。国门之外：指郊外无人之处。　③《康诰》：《尚书》篇名。　④越于货：抢劫财物。　⑤闵：《尚书》作"暋"，强悍。　⑥譈（duì）：怨。　⑦"殷受夏"至"于今为烈"十四字：朱熹认为是衍文，可以不顾。　⑧比：比照。　⑨充类至义：推至于义的至精至密处，极而言之的意思。充，满。　⑩猎较：打猎时互相抢夺猎物，抢得后用来祭祀，是当时一种风尚。　⑪事道：依道行事。　⑫簿正祭器：具体内容不详。前人对此有不同解释。大体是说孔子规范了祭器、祭品，使祭祀有所遵循。　⑬兆：占卜的兆，指事的开端。　⑭淹：淹留。　⑮见行可：希望能行其道。⑯际可：国君以礼相待。　⑰公养：国君养贤者之礼。其与"际可"之区别，似公养是对一般贤者的礼遇，而际可则是专对某一人的。　⑱季桓子：名斯，职掌鲁国大权季氏家族的成员。　⑲卫灵公：名元，卫襄公的庶子。　⑳卫孝公：《春秋》《史记》都没有卫孝公，可能是指出公辄。

【大意】

万章问道："请问，交际中应该怎样用心呢？"

孟子说："恭敬。"

万章说："拒绝馈赠是不恭敬的，为什么呢？"

孟子说："尊者赐给礼物，如果先要问'他得到这东西是合于义的还是不合于义的？'然后才接受，这是不恭敬的，所以不拒绝。"

万章说："我不用言语来拒绝，而从心里拒绝。心里想，'这是他取自百姓的不义之财'。然后用其他的借口不接受，不可以吗？"

孟子说："他按照规矩相交，按照礼节来往，这样孔子都会接受馈赠的。"

万章说："现在有个在都城郊外拦路抢劫的人，他也按照规矩相交，按照礼节馈赠，这样能接受他抢来的东西吗？"

孟子说："不可以。《康诰》说：'杀人、抢劫财物，蛮横不怕死，这种人没有人不憎恨的。'这是不用先进行教育就该诛杀的。殷继承了夏，周继承了殷，这一点都没有改变。到今天，抢劫杀人的事更加猖獗，怎么能接受他们的馈赠呢？"

万章说："现在的诸侯从百姓身上收取财物，就和拦路抢劫一样。如果他们很好地按礼节进行交往，君子也就接受了，请问这又怎样解释呢？"

孟子说："你以为如果有王者兴起，会比照着对抢劫杀人犯的处理对诸侯加以诛杀呢，还是先进行教育，教而不改才加以诛杀呢？所谓不是自己东西而去谋取就是抢劫，这是把道理推论到了极点的说法。孔子在鲁国任官职的时候，鲁人争夺猎物，孔子也争夺猎物。争夺猎物尚且可以，何况接受赐予呢？"

万章说："那么，孔子任官职不是为了行道吗？"

孟子说："是为了行道。"

万章说："既是为了行道，为什么要争夺猎物呢？"

孟子说："孔子先用文书规范祭器和祭品，不拿其他各地的食物供祭祀所用。"

万章说："他为什么不离去呢？"

孟子说："他要以此作为一个开端。开端证明这是可行的，但国君不肯施行，他才离去，所以孔子没有在一个地方停留过整整三年。孔子出仕做官，有的是见到可以行道而做的，有的是因受到礼遇而做的，有的是因国君养贤而做的。对于季桓子，是见到可以行道而做的；对于卫灵公，是因受到礼遇而做的；对于卫孝公，是因国君养贤而做的。"

本章讲的交际之道，说的是士与国君之间的关系。总的原则是唯义所在，具体的做法则可依据不同情况有不同方式。朱熹《四书章句集注》说："此章文义多不可晓，不必强为之说。"

10.5　孟子曰："仕非为贫也，而有时乎为贫；娶妻非为养也，而有时乎为养。为贫者，辞尊居卑，辞富居贫。辞尊居卑，辞富居贫，恶乎宜乎？抱关击柝①。孔子尝为委吏②矣，曰'会计当而已矣'。尝为乘田③矣，曰'牛羊茁壮，长而已矣'。位卑而言高，罪也；立乎人之本朝④，而道不行，耻也。"

【注释】

①）抱关：守门的吏卒。柝（tuò）：巡夜人敲击的木头。②委吏：管理仓库的小吏。　③乘田：管理放牧的小吏。　④本朝：朝廷。

【大意】

孟子说："做官不是因为贫困，但有时是因为贫困；娶妻不是为了奉养父母，但有时是为了奉养父母。因为贫困而做官，推辞高位担任低职，推辞厚薪接受薄俸。推辞高位担任低职，推辞厚薪接受薄俸，什么职位才适宜呢？守门、打更都可以。孔子曾当过管仓库的小吏，他说：'只要账目准确清楚就可以了。'曾当过管畜牧的小吏，他说：'只要牛羊壮实长大就可以了。'职位低下而谈论高远的大事，是罪过；在朝廷任职而大道得不到施行，是耻辱。"

出仕做官，不是因为家贫而谋生，但有时候也可以因为贫困而做官。因为家贫而做官就选择卑职低薪。但不论什么职位，所作所为要符合身份，位卑言高和身居高位而无功，都是不可取的。

10.6　万章曰："士之不托诸侯^①，何也？"

孟子曰："不敢也。诸侯失国，而后托于诸侯，礼也；士之托于诸侯，非礼也。"

万章曰："君馈之粟，则受之乎？"

曰："受之。"

"受之何义也？"

曰："君之于氓^②也，固周^③之。"

曰："周之则受，赐之则不受，何也？"

曰："不敢也。"

曰："敢问其不敢何也？"

曰："抱关击柝者，皆有常职以食于上。无常职而赐于上者，以为不恭也。"

曰："君馈之，则受之，不识可常继乎？"

曰："缪公之于子思也，亟问^④，亟馈鼎肉^⑤。子思不悦。于卒^⑥也，摽^⑦使者出诸大门之外，北面稽首再拜^⑧而不受。曰：'今而后知君之犬马畜伋。'盖自是台^⑨无馈也。悦贤不能举，又不能养也，可谓悦贤乎？"

曰："敢问国君欲养君子，如何斯可谓养矣？"

曰："以君命将⑩之，再拜稽首而受。其后廪人⑪继粟，庖人⑫继肉，不以君命将之。子思以为鼎肉使己仆仆⑬尔亟拜也，非养君子之道也。尧之于舜也，使其子九男事之，二女女焉，百官、牛羊、仓廪备，以养舜于畎亩之中，后举而加⑭诸上位。故曰：'王公之尊贤者也。'"

【注释】

①托诸侯：依附诸侯以生存。托，依附。　②氓：指从他国迁来的民。　③周：周济、救济。　④问：问候。　⑤鼎肉：熟肉。　⑥卒：最后。　⑦摽（biāo）：挥去。　⑧稽首再拜：跪坐拱手前揖，头触手，与心平，谓之拜；拜后以头俯至地，稍迟而后起，谓之稽首。既稽首而再拜，是非常尊重的礼节。　⑨台：最下级的负责传令的贱官。　⑩将：送。　⑪廪人：管仓库的官员。　⑫庖人：供应国君饮食的官员。　⑬仆仆：烦猥貌。不胜其烦的意思。　⑭加：授爵禄于人。

【大意】

万章说："士不依附于诸侯，是为什么呢？"

孟子说:"是不敢。诸侯失去了国家,依附于其他诸侯,合乎礼仪;士依附于诸侯,不合乎礼仪。"

万章说:"如果国君馈赠粟米,接受吗?"

孟子说:"接受。"

万章说:"接受是什么道理呢?"

孟子说:"国君对于外来的人,本来就应该周济的。"

万章说:"周济就接受,赐予就不接受,是什么道理呢?"

孟子说:"是不敢。"

万章说:"请问为什么不敢呢?"

孟子说:"守门、打更的人都有一定的职务,从而从在上者得到衣食;没有一定的职务而接受在上者的赐予,这是一般认为不恭敬的。"

万章说:"国君馈赠就接受,不知道能经常这样吗?"

孟子说:"鲁穆公对待子思,一次次问候,一次次馈赠肉食,子思很不高兴。到最后,他把来人赶出大门,自己朝北面磕头作揖而拒绝了。他说:'今天我才知道国君是把我当狗马那样畜养。'从此穆公便不再派使者馈赠肉食了。爱好贤人,却不能任用他,又不能依礼奉养,能说是爱好贤人吗?"

万章说:"请问,国君要奉养君子,怎样才能说得上是奉养呢?"

孟子说:"以国君的名义表示馈赠,君子磕头作揖而接受了。以后就让管仓库的人继续送去粮食，管膳食的人继续送去肉食，不再以国君的名义馈赠了。子思认为，馈赠肉食使自己不胜其烦地一次次行礼，不是奉养君子的做法。尧对待舜，让自己的九个儿子去侍奉他，两个女儿嫁给他，官吏、牛羊、仓库都准备齐全，使舜在田野里也得到很好的奉养，后来又提拔他到很高的职位上。所以说，这是王公尊敬贤者应有的做法呀。"

这一章讲士与诸侯的关系。士不能不任职而接受馈赠，依附于诸侯。国君不能只是在生活上馈赠、奉养而不尊重和任用贤者。两方面都体现了孟子对独立人格的重视。

10.7　万章曰："敢问不见诸侯，何义也？"

孟子曰："在国曰市井之臣，在野曰草莽之臣，皆谓庶人。庶人不传质①为臣，不敢见于诸侯，礼也。"

万章曰："庶人，召之役，则往役；君欲见之，召之，则不往见之，何也？"

曰："往役，义也；往见，不义也。且君之欲见之也，何为也哉？"

曰："为其多闻也，为其贤也。"

曰："为其多闻也，则天子不召师，而况诸侯乎？为其贤也，则吾未闻欲见贤而召之也。缪公亟见于子思，曰：'古千乘之国以友士，何如？'子思不悦，曰：'古之人有言：曰事之云乎②，岂曰友之云乎？'子思之不悦也，岂不曰：'以位，则子，君也；我，臣也。何敢与君友也？以德，则子事我者也，奚可以与我友？'千乘之君求与之友，而不可得也，而况可召与？齐景公田③，招虞人以旌，不至，将杀之。志士不忘在沟壑，勇士不忘丧其元。孔子奚取焉？取非其招不往也。"

曰："敢问招虞人何以？"

曰："以皮冠④。庶人以旃⑤，士以旂⑥，大夫以旌。以大夫之招招虞人，虞人死不敢往。以士之招招庶人，庶人岂敢往哉？况乎以不贤人之招招贤人乎？欲见贤人而不以其道，犹欲其入而闭之门也。夫义，路也；礼，门也。惟君子能由是路，出入是门也。《诗》⑦云：'周道如底⑧，其直如矢。君子所履，小人所视⑨。'"

万章曰："孔子，君命召，不俟驾而行⑩。然则孔子非与？"

曰："孔子当仕有官职，而以其官召之也。"

【注释】

①质：同"贽"，古代初次见面时送给对方的礼物。　②云乎：句末辞，无义。　③齐景公田：可参看本书6.1章。　④皮

冠：田猎所用的冠，加盖在平常所戴的礼冠之外，用以避尘土和雨雪。　⑤斿（zhān）：有曲柄的一种旗。　⑥旂（qí）：戴有多个铃铛的旗。　⑦《诗》：此处诗句引自《诗经·小雅·大东》。⑧周道：即大路。底：应作"砥"，磨刀石。　⑨视：注视。　⑩不俟驾而行：此说亦见于《论语·乡党》篇。

【大意】

万章说："请问，不去见诸侯是什么道理呢？"

孟子说："住在都市里的叫作市井之臣，住在郊野的叫作草莽之臣，都称为庶人。庶人不致送见面礼而成为臣属，不敢去见诸侯，是合乎礼仪的。"

万章说："庶人，召唤他去服役，就去服役；而国君要见他，召唤他，却不去见，是为什么呢？"

孟子说："去服役合乎义，去见国君不合乎义。而且，国君要见他是为什么呢？"

万章说："因为他见闻广，因为他有贤德。"

孟子说："如果因为他见闻广，天子都不传唤老师，何况诸侯呢？如果因为他有贤德，我从未听说过要见贤者而召唤他来的。鲁穆公屡次去见子思，说：'古代拥有千乘兵车的国君与士人交友，是怎样做的？'子思不高兴，他说：'古人的话是说怎样以他为师，哪里是说与他交友呢？'子思之所以不高兴，难道不是说：'论地位，那你是君主，我是臣仆，怎么敢和君主交友呢？论德行，那你是要向我学习的人，怎么能和我交友呢？'拥有千乘兵车的国君同他交友都做不到，何况召唤他呢？齐景公田猎，用旌来召唤猎场的虞人，虞人不到，齐景公就要杀他。有志之士不怕葬身于沟壑，有勇气的人不怕掉脑袋。孔子赞扬他的是哪一点呢？取的就是不合于礼的召唤他就不接受。"

万章说："请问，该用什么传唤虞人呢？"

孟子说："用皮冠。传唤庶人用旃，士人用旗，大夫用旌。用召唤大夫的礼仪召唤虞人，虞人宁死不敢去，用召唤士人的礼仪召唤庶人，庶人难道敢去吗？何况是用传唤不贤之人的礼仪传唤贤人呢？要见贤人却不遵循见他的规矩，就好比要他进来却关上了大门。义是大路，礼是大门，只有君子能沿着这大路，进出这大门。《诗经》说：'大道平如磨石，直如箭杆。君子在上行走，小人在后效仿。'"

万章说："孔子听说国君召唤，不等马车驾好就走，那么孔子做得不对吗？"

孟子说："孔子正出仕而有职位在身，国君是以他的职务召唤他。"

这一章也是谈士与诸侯的关系。孟子说国君应该以贤人为师，以礼相待。"非其召不往"，如果不依应有的礼召唤，就拒绝不去。孟子引子思的话说，论地位，是君臣；论德，国君连与子思为友的资格都没有，突出了德的价值和士的人格尊严。

4.2、6.1、6.7等章也谈到这一问题，可参读。

10.8 孟子谓万章曰："一乡之善士，斯友一乡之善士；一国之善士，斯友一国之善士；天下之善士，斯友天下之善士。以友天下之善士为未足，又尚①论古之人。颂②其诗，读其书，不知其人，可乎？是以论其世也。是尚友也。"

【注释】

①尚：上。　②颂：通"诵"。

【大意】

孟子对万章说："一个乡的善士就和一个乡的善士交朋友，一个国家的善士就和一个国家的善士交朋友，天下的善士就和天下的善士交朋友。认为结交天下的善士还不够，又上溯讨论古时候的人。吟诵他们的诗歌，研读他们的著作，不了解他们的为人，行吗？所以要讨论他们所处的时代。这就是向上与古人交朋友。"

这一章中孟子说只和当代善士相交还不够，还要读古人的书，与古人相交，突出了读古人书的重要，又提出读古人的书，不可不知其人，要知其人，不可不论其世，就是现在常说的要"知人论世"。这对于今人学习古代典籍，了解古人思想，是极其重要的。

10.9　齐宣王问卿①。孟子曰："王何卿之问也？"

王曰："卿不同乎？"

曰："不同。有贵戚之卿②，有异姓之卿。"

王曰："请问贵戚之卿。"

曰："君有大过则谏③，反覆④之而不听，则易位⑤。"

王勃然变乎色。

曰："王勿异⑥也。王问臣，臣不敢不以正⑦对。"

王色定，然后请问异姓之卿。

曰："君有过则谏，反覆之而不听，则去。"

【注释】

①卿：公卿，古代社会的高级官僚。　②贵戚之卿：指与国君同姓同宗族的公卿。　③谏：地位低的人直言纠正地位高的人的过错。　④反覆：反复。　⑤易位：指废弃国君，改立他人。⑥异：诧异。　⑦正：诚实。

【大意】

齐宣王向孟子询问有关公卿的事情。孟子说："您问的是哪一类的公卿？"

齐宣王说："公卿还有不同吗？"

孟子说："不一样，有的是与您同宗族的公卿，有的是外姓公卿。"

齐宣王说："我问的是同姓的公卿。"

孟子说："君王如果有大的过错，他们就会直言提出要你纠正；反复提出而不听从他们的劝告，就要把君王废弃，改立别人。"

宣王的脸色突然改变。

孟子说："王不要奇怪。王问我，我不敢不以实话回答。"

宣王的脸色变得安详了，然后又问外姓公卿。

孟子说："君王有错误，他们也会提出要求改正，反复提出而不听从，他们就会离职而去。"

孟子谈卿的职责，说"君有过则谏"，国君有错要提出批评，要求改正。多次提出后国君不听，可以辞官离开，还可以废黜国君，改立新君。可与2.8、14.14章参读。

告子上 凡二十章

11.1 告子①曰："性犹杞柳②也,义犹桮棬③也。以人性为仁义,犹以杞柳为桮棬。"

孟子曰："子能顺杞柳之性而以为④桮棬乎?将戕贼⑤杞柳而后以为桮棬也?如将戕贼杞柳而以为桮棬,则亦将戕贼人以为仁义与?率天下之人而祸仁义者⑥,必子之言夫!"

【注释】

①告子:人名,与孟子同时代的思想家。　②杞(qǐ)柳:一种柳树,其木材可以加工成器物。　③桮棬(bēi quān):器物名,杯盘之类的东西。　④为:动词,做、加工的意思。　⑤戕(qiāng)贼:伤害、残害的意思。戕,杀害。贼,伤害。　⑥率:率领,此处作引导讲。祸:祸害,此处是损害的意思。

【大意】

告子说:"人性,好比杞柳;仁义,好比杯盘。说人的本性就是仁义,就像说杞柳就是杯盘一样。"

孟子说:"你是顺着杞柳本来的性质把它加工成杯盘呢,还是毁坏杞柳本来的性质把它加工成杯盘呢?如果毁坏杞柳本来的性质来把它加工成杯盘,那么也是要伤害人的本性来使人具有仁义之德吗?引导天下的人来损害仁义的,一定是你这种学说了。"

　　《告子上》这一篇，孟子集中论述了他人性善的思想。其中前四章是与告子的辩论，通过对告子观点的反驳，说明人性善的道理。这一章中，告子说正如不能说杯盘就是杞柳一样，不能说仁义是人性。孟子反驳说，杞柳虽不就是杯盘，而杯盘是依据杞柳的本性加工的，以此说明仁义是植根于人的本性的。

　　11.2　告子曰："性犹湍①水也，决诸②东方则东流，决诸西方则西流。人性之无分于善不善也，犹水之无分于东西也。"

　　孟子曰："水信③无分于东西，无分于上下乎？人性之善也，犹水之就下也。人无有不善，水无有不下。今夫水，搏④而跃之，可使过颡⑤；激⑥而行之，可使在山。是⑦岂水之性哉？其势则然也。人之可使为不善，其性亦犹是也。"

【注释】

　　①湍：流得很急的水。　②诸：介词，"之于"二字的合音。③信：诚，确实。　④搏：拍打。　⑤颡（sǎng）：额头，脑门子。⑥激：阻挡。　⑦是：代词，此，这。

【大意】

告子说："人性好比是流得很急的水，东面决了口水就向东流，西面决了口水就向西流。人性没有善与不善之分，就好像水没有一定要向东流或一定要向西流的分别一样。"

孟子说："水确实没有一定要向东流或一定要向西流的区分，难道它也没有向上流和向下流的分别吗？人在本性上是善的，就像水在本性上是向下流一样。水这个东西，拍打它、使它溅起来，水花可以高过额头；阻挡它、使它倒流，可以使它上山。这难道是水的本性吗？这是形势、外力迫使它成为这个样子的。人可以不善，不是他的本性，也像水向上流的情况一样。"

告子以水既可以向东流也可以向西流，说明人性可以为善也可以为恶，没有善和不善之分。孟子回答说，在外力的作用下，水也可以倒流上山，然而这不是水的本性，水的本性是向下流。以此说明，人的本性是善的，有不善是外力影响的结果。

11.3　告子曰："生之谓性①。"

孟子曰："生之谓性也，犹白之谓白与？"

曰②："然。"

"白羽之白也，犹白雪之白；白雪之白，犹白玉之白与？"

曰："然。"

"然则犬之性犹牛之性，牛之性犹人之性与？"

【注释】

①生之谓性：天生具备的东西就叫作性。　②"曰"一句：这一句是告子的话。因为是两个人对话，一人一句，故省去了说话人的名字。下同。

【大意】

告子说："天生具备的东西就叫作性。"

孟子问道："天生具备的就叫作性，就像白颜色叫白一样吗？"

告子回答说："是这样的。"

孟子问道："白羽毛的白就如白雪的白一样；白雪的白就如白玉的白一样吗？"

告子回答说："是这样的。"

孟子反问道："那么，狗的本性就如牛的本性一样，牛的本性就如人的本性一样吗？"

这一章提出了一个重要问题，即怎样理解人性。告子说

"生之谓性"，意思是凡天生带来的就叫作性。孟子虽然也认为人性是天生的，但他反对"生之谓性"的说法。他反驳说，如果说"生之谓性"，那就无法将人性与狗性、牛性区分开了。因为只从生物本能上看，人和狗、牛等没有根本的区别。他不是从人的生物本能看人性，而是从人和禽兽的区别上看人性，认为只有把人与禽兽区别开的那些属性，即人之所以为人的那些特征才是人性。这是理解孟子人性善思想必须首先清楚的一点。

具体地说，孟子所说的人性就是指人生来就有的恻隐之心、羞恶之心、恭敬之心（辞让之心）、是非之心"四心"，这四心是仁、义、礼、智的"端"，即其开始或萌芽。关于这个问题，可以参看3.6和11.6章。

11.4　告子曰："食色①，性也。仁，内②也，非外也；义，外也，非内也。"

孟子曰："何以谓仁内义外也？"

曰："彼长而我长③之，非有长于我也；犹彼白而我白之④，从其白于外也，故谓之外也。"

曰："异于⑤白马之白也，无以异于白人之白也；不识长马之长⑥也，无以异于长人之长与？且谓长者义⑦乎？长之者义乎？"

> 曰："吾弟则爱之，秦人之弟则不爱也，是以我为悦者也，故谓之内。长楚人之长，亦长吾之长，是以长为悦者也，故谓之外也。"
>
> 曰："耆秦人之炙^⑧，无以异于耆吾炙。夫物^⑨则亦有然者也，然则耆炙亦有外与？"

【注释】

①食色：即人的生理欲望，又称之为饮食男女之欲。　②内：内在于人。后文的"外"即外在于人。　③长：前一个"长"是年长；后一个"长"是动词，尊敬的意思。　④白之：即把它叫作白。白，作动词用。　⑤异于：朱熹认为"异于"二字是衍文，应当删去。　⑥长马之长、长人之长："长"字分别指对待老马和老人的态度。这一句的意思是：对待老马的怜悯心和对待老人的恭敬心没有区别吗？　⑦义：此"义"与后一句的"义"都是作动词用的，合于义的意思。　⑧耆：同"嗜"，特别喜欢。炙：烤肉。　⑨物：事物，可译作其他事情。

【大意】

告子说："饮食男女之欲，是人的本性。仁，是内在于人的东西，不是存在于人之外的东西；义，是外在于人的东西，不是存在于人心之内的东西。"

孟子问："怎么叫作仁是内在的东西，义是外在的东西呢？"

告子说："他比我年纪大所以我尊敬他，并不是我心里本来就有尊敬的心。就好比那个东西是白颜色的，所以我就把它叫作白的；是先有了外在的白的东西才称之为白的，所以说它是外在的。"

孟子问："白马的白颜色和白人的白颜色或许没有不同之处，但是不知道对老马的怜悯心和对老人的恭敬心是不是也没有什么不同呢？而且所谓义，到底是指长者呢，还是指关心、爱护、尊敬长者呢？"

告子说："是我的弟弟我就爱他，秦国人的弟弟我就不爱他。这是因为我的心情高兴才这样的，所以说仁是内在的。尊敬楚国的长者，也尊敬我自己的长者，这是因为他是老者才这样的，所以说义是外在的。"

孟子说："喜欢吃秦国人的烤肉和喜欢吃自己的烤肉没有什么不同，其他事情上也有这样的情形。那么，喜欢吃烤肉的欲望也是外在的吗？"

11.5　孟季子问公都子曰[①]："何以谓义内也？"

曰："行吾敬[②]，故谓之内也。"

"乡人长于伯兄一岁，则谁敬？"

曰："敬兄。"

"酌则谁先?"

曰:"先酌乡人。"

"所敬在此,所长在彼,果在外,非由内也。"

公都子不能答,以告孟子。

孟子曰:"敬叔父乎,敬弟乎?彼将曰'敬叔父'。曰'弟为尸③,则谁敬?'彼将曰'敬弟'。子曰'恶在其敬叔父也?'彼将曰'在位故也'。子亦曰'在位故也。庸敬在兄,斯须④之敬在乡人'。"

季子闻之,曰:"敬叔父则敬,敬弟则敬,果在外,非由内也。"

公都子曰:"冬日则饮汤⑤,夏日则饮水,然则饮食亦在外也?"

【注释】

①孟季子:其人不详。一说原文本没有"孟"字,此"季子"或即本书《告子下》中之季任。公都子:人名,孟子的弟子。②行吾敬:孟子说"义,人路也";义就是依仁而行。所以"大意"中解释作"体现了我的敬意"。 ③尸:古代祭祀用儿童为受祭代理人,称为"尸"。 ④斯须:暂时。 ⑤汤:古称热水为"汤"。

【大意】

孟季子问公都子说："为什么说义是内在的呢？"

公都子说："它体现了我的敬意，所以说是内在的。"

孟季子说："乡里长者比兄长大一岁，你敬谁？"

公都子说："敬兄长。"

孟季子说："饮酒先给谁斟酒呢？"

公都子说："先给乡里长者斟。"

孟季子说："所敬的是兄长，所尊的却是乡里长者，可见义毕竟是外在的，不是由内发出的。"

公都子不能回答，把这事告诉了孟子。

孟子说："敬叔父，还是敬弟弟呢？他会说'敬叔父'。你说'弟弟担任了受祭的尸，那敬谁呢'，他会说'敬弟弟'。你说'那么对叔父的敬在哪儿呢'，他会说'这是因为弟弟处在尸位的缘故'。你也说'因为乡里长者当时所处的地位的缘故，平常该敬兄长，那个时候该敬乡里长者'。"

孟季子听了，说："要敬重叔父的时候就敬重叔父，要敬重弟弟的时候就敬重弟弟，可见义毕竟是外在的，不是由内发出的。"

公都子说："冬天喝热水，夏天喝凉水，那么饮食也是外在的吗？"

这二章谈到"仁内义外"。这里所说仁义，仁，人之安宅，是对自身的要求；义，人路，与待人态度相关。告子以为仁的要求是出自内心的，是内在的，而义的要求取决于所面对的对象，所以是外在的。孟子反驳了这种说法，说明义的对象虽然是外在的，而义的要求，以什么样的态度去对待，却是取决于自己，发自内心的，所以义同样是内在的。

11.6　公都子曰："告子曰：'性无善无不善也。'或曰：'性可以为善，可以为不善；是故文武兴，则民好善；幽厉兴，则民好暴。'或曰：'有性善，有性不善；是故以尧为君而有象，以瞽瞍为父而有舜；以纣为兄之子且以为君，而有微子启、王子比干①。'今曰'性善'，然则彼皆非与？"

孟子曰："乃若其情②，则可以为善矣，乃所谓善也。若夫为不善，非才之罪也③。恻隐④之心，人皆有之；羞恶⑤之心，人皆有之；恭敬之心，人皆有之；是非之心，人皆有之。恻隐之心，仁也；羞恶之心，义也；恭敬之心，礼也；是非之心，智也。仁、义、礼、智，非由外铄⑥我也，我固有之也，弗思⑦耳矣。故曰：'求则得之，舍则失之。'或相倍蓰而无算者⑧，不能尽其才者也。《诗》⑨曰：'天生蒸民⑩，有物有则⑪。民之秉夷⑫，好是懿

德^⑬。'孔子曰:'为^⑭此诗者,其知道乎! 故有物必有则,
民之秉夷也,故好是懿德。'"

【注释】

①微子启:微子名启,纣的异母哥哥。杨伯峻认为此章将他
说成纣的叔叔(所谓"以纣为兄之子")是以《左传》为根据。王
子比干:人名,纣的叔父。微子启与王子比干都是历史上有名的贤
人。　②乃若:转折连词,相当于"至于"。情:情是性的表现。
③才:天生的才质。罪:过错。　④恻隐:对别人的不幸表示同
情、怜悯的心理状态。　⑤羞恶:羞耻。　⑥外铄:从外面灌输
进来。铄,本意是以火销金。　⑦思:思考。　⑧相:比较。倍:
一倍。蓰:五倍。无算:难以计算。　⑨《诗》:此处诗句引自《诗
经·大雅·烝民》。　⑩蒸民:众民。　⑪物:事。则:法则。
⑫秉:手拿着。夷:常规。　⑬好(hào):喜欢。懿德:即美德。
⑭为(wéi):创作。

【大意】

公都子说:"告子说:'人性没有善与不善之分。'也有人
说:'人性可以是善的,也可以是不善的。所以周文王、武王在
位,百姓就崇尚善良;周幽王、厉王在位,百姓就崇尚暴戾。'还
有人说:'有的人性善,有的人性不善;所以,以尧这样圣明的

人为君，却还有象那样的坏人；以瞽瞍这样坏的人为父亲，却有舜这样好的儿子；以纣这样暴虐的人为侄子，而且还是国君，却有微子启、王子比干这样的贤人。'如今您说人性本善，那么他们说的都不对吗？"

孟子说："就人情的表现来看，那人性是可以为善的，这就是我所说的善。至于有的人不善，那不能归罪于天生才质不好。同情心，每个人都有；羞耻心，每个人都有；恭敬心，每个人都有；是非心，每个人都有。同情心就是仁，羞耻心就是义，恭敬心就是礼，是非心就是智。仁、义、礼、智不是从外面灌输给我的，是我本来就有的，只是没有思考它罢了。所以说：'追求，就可以得到它；舍弃，就会失去它。'人与人之间有相差一倍的，有相差五倍的，甚至差距大得无法计算，这都是没有充分发挥他们天生才质的缘故。《诗经》上说：'天降生了众民，有一事就有一事的规律。民众都秉持常道，都喜欢美德。'孔子说：'创作这首诗的人是懂得道的呀！原本有一事就有一规律，百姓把握了规律，所以喜欢美德'"。

在孔子所处的时代，人性问题刚刚提出，对人性问题的探讨还没有展开。《论语》中关于人性的论述，只有"性相近也，习相远也"一句。到了孟子的时代，人性问题成为学者们争论的一个焦点问题。这一章通过公都子的问话，列举出当时在人性问题上的三种观点。在对公都子的回答中，孟子说明了他关于人性善的基本思想。

这一章讲的恻隐之心、羞恶之心、恭敬之心、是非之心"四心"，在3.6章已经讲到过。只是有两点不同：一、恭敬之心，在3.6章是辞让之心；二、3.6章没有直接说四心就是仁、义、礼、智，而是说四心是仁、义、礼、智的"端"。3.6章说"端"，突出了还需要"扩而充之"；这一章则突出说仁、义、礼、智是"我固有之也"，人们的善恶所以会有不同，只是在于有人不能发挥他固有的善性，而不是他本性就恶。人的善性，是天赋的，生而有之的，这种善性又是需要自觉去求、去扩充的。综合这两个方面做统一的理解，才能全面理解孟子的性善论思想。

11.7　孟子曰："富岁^①，子弟多赖^②；凶岁，子弟多暴^③。非天之降才尔殊也，其所以陷溺^④其心者然也。今夫麰麦^⑤，播种而耰^⑥之，其地^⑦同，树^⑧之时又同，浡然而生，至于日至^⑨之时，皆熟矣。虽有不同，则地有肥硗^⑩，雨露之养，人事^⑪之不齐也。故凡同类者，举^⑫相似也，何独至于人而疑之？圣人与我同类者。故龙子^⑬曰：'不知足而为屦^⑭，我知其不为蒉^⑮也。'屦之相似，天下之足同也。口之于味，有同耆也。易牙^⑯先得我口之所耆者也。如使口之于味也，其性与人殊，若犬马之与我不同类也，则天下何耆皆从易牙之于味也？至于味，天下期于易牙，是天下之口相似也。惟[17]耳亦然。至于声，天下期于师旷[18]，是天下之耳相似也。惟目亦然。至于子都[19]，天下莫不知其姣也。不知子都之姣者，无目者也。故曰：口之于味也，有同耆焉；耳之于声也，有同听焉；目之于色也，有同美焉。至于心，独无所同然[20]乎？心之所同然者何也？谓理也，义也。圣人先得我心之所同然耳。故理义之悦我心，犹刍豢之悦我口[21]。"

【注释】

①富岁：与下文"凶岁"相对，指丰年。　②赖：有两种解释，一种解释为懒；一种解释为善。从孟子把富岁与凶岁对举来看，此"赖"应释为善，可译为平和。　③暴：蛮横、粗暴。④陷溺：淹没、遮蔽。　⑤莽（móu）麦：大麦。　⑥耰（yōu）：农具名，用来锄地。此处作动词用，锄地。　⑦地：指地区、地域，不是指土地。　⑧树：此处作动词，指播种。⑨日至：节气名，夏至。　⑩硗（qiāo）：土地坚硬而不肥沃。　⑪人事：指人对农作物的耕耘、管理。　⑫举：都、全部。⑬龙子：人名。⑭屦（jù）：古代用麻、葛编织的鞋。　⑮蒉（kuì）：草编的筐。⑯易牙：人名，齐桓公的厨师。　⑰惟：句首词，无义。　⑱师

旷：人名，春秋时期晋国的乐师。　⑲子都：人名，容貌很美。

⑳同然：共同的爱好或追求。然，是的，对的，表示肯定。

㉑刍（chú）：用草喂养的动物，此处指牛羊。豢（huàn）：用谷物喂养的动物，此处指猪狗。

【大意】

孟子说："丰收之年，青少年大多性情平和；灾荒之年，青少年大多蛮横粗暴。这并不是天生的才质不同，而是伤害、遮蔽了他们善良本性的环境造成的。以大麦来比喻，播种、锄草，地域相同，培植的时节也相同，就会蓬勃生长。到了夏至的时候，就都成熟了。虽然收获有所不同，那是由于土地有肥瘠、雨露有多少、人管理有好坏造成的。所以凡是同类的东西，都大体相同，为什么唯独讲到人却要产生怀疑呢？圣人与我们是同一类的人。所以龙子说：'不知道脚的样子去编织鞋，我也知道不会编成筐子。'鞋的相似，是因为天下的脚是相近的。口对于味道，有共同的嗜好。易牙是先了解了我们口味的嗜好的。如果口对滋味嗜好，人人不同，就像狗、马和我们人类的口味不同类一样，那么天下的人为什么都认同易牙的口味呢？讲到口味，天下的人都希望吃到易牙做的东西，表明天下人的口味是相似的。耳朵也是如此。讲到音乐，天下的人都希望听到师旷的演奏，这表明天下人的乐感是相似的。眼睛也是如此。讲到子都，天下没有人不认为他漂亮。认为子都不漂亮的，是没有眼力的人。所以说，口对于滋味，有共同的嗜好；耳朵对于声音，有共同的乐感；眼睛对于颜色，有共同的美感。讲到人心，难道就没有共同的追求吗？人心的共同追求是什么呢？就是理和义。圣人只是比我先懂得了心的共同追求罢了。理义使我们的精神得以愉悦、满足，正如牛羊、猪狗使我们的口味得到满足一样。"

这一章首先回答了一个问题：既然人性善，为什么有的人会不善呢？孟子以农业生产为喻，说明人有不善并非出于人的本性，而是外部环境影响的结果。而这一章的核心内容，是后半部分对人性的论述。这一论述包括几个层次：一、"凡同类者，举相似也"，凡是同类都有其共同之处。二、口有同嗜，耳有同听，目有同美，"至于心，独无所同然乎？"与口、耳、目有共同嗜好一样，心也有共同的爱好和追求。这前两点是论证共同人性的存在。三、"圣人先得我心之所同然耳。故理义之悦我心，犹刍豢之悦我口"，指出对理义的爱好是人性的共同追求。

11.8　孟子曰："牛山①之木尝美矣，以其郊于大国也②，斧斤伐之，可以为美乎？是其日夜之所息③，雨露之所润，非无萌蘖④之生焉，牛羊又从而牧之⑤，是以若彼濯濯⑥也。人见其濯濯也，以为未尝有材⑦焉，此岂山之性也哉？虽存乎人者⑧，岂无仁义之心哉？其所以放其良心者，亦犹斧斤之于木也，旦旦而伐之，可以为美乎？其日夜之所息⑨，平旦之气⑩，其好恶与人相近也者几希，则其旦昼⑪之所为，有梏亡之矣⑫。梏之反覆，则其夜气⑬不足以存；夜气不足以存，则其违⑭禽兽不远矣。人见其禽兽也，而以为未尝有才⑮焉者，是岂人之情⑯也哉？故苟得其养，无物不长；苟失其养，无物不消。孔子曰：'操⑰则存，舍⑱则亡；出入无时，莫知其乡⑲。'惟心之谓与？"

【注释】

①牛山：山名，在齐国国都临淄的南边。　②郊：作动词用，即位于其郊。大国：大都市。国，指都市。　③息：生长、滋长。　④萌蘖（niè）：萌与蘖同义，指草木的幼芽。　⑤牛羊又从而牧之：即又跟着放牧牛羊。　⑥濯濯：光秃秃的样子。⑦材：指大树。　⑧虽：连词，表示对某一事实的承认，并引起后一句的反问。存乎人者：指人性。　⑨息：生长。　⑩平旦之气：指黎明时分的清新之气。平旦，黎明时分。　⑪旦昼：白天。⑫有：即又。梏（gù）亡：禁锢致死。梏，枷锁。　⑬夜气：此词历来都感到难以解释，杨伯峻先生将它解释为"夜来心里所发

出的善念"（杨伯峻：《孟子译注》，中华书局，2001年版，第264页）。孟子认为人性本善，所以有不善是与外界接触受环境影响的结果。夜间睡觉后停止了与外界的接触，其本有的善心不再受外界的摧残，就会得到保留。夜气应该就是指这种夜间保留的本有的善心。　⑭违：距离。　⑮才：才质。　⑯情：情是性的表现。这里就指性。　⑰操：操作、使用。　⑱舍：舍弃。　⑲乡（xiàng）：方向。

【大意】

孟子说："牛山的树木曾经是很茂盛的，因为它在大都市的郊外，人们经常用斧子去砍伐它，还能很好看吗？虽然它日夜在生长着，雨露滋润着，并不是没有新的枝芽长出来，但是紧跟着又放牧牛羊，把它吃掉，于是变成那个光秃秃的样子了。人们看它光秃秃的样子，便认为它不曾有过大树，这难道是山的本性吗？就人性来说，难道没有仁义之心吗？有的人失去他的良心，也就好像斧子加于树木一样，天天去砍伐它，它还能够长得好吗？他们日夜间所生长的，黎明时分没有与外界接触时的清新之气，其好恶与别人也有一点相近之处。可是他们白天的所作所为，又把他们与别人相近的那一点点善心给扼杀了。反复地扼杀，他们夜间所保留的仁义之心就难以保存住；夜间保留的善心不能保存，他们和禽兽也就相距不远了。人们看到他们与禽兽一样，以为他们从来就不具有善心，这难道是人的本性吗？所以，如果能够得到养护，就没有什么不能生长；如果失去养护，没有什么不会消亡。孔子说：'把握它，就能得到它；舍弃它，就会失去它；它来去没有一定的时间，也没有一定的方向。'这是说人心吧？"

这一章孟子进一步回答为什么有人不善的问题。他通过"牛山之木"的比喻说明，人之所以有不善，不是由于人的本性，而是由于后天的习染和环境的影响。由此得出结论，"苟得其养，无物不长；苟失其养，无物不消"，"操则存，舍则亡"，强调了自觉修养的重要。11.6章说"求则得之，舍则失之"，意思相同，可参读。

11.9　孟子曰："无或①乎王之不智也。虽有天下易生之物也，一日暴之，十日寒之，未有能生者也。吾见亦罕矣，吾退而寒之者至矣，吾如有萌焉何哉？今夫弈之为数②，小数也；不专心致志，则不得也。弈秋③，通国之善弈者也。使弈秋诲二人弈，其一人专心致志，惟弈秋之为听。一人虽听之，一心以为有鸿鹄④将至，思援弓缴⑤而射之，虽与之俱学，弗若之矣。为是其智弗若与？曰：非然也。"

387

【注释】

①或：通"惑"。　②数：技。　③弈秋：名字叫秋的善于下棋的人。　④鸿鹄：天鹅。　⑤缴（zhuó）：本义是生丝缕。在箭上系上生丝缕发射，称作"缴"。

【大意】

孟子说："不用奇怪王的不明智，即使有天下最容易生长的东西，晒一天、冻十天，没有能存活的。我进见王的次数很少，我退出来之后，奸佞小人就来了，我又如何能帮助他萌发善心呢？譬如下棋，作为技艺，只是一种小技，不专心致志，就也学不好。弈秋，是全国最擅长下棋的人。让弈秋教两个弟子下棋，一个人专心致志，只听弈秋的讲授。另一个虽然听着，心里却总想着有天鹅就要飞来，想拿起弓箭去射它，虽然和那个人一起学习，成绩就不如他。是因为这人的智力不如人吗？回答是：不是的。"

这一章告诉我们学习要持之以恒，专心致志。"一曝十寒"，"一心以为有鸿鹄将至"，将一事无成。

11.10　孟子曰："鱼，我所欲也；熊掌，亦我所欲也，二者不可得兼，舍鱼而取熊掌者也。生亦我所欲也，义亦我所欲也；二者不可得兼，舍生而取义者也。

生亦我所欲，所欲有甚于生者，故不为苟得^①也；死亦我所恶，所恶有甚于死者，故患有所不辟^②也。如使人之所欲莫甚于生，则凡可以得生者，何不用也？使人之所恶莫甚于死者，则凡可以辟患者，何不为也？由是则生而有不用也，由是则可以辟患而有不为也，是故所欲有甚于生者，所恶有甚于死者。非独贤者有是心也，人皆有之，贤者能勿丧耳。一箪^③食，一豆^④羹，得之则生，弗得则死。嘑尔^⑤而与之，行道之人弗受；蹴尔^⑥而与之，乞人不屑也。万钟则不辨礼义而受之。万钟于我何加焉？为宫室之美、妻妾之奉、所识穷乏者得我^⑦与？乡^⑧为身死而不受，今为宫室之美为之；乡为身死而不受，今为妻妾之奉为之；乡为身死而不受，今为所识穷乏者得我而为之，是亦不可以已^⑨乎？此之谓失其本心。"

【注释】

①苟得：苟且偷生。　②辟：躲避。　③箪：盛饭的竹筐。④豆：盛食物的器具。　⑤嘑（hū）尔：呵斥着。嘑，同"呼"。⑥蹴（cù）尔：用脚踢着。蹴，以足踢物。　⑦得我：即德我，对我感恩戴德。"得"与"德"通。　⑧乡：昔日，过去。　⑨已：停止。

【大意】

孟子说："鱼是我所喜欢的，熊掌也是我所喜欢的；如果二者不能同时得到，便舍弃鱼而选择熊掌。生命是我所要的，道义也是我所要的；如果二者不能同时得到，便舍弃生命而选择道义。生命是我希望要的，但是还有比生命更希望要的东西，所以我不做苟且偷生的事。死是我所厌恶的事，但是还有比死更令我厌恶的事，所以有的灾难我不会躲避。如果人们最喜欢的就是能活着，那么凡是得以活命的机会，哪有不用的呢？如果人们最厌恶的事就是死亡，那么凡是得以躲避灾难的事，哪有不去做的呢？这样做了就可以活命，有的人就是不做；这样做了就可以避免一死，有的人就是不做。所以说人所希望要的，有比生命更宝贵的东西；人所厌恶的，有比死亡更可怕的东西。并不是只有贤人有这种信念，人人都有，只是贤人能不丢掉它罢了。一筐饭，一罐汤，得到它便能活命，得不到它就会死去，呵斥着给他，一般过路的人都不会接受；用脚踢给他，乞丐也不屑一顾。万钟的财富不问是否合于礼义就接受了。万钟的财富对于我能增加些什么呢？为了住宅的华美、妻妾的供养和穷朋友对我感恩戴德吗？过去宁死也不接受，现在却为了住宅的华美而接受了；过去宁死也不接受，现在却为了妻妾的供养而接受了；过去宁死也不接受，现在却为了穷朋友的感恩戴德而接受了，难道这些不可以罢手吗？这就叫作丧失了他的本心。"

本章中孟子阐述了"舍生取义"的重要思想。孟子用一个浅显的鱼和熊掌不可得兼，舍鱼而取熊掌的比喻，指出在生命与道义不可兼得时要舍生取义。孟子又解释说"生亦我所欲，所欲有甚于生者，故不为苟得也；死亦我所恶，所恶有甚于死者，故患有所不辟也"。这里"生"指个体的物质生命，"义"指道义，即精神生命。他明确指出个人的物质生命不是最高的价值，道义的价值高于生命，精神生命高于物质生命。生死抉择，唯义所在。生与死的选择，以义为标准。

《论语·卫灵公》有"志士仁人，无求生以害仁，有杀身以成仁"。孟子所说的舍生取义与孔子所说的杀身成仁精神是一致的，只是孟子说得更明白、更清楚。人们常把二者并提，用"成仁取义"说明这一思想。

孔孟所讲的杀身成仁、舍生取义，体现着一种崇高的人格和价值观。在中华民族的历史发展中，它作为历代志士仁人追求的最高人格理想，贯穿古今，成为中华民族民族精神的重要组成部分，直至今天仍然是我们民族精神力量的重要来源。可联系3.2、6.2、13.33章读。

11.11　孟子曰："仁，人心也；义，人路也。舍其路而弗由，放①其心而不知求，哀哉！人有鸡犬放，则知求之；有放心，而不知求。学问之道无他^②，求其放心而已矣。"

【注释】

①放：丧失，丢掉。　②无他：没有别的。

【大意】

孟子说："仁，是人的本心。义，是人的路。放弃这条路而不走，丢失了那善良之心而不知道去找，真是可悲！丢失了鸡狗，还知道去找；丢失了善良之心却不知道去找。求学问的方法没有别的，就是把丢失了的良心找回来罢了。"

仁，人心也。这里所说的仁，概指全德，亦即指人的善性，所以说仁是人心。义，宜也，是人的言行所应遵循的，所以说是人路。《孟子》中多处谈到这一思想（有的地方说"仁，安宅也；义，人路也"，意相近），由此引出的结论是，人生的准则就是"居仁由义"，以仁为安身立命的精神家园，以义为一切言行遵循的道路。13.33章说"居仁由义，大人之事备矣"，可参读。

孟子特别批评说，有人不懂得珍惜这最重要的仁义，丢失了也不知道去找回来，是很可悲的。由此提出要"求放心"，把丢失的本心找回来。认为"学问之道无他"，这是修养的基本方法。可与7.10章对"自暴自弃"的批评参读。

11.12　孟子曰："今有无名之指屈而不信[1]，非疾痛害事也。如有能信之者，则不远秦、楚之路，为指之不若人也。指不若人，则知恶之；心不若人，则不知恶，此之谓不知类也。"

【注释】

[1]无名之指：无名指。信：同"伸"。

【大意】

孟子说："现在有的人无名指弯曲不能伸直，不痛苦也不妨碍做事。如果有人能使它伸直，即使要去秦国、楚国都不以为远，这只是因为无名指不如他人。无名指不如他人知道嫌恶，心不如他人却不知道嫌恶，这叫作不识轻重。"

本章主旨与上一章同。

11.13　孟子曰："拱把之桐梓[1]，人苟欲生之，皆知所以养之者。至于身,而不知所以养之者,岂爱身不若桐梓哉? 弗思甚也。"

【注释】

①拱:两手合围。把:一手把之。

【大意】

孟子说:"细小的桐树、梓树,人们如果要它生长,都知道怎样去保养。对于自身却不知道怎样去保养,难道爱护自身还不如桐树、梓树吗? 太不思量了。"

　　这几章都是说"求放心"。这是孟子提出的修养的基本要求和方法。他认为,仁义是天赋的良知良能,人之所以会不善,就是因为丢失了善良的本心,这是很可悲的。所以修养的方法就是"求放心",把丢失的本心找回来。

　　孟子批评了一种现象,一些人对丢失鸡狗这样的小事非常在意,而对丢失本心却不在意,不知去找;对小树、手指都很注意爱护,对本心却不知爱护。这都是教人要自觉修养。

　　11.14　孟子曰:"人之于身也,兼所爱。兼所爱,则兼所养也。无尺寸之肤不爱焉，则无尺寸之肤不养也。所以考其善不善者，岂有他哉？于己取之而已矣。体有贵贱，有小大①。无以小害大，无以贱害贵。养其小者为小人，养其大者为大人。今有场师②，舍其梧槚③，养其樲棘④，则为贱场师焉。养其一指而失其肩背，而不知也，则为狼疾⑤人也。饮食之人⑥，则人贱之矣，为其养小以失大也。饮食之人无有失也，则口腹岂适⑦为尺寸之肤哉？"

【注释】

①体有贵贱，有小大：心为大、为贵，其他器官为小、为贱。②场师：园林管理者。　③梧槚（jiǎ）：梧桐和楸树。　④樲（èr）棘：酸枣和荆棘。　⑤狼疾：同"狼藉"。　⑥饮食之人：只知道满足口腹之欲的人。　⑦岂适：岂止。适，通"啻"。

【大意】

孟子说："人对于身体，哪一部分都爱护。都爱护，也就都保养。没有一尺一寸肌体不爱护，就没有一尺一寸肌体不加保养的。考查他保护得好与不好，难道有别的方法吗？只是看他注重身体的哪一部分罢了。身体（的不同部分）有贵贱、大小之分。不要因为小的部分而伤害大的部分，不要因为贱的部分而伤害贵的部分。保养小的部分的人是小人，保养大的部分的人是大人。如果有位场师，舍弃了桐树、梓树去培植酸枣、荆棘，就是劣等场师。保养一个指头而遗忘了肩头背脊，还不自知，就是糊涂透顶的人。只注重吃喝的人，会受到别人的鄙视，因为他保养了小的部分而丧失了大的部分。只注重吃喝的人如果没有丢失大的部分，那么吃喝难道只是为了口腹那一小部分吗？"

这一章孟子提出"体有贵贱，有小大"，"养其小者为小人，养其大者为大人"。他所说的贵的、大的，是指心；贱的、小的是指口腹耳目。这实际上是说的精神生活和物质生活的关系。心代表着人的精神生活，精神生活的需求要靠义理去养护、去满足，而口腹耳目等小体则只是反映人的生理本能，物质生活的需要，是靠物质生活的追求去满足。只是顺从人的生理本能追求满足口腹的需求，就会影响到思想道德的修养，这就是以小害大，以贱害贵。下一章讲大体、小体，是同一个问题，可以联系起来读。

11.15　公都子问曰："钧①是人也，或为大人，或为小人，何也？"

孟子曰："从其大体②为大人，从其小体为小人。"

曰："钧是人也，或从其大体，或从其小体，何也?"

孟子曰:"耳目之官③不思,而蔽于物。物交物④,则引之而已矣。心之官则思,思⑤则得之,不思则不得也。此⑥天之所与我者,先立乎其大者,则其小者弗能夺也。此为大人而已矣。"

【注释】

①钧:通"均"。　②大体、小体:即上章所说"体有贵贱大小"的大小。　③官:官能,即器官的功能。　④物交物:前一个物指耳目,后一个物指其他物体。　⑤思:思考。　⑥此:既是指作为思维器官的心与思维能力,又是指思考的内容——理义、"四心"。

【大意】

公都子问道:"同样是人,有的成为君子,有的成为小人,为什么呢?"

孟子说:"顺从心的欲求的成为君子,顺从耳目等感官的欲求的成为小人。"

公都子说:"同样是人,有的顺从心的欲求,有的顺从耳目的欲求,为什么呢?"

孟子说:"耳目这些器官没有思考问题的能力,所以它们被外物所蒙蔽。耳目与外界事物接触，只是被外物吸引过去而已。心的功能是思考。思考，就能得到；不思考，就得不到。这些是天给予我们人类的。先确立起心这个大体，耳目等小体就不能改变它了，这就是成为君子了。"

这一章可以联系上一章读。孟子讲大体指心，小体指耳目口鼻等感官。孟子说明，小体（耳目）与大体"心"的区别在于耳目不会思考，因而会受到外物的蒙蔽和诱惑，心的功能则是思考。"从其大体为大人，从其小体为小人。"孜孜于道德修养，就可以成为君子；孜孜于声色犬马，只求满足物质欲望，就成为小人。这说的是精神生命和物质生命的关系。

孔子提出君子要"志于道"，"义以为上"，要把精神生命放在第一位，孟子关于大体小体的思想是对孔子思想的发挥。孟子进一步指出"先立乎其大者，则其小者弗能夺也"。首先立志于做人的大道，树立起高尚理想，就不会受各种物质利欲的诱惑，进一步指出了志于道的重要意义。本章还说到"思则得之，不思则不得"，说明立大体要靠思考，没有自觉的修养，是做不到的。

这些道理，今天也还是十分重要的。

11.16　孟子曰："有天爵^①者,有人爵^②者。仁义忠信,乐善不倦,此天爵也;公卿大夫,此人爵也。古之人修其天爵,而人爵从之。今之人修其天爵,以要^③人爵;既得人爵,而弃其天爵,则惑之甚者也,终亦必亡而已矣。"

【注释】

①天爵:天赋予的爵位。爵,爵位。　②人爵:即有权势的人给予的尊贵地位,也就是各种官位。　③要:追求。

【大意】

孟子说:"有天赋予的爵位,有人给予的爵位。按照仁义忠信的要求去做,不倦地乐于行善,是天赋予的尊贵;公卿大夫,是人给予的尊贵。古代的人修养天赋予的爵位,人给的爵位也就随之而来。现在的人修养天赋的爵位,是为了追求人给的爵位;人给的爵位一到手,便把对天赋爵位的修养抛弃了。这真是糊涂到顶了,最后连人给的爵位也一定会丢掉。"

天爵和人爵,实际上是个人价值的问题。孟子提出,人的尊贵有两类:人区别于禽兽之处在于人有天赋的善性,能用仁、义、礼、智规范自己的行为,这是天赋予人的尊贵价值，孟子称之为"天爵"。而富贵利禄，公卿大夫，是人给予的尊贵，孟子称之为"人爵"。孟子又指出，对待天爵和人爵有两种态度："古之人修其天爵，而人爵从之"，致力于心性修养，而人爵的获得只是自然的结果；"今之人修其天爵，以要人爵；既得人爵，而弃其天爵"，把自身的修养当作获取"人爵"的手段，在得到了人爵之后，就"弃其天爵"，不再修养，也就是把学习修养当作"敲门砖"，一旦敲开了功名利禄的大门，就把敲门砖丢弃一旁。孟子说这是"惑之甚者也"，是极大的错误，"终亦必亡而已矣"。

可联系下一章读。

11.17　孟子曰："欲贵者，人之同心也。人人有贵于己者[1]，弗思耳。人之所贵者，非良贵也。赵孟[2]之所贵，赵孟能贱之[3]。《诗》[4]云：'既醉以酒，既饱以德。'言饱乎仁义也，所以不愿人之膏粱之味也[5]；令闻广誉[6]施于身，所以不愿人之文绣[7]也。"

【注释】

①贵于己者：即自身所固有的可贵之处。贵，可贵。　②赵孟：人名，晋国贵族。　③贱之：即使之贱。贱，卑贱，此处是作动词用。　④《诗》：此处诗句引自《诗经·大雅·既醉》。　⑤所

以：“所以”二字不是一个词。以，用、凭借的意思。愿：羡慕。膏
梁：指精美的饭菜。膏，肥肉。梁，精米。　⑥令闻广誉：指好名
声传得很远。令，善。广，大。　⑦文绣：旧注称“文绣”为华美的
服饰。文绣亦可以理解为动词，给某种东西加以文饰。

【大意】

　　孟子说：“希望尊贵，是人人都具有的心理。每个人都有自
己固有的可贵之处，只是没有去思考罢了。别人所给予的尊贵地
位，不是真正的尊贵。赵孟所尊贵的，赵孟也能使他卑贱。《诗
经》上说：‘酒已经醉了，德已经饱了。’是说仁义之德充足，也
就不羡慕别人的美味佳肴了；自己的好名声广为流传，也就不羡
慕别人的华美服饰了。”

　　本章接着上一章讲人生价值。“贵”，就是指人生价
值。这一章中的“贵于己者”，即上章说的天爵；“人之所贵
者”，人所给予的尊贵地位，即上章所说的人爵。这一章明
确说明，天赋的善性才是人真正的价值所在，它是人人自身
固有，别人无法剥夺。而人所给予的尊贵是不可靠的，人家
能把尊贵给予你，也就能把它剥夺掉。

11.18　孟子曰："仁之胜不仁也，犹水胜火。今之为仁者，犹以一杯水救一车薪之火也；不熄，则谓之水不胜火。此又与^①于不仁之甚者也，亦终必亡而已矣。"

【注释】

①与：有两种解释：一，助；二，同。

【大意】

孟子说："仁胜过不仁就像水胜过火一样。现在行仁的人好比用一杯水来救一车柴的火，火不熄灭就说水不能胜过火，这就和最不仁的人一样了，最终也一定会失去仁。"

孟子回答认为仁不能克服不仁的思想说，这就好比说水不能灭火。有的人用一杯水去浇灭一车着火的柴，浇不灭就说水不能灭火。有的人自己不认真行仁，不能克服不仁，不反省自己的不足，却归罪于仁的无用。孟子批评这种现象，指出这样做和最不仁的人是一样的，而且因为他认为仁无用，最后就连原来有的那一点仁，也会完全丢失的。

11.19　孟子曰："五谷者，种之美者也；苟为不熟，不如荑稗①。夫仁，亦在乎熟之而已矣。"

【注释】

①荑稗（tí bài）：类似谷物的草，果实可食用，但不如五谷，多用作饲料，或备荒用。荑，通"稊"。

【大意】

孟子说："五谷是作物中的优良品种，如果不成熟，还及不上稊米和稗子。仁，也在于使它成熟而已。"

本章也是肯定仁能胜不仁，不能因为一时仁的力量薄弱或不成熟而怀疑这一点。可与上章连读。孔子说"德不孤，必有邻"（《论语·里仁》），都表现了文化自信。丢失自信，自我怀疑、否定，最终就会沦于不仁。

11.20　孟子曰："羿之教人射，必志于彀①，学者亦必志于彀。大匠诲人，必以规矩，学者亦必以规矩。"

【注释】

①志：期望。彀（gòu）：弓满。

【大意】

　　孟子说："羿教人射箭，一定要求拉满弓，学习的人也一定要要求拉满弓。高明的木工师傅教人，一定依循规矩，学习的人也一定要依循规矩。"

　　这一章强调学习要按照规矩。

告子下

凡十六章

12.1　任人有问屋庐子曰[①]:"礼与食孰重?"

曰:"礼重。"

"色与礼孰重?"

曰:"礼重。"

曰:"以礼食,则饥而死;不以礼食,则得食,必以礼乎?亲迎[②],则不得妻;不亲迎,则得妻,必亲迎乎?"

屋庐子不能对,明日之邹[③]以告孟子。

孟子曰:"于答是也,何有?不揣[④]其本而齐其末,方寸之木可使高于岑楼[⑤]。金重于羽者,岂谓一钩[⑥]金与一舆羽之谓哉?取食之重者与礼之轻者而比之,奚翅[⑦]食重?取色之重者与礼之轻者而比之,奚翅色重?往应之曰:'绐[⑧]兄之臂而夺之食,则得食;不绐,则不得食,则将绐之乎?踰东家墙而搂其处子[⑨],则得妻;不搂,则不得妻,则将搂之乎?'"

【注释】

①任:周初诸侯国名,故地在今山东济宁县境。屋庐子:名连,孟子的弟子。　②亲迎:指正式的婚礼。　③邹:地名,距任约百里。　④揣:测量高度。　⑤岑楼:高楼。　⑥钩:带钩,古人系连腰带的小饰件。　⑦翅:通"啻"。　⑧绐(zhěn):扭折。　⑨处子:处女。

【大意】

有个任国人问屋庐子说："礼与饮食哪个重要？"

屋庐子说："礼重要。"

任人说："性欲与礼哪个重要？"

屋庐子说："礼重要。"

任人说："依据礼谋食就饿死，不依据礼谋食就得食，一定要遵守礼吗？依礼迎亲不能娶妻，不依礼迎亲就能娶妻，一定要依礼迎亲吗？"

屋庐子不能回答，第二天到邹国把这事告诉了孟子。

孟子说："答复这个有什么难呢？不测量基础而比较末端，可以使寸把厚的木块高过尖顶高楼。金子比羽毛重，难道是说一小块金子比一车羽毛重吗？拿饮食中的重要方面与礼的轻微部分相比较，何止是饮食重要？拿性欲的重要方面与礼的轻微部分相比较，何止是性欲重要？你去答复他说：'扭折兄长的胳膊去抢夺他的食物就得食，不扭就不得食，会去扭吗？翻越东邻的墙头去搂抱他家的少女就能娶妻，不搂抱就不能娶妻，会去搂抱吗？'"

从一般原则讲，礼和食、色，以礼为先，食色为后。但就具体事情说，则要分析具体条件、具体情况，分清大小轻重，以大和重的为先。

12.2　曹交①问曰:"人皆可以为尧、舜,有诸②?"

孟子曰:"然。"

"交闻文王十尺,汤九尺,今交九尺四寸以长,食粟而已,如何则可?"

曰:"奚有于是③?亦为之而已矣。有人于此,力不能胜一匹雏④,则为无力人矣;今曰举百钧⑤,则为有力人矣。然则举乌获⑥之任,是亦为乌获而已矣。夫人岂以不胜⑦为患哉?弗为耳。徐行后长者谓之弟⑧,疾行先长者谓之不弟。夫徐行者,岂人所不能哉?所不为也。尧、舜之道,孝、弟而已矣。子服尧之服,诵尧之言,行尧之行,是尧而已矣;子服桀之服,诵桀之言,行桀之行,是桀而已矣。"

曰:"交得见于邹君,可以假馆,愿留而受业于门。"

曰:"夫道若大路然,岂难知哉?人病不求耳。子归而求之,有余师。"

【注释】

①曹交:人名。　②诸:"之乎"的合音。　③奚:疑问副词,什么。是:代词,指曹交说的"食粟而已"。　④雏:此处指小鸡。　⑤钧:古代的重量单位,一钧为当时的三十斤。　⑥乌获:

人名,古代的大力士。 ⑦不胜:不能胜任。 ⑧徐行:慢步走,

与"疾行"相对。弟:即悌,对长者有礼。

【大意】

曹交问道:"人人都可以成为尧、舜,有这话吗?"

孟子答道:"有。"

曹交又问:"我听说周文王身高一丈,商汤王身高九尺,现

在我身高九尺四寸多,却只会吃饭而已,要怎样做才可以呢?"

孟子说:"这有什么关系呢?只要去做就是了。这里有个人,

力气小得连一只小鸡都提不起来,那就是毫无力气的人。如果说

能举起三千斤,那就是很有力气的人了。那么,能举起乌获所能

举起的重量,也就是乌获了。人难道为不能胜任发愁吗?只是没

有去做罢了。慢步走在长者后面,叫作对长者有礼;快步走在长

者前面,叫作对长者失礼。慢点走,难道是人做不到的吗?只是

没有那样做罢了。尧、舜之道,就是孝敬父母和尊敬长者而已。

你穿尧的衣服,说尧说的话,做尧的所作所为,便是尧了。你穿桀

的衣服,说桀说的话,做桀的所作所为,便是桀了。"

曹交说:"我如见到邹君,就借个住处,愿意留下来在您的

门下学习。"

孟子说:"道就像大路一样,难道难于了解吗?只怕人们不

去寻求罢了。你回去自己寻求,老师多着呢。"

"人皆可以为尧、舜"，是从人性善，"尧、舜与人同"的思想中引出的实践性的结论。它肯定人人都具有成为尧、舜那样道德高尚的人的可能性，启发鼓励人们修养的自觉性，反对自暴自弃。对中国文化的发展和中国人的生活，都产生了长期的、广泛的影响。

孔子说："为仁由己，而由人乎哉？"（《论语·颜渊》）强调道德修养全在于自己。在这一章中孟子提出"能不能"和"为不为"的问题，是对孔子这一思想的发挥。孟子用浅显的例子说明，只要按照尧、舜之道去做，就是尧、舜了。有人没有做到，不是因为做不到，只是没有去做。在我们自身修养的过程中，时刻记住这一点是很重要的。

可与7.10、8.32、11.7等章参读。

12.3　公孙丑问曰："高子①曰：'《小弁》②，小人之诗也。'"

孟子曰："何以言之？"

曰："怨。"

曰："固③哉，高叟之为《诗》也！有人于此，越人关④弓而射之，则己谈笑而道之；无他，疏之也。其兄关弓而射之，则己垂涕泣而道之；无他，戚⑤之也。《小弁》之怨，亲亲也。亲亲，仁也。固矣夫，高叟之为

《诗》也。"

曰："《凯风》⑥何以不怨？"

曰："《凯风》，亲之过小者也；《小弁》，亲之过大者也。亲之过大而不怨，是愈疏也；亲之过小而怨，是不可矶⑦也。愈疏不孝也，不可矶亦不孝也。孔子曰：'舜其至孝矣，五十而慕。'"

【注释】

①高子：孟子下文称其为"高叟"，可见其年长于孟子，与孟子的弟子高子不是一个人。　②《小弁（pán）》：《诗经·小雅》中的诗篇名。　③固：固执。　④关：通"弯"。　⑤戚：亲。⑥《凯风》：《诗经·邶风》中的诗篇。　⑦不可矶：指受到细小的刺激就大怒。矶，激。

【大意】

公孙丑问道："高子说：'《小弁》是小人所作的诗篇。'"

孟子说："为什么这样说呢？"

公孙丑说："因为这首诗怨恨。"

孟子说："真固执死板啊，高老先生这样理解《诗经》。有个人，越国人拉弓射他，他谈笑着讲述这事，这没有别的原因，是表示对这个人的疏远；他的哥哥拉弓射他，他哭泣着讲述这事，这没有别的原因，是表示对哥哥的亲爱。《小弁》的怨恨，是亲爱亲人。亲爱亲人，就是仁呀。真固执死板啊！高老先生这样理解《诗经》。"

公孙丑说："《凯风》为什么不怨恨呢？"

孟子说："《凯风》是由于亲人的过错小，《小弁》是由于亲人的过错大。父母亲的过错大却不怨，是更加疏远他们；父母亲的过错小却怨恨，是过分的激怒。更加疏远他们是不孝，过分的激怒也是不孝。孔子说：'舜该是最孝了吧，五十岁还慕恋父母。'"

这一章讲感情的表达因对象的亲疏、事件情况的不同而有不同。

12.4　宋牼将之楚①，孟子遇于石丘②，曰："先生将何之？"

曰："吾闻秦楚构兵③，我将见楚王说而罢之。楚王不悦，我将见秦王说而罢之。二王我将有所遇焉。"

曰："轲也请无问其详，愿闻其指④。说之将何如？"

曰："我将言其不利也。"

曰："先生之志则大矣，先生之号⑤则不可。先生以利说秦楚之王，秦楚之王悦于利，以罢三军之师，是三军之士乐罢而悦于利也。为人臣者怀利以事其君，为人子者怀利以事其父，为人弟者怀利以事其兄，是君臣、父子、兄弟终⑥去仁义，怀利以相接，然而不亡者，未之有也。先生以仁义说秦楚之王，秦楚之王悦于仁义，而罢三军之师，是三军之士乐罢而悦于仁义也。为人臣者怀仁义以事其君，为人子者怀仁义以事其父，为人弟者怀仁义以事其兄，是君臣、父子、兄弟去利，怀仁义以相接也，然而不王者，未之有也。何必曰利？”

【注释】

①宋轻（kēng）：宋国人，战国时期有名的学者。之：动词，往。　②石丘：宋国地名。　③构兵：交战。　④指：通“旨”，主旨。　⑤号：说法，提法。　⑥终：尽，彻底。

【大意】

宋轻要到楚国去，孟子在石丘这个地方遇到了他，问道：“先生要到哪里去？”

宋轻答道：“我听说秦楚两国交战，我要去谒见楚王，劝说他罢兵。楚王要是听不进去，我就去谒见秦王，劝说他罢兵。两个君王中总有一个会听的。”

孟子说："我也不想问得很详细，只是想听一听您的大概意思。您将怎样劝说他们呢？"

宋轻答："我将告诉他们打仗对他们不利。"

孟子说："先生的志向是可贵的，但您的说法却不行。先生用利去劝说他们，他们因为看到有利而高兴，因而罢兵，那么军队的官兵们也就因乐于罢兵而喜欢利。臣下抱着求利的目的来侍奉君主，儿子抱着求利的目的来侍奉父亲，弟弟抱着求利的目的来侍奉哥哥，君臣、父子、兄弟之间完全抛弃了仁义，怀抱着求利的目的来相互对待，这样而国家不亡，是从来没有过的。先生如果用仁义劝说他们，他们因为爱好仁义而罢兵，这样军队的官兵也就因乐于罢兵而爱好仁义。臣下抱着仁义之心来侍奉君主，儿子抱着仁义之心来侍奉父亲，弟弟抱着仁义之心来侍奉哥哥，这样就会使君臣、父子、兄弟之间抛开利益，怀抱着仁义之心来相互对待，这样而不能统一天下，是从来没有过的。为什么一定要说'利'呢？"

同样是劝说人们停止战争，不同的做法有不同的影响和效果。以利益来劝说，会引导人们追逐利益，所有的人在所有问题上都互相计较争夺利益，国家就必定灭亡。以仁义为指导去劝说，会引导人们爱好仁义，大家都以仁义相待，就可以统一天下。这里说的不只是要不要战争的问题，而是社会核心价值观的问题。这也就是第一章孟子见梁惠王时讲的"亦曰仁义而已矣，何必曰利"的基本思想，可以联系起来读。

> 12.5　孟子居邹，季任①为任处守，以币交，受之而不报。处于平陆②，储子为相，以币交，受之而不报。他日，由邹之任，见季子；由平陆之齐，不见储子。屋庐子喜曰："连得间③矣。"问曰："夫子之任见季子，之齐不见储子，为其为相与？"
>
> 曰："非也。《书》④曰：'享多仪⑤，仪不及物⑥曰不享，惟不役⑦志于享。'为其不成享也。"
>
> 屋庐子悦。或问之。屋庐子曰："季子不得之邹，储子得之平陆。"

【注释】

①季任：任国国君的弟弟。　②平陆：今山东省济宁市汶上县。　③得间：找到漏洞。间，间隙。　④《书》曰：此处语句引自《尚书·周书·洛诰》。　⑤享：诸侯朝见天子的礼仪。多：重视。⑥物：指朝见时所献的礼物。　⑦役：用。

【大意】

孟子住在邹国，季任代理任国的国政，送礼物来结交，孟子接受了礼物，没有回报。孟子住在平陆，储子担任齐国的国相，送礼物来结交，孟子接受了礼物，没有回报。过了些日子，孟子从邹国到任国，会见了季子；从平陆到齐国，没有会见储子。屋庐子高兴地说："我找到漏洞了。"便问道："老师到任国会见了季子，到齐国不会见储子，是因为储子只是国相吧？"

孟子说："不是的。《尚书》说：'进献看重礼节，礼节不完备，就叫作没有进献，就是没有把心意用在进献上。'因为这样就不成其为进献。"

屋庐子很高兴。有人问他，屋庐子说："季子不能去邹国，而储子是能够到平陆去的。"

季任代理国政，不能离开任国去邹国见孟子，所以只送礼物结交也就尽到了心意。储子是相，是可以离开齐国去外地的。可以去而不亲自去见孟子，则虽然送了礼物，心意却没有到。所以孟子到任国去见了季子，而到齐国没有去见储子。《论语·八佾》说"祭神如神在"，礼不只是形式，行礼最重要的是内心情感的投入，本章所说是同一个意思。可以联系来理解。

12.6　淳于髡曰："先名实者[①]，为人也；后名实者，自为也。夫子在三卿[②]之中，名实未加于上下而去之，仁者固如此乎？"

孟子曰："居下位不以贤事不肖者，伯夷也；五就汤，五就桀者，伊尹也；不恶污君，不辞小官者，柳下惠也。三子者不同道，其趋一也。一者何也？曰：仁也。君子亦仁而已矣，何必同？"

曰："鲁缪公之时，公仪子③为政，子柳④、子思为臣，鲁之削也滋甚。若是乎，贤者之无益于国也！"

曰："虞不用百里奚而亡，秦穆公用之而霸。不用贤则亡，削何可得与？"

曰："昔者，王豹处于淇而河西善讴⑤，绵驹处于高唐而齐右善歌⑥，华周、杞梁之妻善哭⑦其夫而变国俗。有诸内必形诸外，为其事而无其功者，髡未尝睹之也。是故无贤者也，有则髡必识之。"

曰："孔子为鲁司寇，不用，从而祭，燔肉⑧不至，不税冕而行⑨。不知者以为为肉也，其知者以为为无礼也，乃孔子则欲以微罪行⑩，不欲为苟去。君子之所为，众人固不识也。"

【注释】

①名：声誉。实：事功。　②三卿：孟子曾担任过官职，齐国是大国，故淳于髡说孟子"在三卿之中"。　③公仪子：指公仪

休,鲁博士。 ④子柳:即本书《公孙丑下》篇中提及的泄柳。
⑤王豹:卫国善唱歌者。淇:水名,在今河南北部,古为黄河支
流,南流至今汲县东北入河。河西:即邻近淇水的西河地区,实
指卫国境。 ⑥绵驹:齐人,善歌唱。高唐:在今山东禹城西南。
齐右:高唐在齐国的西部,古称西方为右。 ⑦华周、杞梁之妻
善哭:华周、杞梁二人都是齐臣,战死,其妻向城而哭,以致城墙
一角坍塌,影响到一国民俗都善哭。孟姜女的故事即由此衍化而
来。 ⑧燔肉:即祭肉。按礼仪,祭祀结束后,应将祭肉分送参加
祭祀的有关人员。 ⑨税:通"脱"。冕:祭祀时所戴的礼冠。
⑩以微罪行:找一点小的借口离去。

【大意】

淳于髡说:"注重声誉功业的人是为了民众,轻视声誉功业
的人是为了自身。先生身处齐国三卿之中,辅佐国君、救济民众的
声誉功业都还没有建立,就要离去,仁人就是这样的吗?"

孟子说:"处在低下的职位,不以才能侍奉没出息的人的,
是伯夷;五次投奔成汤,五次投奔夏桀的,是伊尹;不嫌恶昏暴
的国君,不拒绝微贱官职的,是柳下惠。三个人的做法不同,他
们的志趣是一致的。一致的是什么呢?就是仁。君子也只是要求
仁罢了,做法何必相同呢?"

淳于髡说:"鲁穆公时,公仪子主持国政,泄柳、子思当大

臣，鲁国却削弱得更厉害。这样看来，贤者无益于国家呀！"

孟子说："虞国不用百里奚而灭亡，秦穆公用了他而称霸。不用贤才就会灭亡，哪里只是削弱呢？"

淳于髡说："从前王豹住在淇水边，河西地方人就都会讴歌；绵驹住在高唐，齐国西部人就擅长歌唱；华周、杞梁的妻子痛哭她们的丈夫，因而改变了国家的风尚。内部所有的，一定会表现于外，从事某件事却没有功效的，我还没有见到过。所以现在是没有贤者，如果有，我一定会知道。"

孟子说："孔子任鲁国的司寇而不受信任，他参加了祭祀，祭肉没分送给他，于是没有脱下帽子就匆匆离去了。不了解孔子的人以为是为了祭肉的缘故，了解孔子的人认为是因为鲁国失礼的缘故，而孔子则是要找个微小的借口出走，不想随便离去。君子的作为，一般人本来是不能了解的。"

这一章记录孟子与淳于髡的三段对话。第一段回答对他离开齐国的做法的质疑，以伯夷、伊尹、柳下惠为例，说明圣贤的做法虽有不同，而他们的追求是共同的，就是仁。第二段回答关于贤才有没有作用的问题，强调了任用贤才对治国的重要。第三段回应一般人对孔子的误解，说君子的思想行为，是一般人所不能了解的。

12.7 孟子曰："五霸①者，三王②之罪人也；今之诸侯，五霸之罪人也；今之大夫，今之诸侯之罪人也。天子适诸侯曰巡狩，诸侯朝于天子曰述职。春省耕而补不足，秋省敛而助不给。入其疆，土地辟，田野治，养老尊贤，俊杰在位，则有庆③，庆以地。入其疆，土地荒芜，遗老失贤，掊克④在位，则有让⑤。一不朝，则贬其爵；再不朝，则削其地；三不朝，则六师移之⑥。是故天子讨而不伐，诸侯伐而不讨。五霸者，搂⑦诸侯以伐诸侯者也，故曰：五霸者，三王之罪人也。五霸，桓公为盛。葵丘之会，诸侯束牲载书而不歃血⑧。初命曰：'诛不孝，无易树子⑨，无以妾为妻。'再命曰：'尊贤育才，以彰有德。'三命曰：'敬老慈幼，无忘宾旅⑩。'四命曰：'士无世官，官事无摄⑪，取士必得，无专杀大夫。'五命曰：'无曲防⑫，无遏籴，无有封而不告⑬。'曰：'凡我同盟之人，既盟之后，言归于好。'今之诸侯皆犯此五禁，故曰：今之诸侯，五霸之罪人也。长君之恶其罪小，逢君之恶其罪大。今之大夫，皆逢君之恶，故曰：今之大夫，今之诸侯之罪人也。"

【注释】

①五霸：春秋时代先后称霸的五个诸侯，有多种说法，一般

421

以齐桓公、宋襄公、晋文公、秦穆公、楚庄王为五霸。　②三王：夏禹、商汤、周文王。　③庆：赏。　④掊（póu）克：聚敛。　⑤让：责备。　⑥六师：按周代制度规定，天子设六军，大国诸侯设三军。此处之六师即指天子的军队。移之：杀其人而另立诸侯。　⑦搂：带领。　⑧束牲：古时会盟要以牲畜为牺牲，或杀，或不杀。束牲即不宰杀牺牲。载书：将盟书用函装起来，放在牺牲上。歃血：当时盟誓时的一项仪式，即以口微吸牲血表示信守盟约不渝。　⑨无易树子：已立的世子不得轻易改立。树，立。　⑩宾：宾客。旅：行旅。　⑪摄：兼代。　⑫曲：在此处是"遍"的意思。防：是堤防的意思。当时诸侯们以邻为壑，自筑堤防，使邻国遭灾，故盟约申明禁止。　⑬无有封而不告：不得以私情擅自封赏而不报告盟主。

【大意】

孟子说："五霸是三王的罪人，现在的诸侯是五霸的罪人，现在的大夫是现在诸侯的罪人。天子到诸侯的领地去叫作巡狩，诸侯朝见天子叫作述职。春天视察耕种，补助贫困；秋天视察收获，周济歉收。进入诸侯的疆界，如果土地都已开垦，田野也都整治，老人得到赡养，贤者受到尊重，杰出的人担任官职，就给予赏赐，赏赐是用土地。进入诸侯的疆界，如果土地荒芜，老人遭遗弃，贤者被疏远，搜刮钱财的人担任官职，就给予责罚。诸侯的朝见一次不来就贬低他的爵位，两次不来就削减他的土地，三次不来就调动六军更换国君。所以，天子声讨而不征伐，诸侯征伐而不声讨。五霸是带领着诸侯来征伐诸侯的人，所以说五霸是三王的罪人。五霸，以齐桓公的功业为最大。在葵丘的盟会上，诸侯们捆绑了祭品，把盟书放在上面，但没有歃血。第一条盟约说：'诛除不孝，不改立太子，不立妾为妻。'第二条盟约说：'尊重贤者，养育人才，以此表彰德行。'第三条盟约说：'敬奉老人，爱护幼小，不怠慢贵宾、旅客。'第四条盟约说：'士人不世袭官职，官职不兼任，选用士人定要得当，不独断专行地杀戮大夫。'第五条盟约说：'不遍筑堤防，不禁止邻国采购粮食，不要擅自封赏而不通报。'并约定：'凡是参与我们盟会的人，会盟以后言归于好。'现在的诸侯都违犯了这五条禁约，所以说现在的诸侯是五霸的罪人。助长国君的恶行，臣属的罪过轻；逢迎国君的恶行，臣属的罪过重。现在的大夫都逢迎国君的恶行，所以说现在的大夫是现在诸侯的罪人。"

本章是孟子对时政的批评，从此可以看到当时的时代背景和孟子的态度。其中"长君之恶其罪小，逢君之恶其罪大"一句，不失为考察政府工作人员的一项重要原则。

12.8　鲁欲使慎子①为将军。孟子曰："不教民而用之谓之殃民。殃民者不容于尧、舜之世。一战胜齐，遂有南阳②，然且不可。"

慎子勃然不悦曰："此则滑厘所不识也。"

曰："吾明告子。天子之地方千里；不千里，不足以待诸侯。诸侯之地方百里；不百里，不足以守宗庙之典籍③。周公之封于鲁，为方百里也；地非不足，而俭于百里④。太公之封于齐也，亦为方百里也；地非不足也，而俭于百里。今鲁方百里者五，子以为有王者作，则鲁在所损乎，在所益乎？徒取诸彼以与此，然且仁者不为，况于杀人以求之乎？君子之事君也，务引其君以当道，志于仁而已。"

【注释】

①慎子：名滑厘。古注说："善用兵者。"有人认为即慎到，或据其名滑厘而认为即禽滑厘，都不能确定。　②南阳：在泰山西南、汶水之北，是当时齐、鲁争夺的要地。　③典籍：指有关典制的档案文献。　④俭于百里：此处意为仅有百里。

【大意】

鲁国打算让慎子做将军。孟子说："不教导民众就用他们打仗，叫作祸害百姓，祸害百姓的人在尧、舜时代是不为人们承认的。即使一仗就战胜了齐国，据有了南阳，也还不可以。"

慎子顿时不高兴地说："这我可不明白了。"

孟子说："我明白地告诉你。天子的土地方圆千里，没有千里就不足以接待诸侯；诸侯的土地方圆百里，没有百里就不足以奉守宗庙的典册文书。周公分封在鲁，是方圆百里，土地并不是不够，却也只有百里。太公分封在齐，也是方圆百里，土地并不是不够，却也只有百里。现在的鲁国，五倍于方圆百里，你认为如果有圣王兴起，鲁国的土地是在削减之列，还是在增加之列呢？白白地从别处取来给这里，仁者尚且不干，何况杀人来求取呢？君子侍奉君主，只是致力于引导自己的君主合乎大道、有志于仁罢了。"

孟子告诫慎子的话，是说侍奉君主，不是要凭借战争去夺取土地，而是要引导君主有志于仁，合乎大道。反映了孟子提倡王道，反对霸道的基本主张，可与3.3章参读。《论语·先进》说"以道事君"，是传统臣道的基本要求。本章是这一思想的具体化。

12.9　孟子曰："今之事君者曰：'我能为君辟土地，充府库。'今之所谓良臣，古之所谓民贼也。君不乡^①

道，不志于仁，而求富之，是富桀也。'我能为君约与国，战必克。'今之所谓良臣，古之所谓民贼也。君不乡道，不志于仁，而求为之强战，是辅桀也。由今之道，无变今之俗，虽与之天下，不能一朝居也。"

【注释】

①乡：通"向"。

【大意】

孟子说："现在侍奉君主的人都说'我能为国君开辟土地，充实国库'，现在所谓的良臣正是古代所说的民贼。君主不向往大道，不追求仁，却要使他富有，这等于是帮助夏桀富有。他们说'我能为国君邀结盟国，作战必胜'，现在所谓的良臣正是古代所说的民贼。君主不向往大道，不追求仁，却为他去打仗，这等于是辅佐夏桀。沿着现在的道路，不改变现在的风气，即使把整个天下给他，也是一天不能安稳的。"

本章和上章说的是同一个意思，可联系起来读。

12.10　白圭①曰："吾欲二十而取一，何如？"

孟子曰："子之道，貉②道也。万室之国，一人陶，则可乎?"

曰:"不可,器不足用也。"

曰:"夫貉,五谷不生,惟黍生之,无城郭、宫室、宗庙、祭祀之礼,无诸侯币帛饔飧③,无百官有司,故二十取一而足也。今居中国,去人伦,无君子④,如之何其可也?陶以寡,且不可以为国,况无君子乎?欲轻之于尧、舜之道者,大貉小貉也;欲重之于尧、舜之道者,大桀小桀也。"

【注释】

①白圭:名丹,圭(亦作"珪")是他的字。曾在魏惠王时任大臣,善于修筑堤防,主张减轻田税。 ②貉:北方一国名,属文化不发达地区。 ③饔飧(sūn):以饮食招待客人之礼。 ④去人伦,无君子:无君臣、祭祀、交际之礼,是去人伦;无百官有司,是无君子。

【大意】

白圭说:"我想二十取一来收税,怎么样?"

孟子说:"你的办法是貉国的办法。一万户居民的国家,只一个人制陶器,行吗?"

白圭说:"不行,陶器不够用。"

　　孟子说："貉这个国家，不出产五谷，只有黄米能生长，没有城邑、房屋、宗庙以及祭祀的礼仪，没有诸侯间相互送礼和宴请的礼节，没有官吏衙署，所以二十取一就够了。现在在中原国家，废弃君臣、祭祀、交际的礼节，不要百官和衙门，那怎么行呢？陶器缺乏尚且不能立国，何况没有君子呢？要减轻尧、舜的税率，是大貉小貉；要加重尧、舜的税率，是大桀小桀。"

　　孟子尊崇尧、舜之道，以为尧、舜所定税率既不能减，也不能加。

> 12.11　白圭白："丹之治水①也愈于禹。"
>
> 　　孟子曰："子过矣。禹之治水，水之道②也。是故禹以四海为壑③，今吾子以邻国为壑。水逆行④，谓之洚水。洚水者，洪水也，仁人之所恶也。吾子过矣。"

【注释】

　　①丹之治水：白圭治水主要是修筑堤防，往往把水引向邻国，造成邻国的灾害，所以孟子批评这是以邻为壑。　②水之道：顺水之性。　③壑：沟壑，此处引申为"受水处"。　④水逆行：孟子认为，治水堵塞了水道，水流无法畅通，故而逆流。

【大意】

白圭说："我治水胜过禹。"

孟子说："你错了。禹治水，是顺着水性去治，所以禹把四海作为排水的地方，现在你却把邻国作为排水的去处。水逆流而行叫作洚水，洚水就是洪水，这是仁者所憎恶的，你错了。"

以邻为壑，把洪水引入邻国，不是治水的正道，也不是治国的正道。这一点至今也是重要原则。

12.12　孟子曰："君子不亮①，恶乎执？"

【注释】

①亮：通"谅"，意为诚实守信。

【大意】

孟子说："君子不诚信，怎么能有操守？"

《论语·为政》说："人而无信，不知其可也。"诚信是为人的基本要求。

12.13　鲁欲使乐正子①为政。孟子曰："吾闻之，喜而不寐。"

公孙丑曰："乐正子强乎？"

曰："否。"

"有知虑乎？"

曰："否。"

"多闻识乎？"

曰："否。"

"然则奚为喜而不寐？"

曰："其为人也好善。"

"好善足乎？"

曰："好善优于天下②，而况鲁国乎？夫苟好善，则四海之内皆将轻③千里而来告之以善。夫苟不好善，则人将曰：'訑訑④，予既已知之矣。'訑訑之声音、颜色距⑤人于千里之外。士止于千里之外，则谗谄面谀之人至矣。与谗谄面谀之人居，国欲治，可得乎？"

【注释】

①乐正子：乐正克。　②优于天下：治天下也可有余力。优，有余力。　③轻：易，意思是不以千里为难。　④訑（yí）訑：傲慢自满的样子。　⑤距：通"拒"。

【大意】

鲁国打算让乐正子治理国政，孟子说："我听说这个消息，高兴得睡不着。"

公孙丑说："乐正子强有力吗？"

孟子说："不。"

公孙丑说："他有智谋远见吗？"

孟子说："不。"

公孙丑说："他见多识广吗？"

孟子说："不。"

公孙丑说："那么为什么高兴得睡不着呢？"

孟子说："他为人爱好善。"

公孙丑说："爱好善就足够了吗？"

孟子说："爱好善，治理天下还绰绰有余，何况鲁国呢？如果爱好善，全中国的人都会不远千里赶来把善言告诉他；如果不爱好善，那他就会说：'哦！我早已知道了！'傲慢自满的声音、脸色把人们拒于千里之外。士人止步在千里之外，谄媚阿谀的人就来了。与谄媚阿谀的人相处，想把国家治理好，能做到吗？"

这一章是说，治国要"好善"，欢迎好的批评和建议，这样全国的人都会来把好的意见告诉你，治理好国家就不成问题了。而如果傲慢、不爱听好的意见，那么就会把正直

的人拒之于千里之外，而被阿谀谄媚的人包围，这样国家就
不可能治理好。

> 12.14　陈子①曰："古之君子何如则仕②？"
>
> 孟子曰："所就③三，所去④三。迎之致敬以有礼，言
> 将行其言也，则就之；礼貌未衰⑤，言弗行也，则去之。
> 其次，虽未行其言也，迎之致敬以有礼，则就之；礼貌
> 衰，则去之。其下，朝不食⑥，夕不食，饥饿不能出门户，
> 君闻之，曰：'吾大者不能行其道，又不能从其言也，使
> 饥饿于我土地，吾耻之。'周⑦之，亦可受也，免死而已
> 矣。"

【注释】

①陈子：孟子弟子陈臻。　②仕：做官。　③就：就职。
④去：离开职位。　⑤衰：礼节上的减退。　⑥不食：从上下文
看，"不食"是指没有吃的东西。　⑦周：同"赒"，接济，周济。

【大意】

陈子问道："古代的君子要怎样才出来做官呢？"

孟子说："就职的情况有三种，离职的情况也有三种。迎接
时恭敬而有礼貌，对于建言，准备加以实行，便就职；虽然有礼

貌,但对建言不实行,就离开。其次,虽然没有实行他的建言,但迎接他时恭敬而有礼貌,便就职;失礼,就离开。最差的,早晨没有送吃的东西,晚上也没有送吃的东西,饿得出不了屋子,君主听说后说道:'从大的方面说我不能实行他的学说,又不能采纳他的建议,使他在我的国土上挨饿,我感到羞耻。'于是给以周济。也可以接受,为了免于死亡罢了。"

这一章谈君子可以出仕任职的三种情况,可与10.4章参读。

12.15　孟子曰:"舜发于畎亩之中①,傅说举于版筑之间②,胶鬲举于鱼盐之中③,管夷吾举于士④,孙叔敖举于海⑤,百里奚举于市⑥。故天将降大任于是⑦人也,必先苦其心志,劳其筋骨,饿其体肤,空乏其身,行拂乱⑧其所为,所以动心忍性⑨,曾⑩益其所不能。人恒过,然后能改;困于心,衡⑪于虑,而后作;征⑫于色,发于声,而后喻。入则无法家拂士⑬,出则无敌国外患者,国恒亡。然后知生于忧患而死于安乐也。"

【注释】

①舜发于畎(quǎn)亩之中:传说舜曾耕种于历山。畎,田

间小沟。　　②傅说：殷武丁时期的相，传说他曾筑墙于傅险。版筑：古代人筑墙的方法。　　③胶鬲（gé）：殷末贤人。鱼盐：此处指做贩卖鱼盐的事情。传说遇纣乱，胶鬲曾隐于民间贩鱼盐。④管夷吾：即管仲，在相齐桓公之前，曾被囚禁。士：狱官。⑤孙叔敖：楚国令尹（相）。海：海边。　　⑥百里奚：春秋时期的人，曾帮助秦穆公建立霸业。市：市场。　　⑦是：有的版本为"斯"。　　⑧拂乱：扰乱。　　⑨动心忍性：惊动其心，坚忍其性。⑩曾：通"增"。　　⑪衡：横、塞。　　⑫征：表现。　　⑬法家：法度大臣之家。拂士：辅弼之士。

【大意】

孟子说："舜是从田野之中兴起的，傅说是从筑墙的苦役中提拔出来的，胶鬲是从贩卖鱼盐的人中选拔出来的，管仲是从狱官的手里释放出来的，孙叔敖是从海边找来的，百里奚是从集市上挑出来的。由此看来，天要把重大的责任加在某个人身上时，一定先要磨炼他的意志，劳累他的筋骨，饥饿他的肠胃，穷困他的身体，扰乱他做的事，这样来激励他的心志，坚韧他的性情，增加他的才能。一个人，常常出现错误，然后才能有改正；内心困苦、思虑阻塞，然后才能奋发有所作为；表现在脸上，吐露在言谈中，然后才能明白。一个国家，国内没有有法度的大臣和有能力的辅弼之士，国外没有敌国外患的困扰，就常常容易灭亡。看到这些，就可以知道，忧愁患难可以助人生存，而安逸享乐足以导致死亡呀。"

"生于忧患而死于安乐"，一个人只有经受艰难困苦的磨炼，才能坚定意志，增长才干，成为有用之才，成就大事，而安逸享乐则往往导致死亡。在艰难困苦的条件下磨炼，是成长的必经之路。这一点，对于今天青少年的成长尤其有重要意义。

12.16　孟子曰："教亦多术矣，予不屑之教诲也者，是亦教诲之而已矣！"

【大意】

孟子说："教育也有多种方法，我不屑于去教诲，这也是在教诲啊！"

因他不善而拒绝教他，对人是一种刺激。如果他感受到这一点，发奋而改正，这其实也是对他的教诲。这就是孟子说的不屑之教。

尽心上

凡四十六章

13.1　孟子曰:"尽其心①者,知其性②也。知其性,则知天③矣。存其心④,养其性,所以事天⑤也。夭寿不二⑥,修身以俟之⑦,所以立命⑧也。"

【注释】

①尽其心:充分发挥自己的本心。尽,达到极致。　②知其性:懂得、认识到人的本性。　③知天:理解、懂得天。　④存其心:保持人的本心。　⑤事天:侍奉天。　⑥夭:短命。寿:长寿。不二:没有二心。　⑦修身:通过道德行为使自身的品德高尚起来。俟(sì):等待。　⑧立命:安身立命。

【大意】

孟子说:"充分发挥自己的本心,就知道人的本性了。懂得了人的本性,也就懂得天命了。保存人的本心,培养自己的本性,就是侍奉天的最好方法。生命或短或长,都不三心二意。修养心性以待天命,这就是安身立命的方法。"

这一章说明"心""性""天"三者的关系,反映了性善论的核心思想,是理解性善论的纲。

"仁、义、礼、智根于心"(13.21章),恻隐之心、羞恶之心、恭敬之心、是非之心这"四心"是仁、义、礼、智的

"端"。所以尽心可以知性，知性必须尽心。

心、性都在人，而性是天赋，又属天。天在人之外、人之上，但同时就体现在人性中。这样，通过性，人与天相沟通为一。所以"知其性，则知天"，知性即可以知天。人认识了自身的善性，也就能够认识天意、天道。天不是高不可及，不能认识，而是可以认识的。人要了解天的意志，不需外求，只要修养自己的心性，就可以了。

通过尽心、知性，上达于天，为的是"事天"，即顺应天道，安顿自己的人生，也就是安身立命。做到了这些，也就达到了天人合一的境界。

孟子在这一章所讲述的思想包含了中华文化中天人合一思想的基本内容，开启了后来的心性之学，对儒学和整个中国文化的发展都有深远的影响。这些思想也反映了儒学和中华文化与西方文化在宇宙观和思维方式上的根本差别。这些方面都要注意深入领会和研究。

13.2　孟子曰："莫非命也，顺受其正。是故知命者，不立乎岩墙之下。尽其道而死者，正命也。桎梏死者，非正命也。"

【大意】

孟子说："无一不是命运，顺应它就能承受正命，所以懂得命运的人不站在危墙之下。尽力行道而死的人受的是正命，陷身于囹圄而死的人受的不是正命。"

这一章接上章，进一步阐发"立命"。前章提出立命，本章提出正命、非正命之别，不可非正命而死，进一步提出知命问题。顺受其正，才是知命。不知命，或死于岩墙之下，或桎梏而死，就是死于非命。死于非命，就是不能顺受其正，就是不知命。

13.3　孟子曰："求则得之，舍则失之，是求有益于得也，求在我者也。求之有道①，得之有命，是求无益于得也，求在外者也。"

【注释】

①有道：有正确的方法。

【大意】

孟子说："追求它就能得到，放弃它就会失去，这是有益于获得的追求，所追求的东西是在我自身之内的。追求要有正确的方法，要得到它还要取决于命运，这是无益于获得的追求，所追求的东西是在自身之外的。"

　　本章还是接着前章说知命。既有正命、非命之别，如何能顺受其正，避免非命？孟子提出区分"求在我者"和"求在外者"，指出关键在于对自身欲求的把握。"求在我者"指的是对仁、义、礼、智的追求，这是"求则得之，舍则失之"（11.6章），只要追求就能得到的。《孟子》中多次说到这一点，如11.8章引孔子话说"操则存，舍则亡"，11.15章说"思则得之，不思则不得也"，都是同一个意思。"求在外者"指的是对富贵名利等物质生活享受的追求。孟子说，对这些的追求是"求之有道，得之有命"的。追求要遵循道的要求，能否得到受到条件的限制，所以"求无益于得"，即使追求也不一定能得到。这就告诉我们，在自身的修养上，应该尽心尽力，自觉努力，不推诿于条件命运。在富贵利禄等物质生活追求上，则要懂得"求之有道，得之有命"，不做妄求。求在我者，尽心求之；求在外者，不做妄求，是顺受其正，可得正命。求在我者，弃而不顾；求在外者，孜孜以求，是不知命，终将陷于非命。

　　14.34章也谈到求在我者和求在外者，可参读。

13.4 孟子曰："万物皆备于我矣①。反身而诚②，乐莫大焉。强恕而行③，求仁莫近焉。"

【注释】

①万物皆备于我矣：与前三章联系起来看，"万物皆备于我矣"是说心、性、天、命、天道、人道所有这些都统一于心性，也就是皆备于我了。　②反身而诚：反求诸己达到真诚无欺。　③强恕而行：即努力实行推己及人的原则。恕，恕道，即推己及人的原则。

【大意】

孟子说："一切条件我都具备了。通过反求诸己而达到诚的境界，便是最大的快乐了。努力地按照恕道的要求去做，距离仁的要求没有比这更近的了。"

本章提出"万物皆备于我"，是对前三章的总结。前三章从尽心知性和事天立命的关系，区分正命和非命，如何求得正命三个方面对尽心知性知命进行了全面的阐述。"万物皆备于我"，物，事也，不是指宇宙万物，而是指上面所说的心、性、天、命、天道、人道。所有这些统一于心性，都在我心，就是皆备于我。"反身而诚"，反身，反求诸己，即尽心知性；诚，实也。尽心知性而达于极致，无丝毫虚妄不实之处。达到这一境界，天命、心性，天道、人道，就全都了然于心，达到这一境界，就如《中庸》所说："唯天下之至诚，为能尽其性；能尽其性，则能尽人之性；能尽人之性，则能尽物之性；能尽物之性，则可以赞天地之化育；可以赞天地之化育，则可以与天地参矣。"

也就如孔子所说，可以"从心所欲不踰矩"（《论语·为政》），和天地、人群都融合为一，无所窒碍，达到最大的自由，岂不是乐莫大焉？

> 13.5　孟子曰："行之而不著焉，习矣而不察焉，终身由之而不知其道者，众①也。"

【注释】

①众：指一般人。

【大意】

孟子说："做着，却不明白为什么；都成习惯了，却不清楚其所以然；一生都照着这样做的，却不知这就是做人的大道，这就是一般人的情形。"

前四章讲尽心、知性、知命，可以达到"万物皆备于我""乐莫大焉"的境界。这个境界是很难达到的，一般人做不到。本章说，对于道，一般人的情形是，日常生活中一辈子都是按照道的要求在做，却不知道这就是道，也就是《周易·系辞上传》中所说"百姓日用而不知"。了解这一点，可以帮助我们理解《论语·泰伯》所说"民可使由之，不可使知之"，说的就是这一实际情形：百姓可以照着道的要求去做，却不可能懂得为什么要这样做的道理。了解这一点，也可以帮助我们懂得，我们的传统文化，不只是存在于经典中，"百姓日用而不知"的生活实践，也正是传统文化的最重要的体现。

13.6　孟子曰："人不可以无耻。无耻之耻①，无耻矣②。"

【注释】

①无耻之耻：赵岐注："人能耻己之无所耻，是能改行从善之人"（《四书章句集注》）。认识到自己的无所耻是可耻的，从而改无耻为有耻，从无所耻而至于有耻，从没有羞耻之心到有羞耻之心。之，作动词，由什么到什么的意思。　②无耻矣：没有羞耻的事情发生了。

【大意】

孟子说："人不能没有羞耻之心。从不知羞愧到知道羞愧，羞耻这种事情就不再会发生了。"

中华文化十分重视知耻。孔子认为，人有羞耻之心就可以自觉走上正道，要求君子"行己有耻"（《论语·子路》）。孟子说，"羞恶之心，义之端也"（3.6章），也是说有羞耻心是走上正路的开端。这一章也是强调羞耻之心的重要。

关于羞耻心，还可与下一章和8.8、13.17章参读。

对这一章的解释在学术界存在分歧，分歧的焦点是如何确定"之"字的词性。一种解释认为"之"字为动词，表示从什么地方到什么地方。"无耻之耻"就是从没有羞耻之心到有羞耻之心。另外一种意见认为"之"字为代词"的"。"无耻之耻"就是不知羞耻的那种羞耻。杨伯峻先生持这种看法，他对这一章的译文如下："人不可以没有羞耻，不知羞耻的那种羞耻，真是不知羞耻呀！"（杨伯峻：《孟子译注》，中华书局，2001年版，第302页）本书取第一种解释。

13.7　孟子曰："耻之于人大矣。为机变之巧者①，无所用耻焉。不耻不若人，何若人有？"

【注释】

①机变之巧者：诡诈、捣鬼之人。

【大意】

孟子说："羞耻之心对于人来说关系太大了。做诡诈、捣鬼之事的人，没有什么地方用得着害羞的。不把比不上别人看作是耻辱，怎么能赶上别人呢？"

本章可与上一章和8.8、13.17章参读。

13.8　孟子曰："古之贤王好善而忘势①，古之贤士何独不然？乐其道而忘人之势，故王公不致敬尽礼，则不得亟见之。见且由不得亟②，而况得而臣之乎？"

【注释】

①势：权势。　②亟：多次。

【大意】

孟子说："古时候的贤君爱好善言善行而忘记了权势，古时候的贤士何尝不是如此？爱好自己的道而忘记了他人的权势，所以王公贵族不恭敬尽礼，就不能多次见到他。相见尚且不能多得，何况要以他为臣呢？"

这一章谈位、势和道的关系。在上位的王公不仗势而尊贤，在下位的贤臣不附势而守正，都以义为相交的原则。可与4.2、6.1、6.7等章参读。

13.9　孟子谓宋句践①曰："子好游②乎？吾语子游。人知之，亦嚣嚣③；人不知，亦嚣嚣。"

曰："何如斯可以嚣嚣矣？"

曰："尊德乐义，则可以嚣嚣矣。故士穷不失义，达不离道。穷不失义，故士得己④焉；达不离道，故民不失望焉。古之人，得志，泽⑤加于民；不得志，修身见⑥于世，穷则独善其身，达则兼善天下。"

【注释】

①宋句践：名句践，其生平无考。　②游：指游说。　③嚣嚣：无欲而自得之貌。　④得己：自得。　⑤泽：恩惠。　⑥见：同"现"。

【大意】

孟子对宋句践说："你喜好游说吗？我对你说说游说。别人了解，也安详自得；别人不了解，也安详自得。"

宋句践说："怎样才能安详自得呢？"

孟子说："崇尚德，喜爱义，就可以安详自得了。所以，士在他处于困境的时候也不会丢掉义，得志的时候也不会偏离道。处于困境的时候也不会丢掉义，所以能安详自得；得志的时候也不会偏离道，所以百姓对他不会失望。古代的人，得志，便把恩惠施于百姓；不得志，修养个人品质面对世人。处于困境的时候，就只求做好自身修养；得志的时候，就为天下谋福祉。"

这一章提出"穷不失义，达不离道"，"穷则独善其身，达则兼善天下"的处世之道。核心精神是无论穷达都坚守道义，也就是《论语·泰伯》"守死善道"的精神。可与6.2章参读。

13.10　孟子曰："待文王而后兴①者，凡民也。若夫豪杰之士，虽无文王犹兴。"

【注释】

①兴：感动奋发之意。

【大意】

孟子说："要有了周文王才奋起的是普通百姓，至于豪杰之士，即使没有周文王也会奋起。"

普通百姓要在善政的教化、引导下才能奋发有为，豪杰之士则有独立人格，不受习俗影响，即使乱世也能奋起。

13.11　孟子曰："附之以韩魏之家①，如其自视欿②然，则过人远矣。"

【注释】

①附：此处是增益的意思。韩魏之家：大夫曰家。这里是指当时晋国的韩魏两家。　②欿（kǎn）：视盈若虚的意思。

【大意】

孟子说："把晋国韩、魏两家的家产地位加给一个人，如果他并不自满，那就超过常人很远了。"

一般人富贵不免骄矜，能有巨富而不骄，说明他必有过人之处。《论语·学而》也谈到富而无骄，可参读。

13.12　孟子曰："以佚道①使民，虽劳不怨；以生道②杀民，虽死不怨杀者。"

【注释】

①佚道：同"逸道"，安乐之道。　②生道：指谋求生存。

【大意】

孟子说："在求百姓安逸的原则下役使百姓，他们即使劳累也不会怨恨；在求生存的原则下杀人，他们即使死去也不会怨恨杀他的人。"

治国要用"逸道""生道"，为了求百姓的安逸和生存。

> 13.13　孟子曰："霸者之民，欢虞①如也；王者之民，皞皞②如也。杀之而不怨，利之而不庸③，民日迁善而不知为之者。夫君子④所过者化，所存者神，上下与天地同流，岂曰小补之哉？"

【注释】

①欢虞：同"欢娱"。　②皞（hào）皞：舒畅自得的样子。
③庸：此处作动词用，酬谢。　④君子：圣人之通称。

【大意】

孟子说："称霸者的百姓欢喜快乐，王者的百姓舒畅自得。

杀了罪犯人们不会怨恨，给予利益不酬谢。百姓每天都向改恶从善的方向发展，而不知道是谁使他们这样的。君子所过的地方，人们都受到感化；他所起的作用，神妙深邃，与天地同步运行，难道只是小有补益吗？"

13.14　孟子曰："仁言不如仁声①之入人深也，善政不如善教②之得民也。善政，民畏之；善教，民爱之。善政得民财，善教得民心。"

【注释】

①声：指音乐。　②教：教化。

【大意】

孟子说："有关仁德的言论不如表现仁德的音乐深入人心，良好的政治措施不如良好的教化更能赢得民众。良好的政治措施，老百姓怕它；良好的教化，老百姓爱它。良好的政治措施能从百姓那里得到财物，良好的教化才能得到百姓的心。"

这两章都是说教化的功能。

13.15　孟子曰："人之所不学而能者，其良能①也；

所不虑而知者，其良知也。孩提之童②，无不知爱其亲者；及其长也，无不知敬其兄也。亲亲③，仁也；敬长，义也；无他④，达⑤之天下也。"

【注释】

①良能、良知：孟子为说明人性善而提出的两个概念，指人们生来就有的道德情感和生来就会的道德行为。后来的"良心"一词，概指良知、良能二者，就源于此。 ②孩提之童：指还需要大人抱着、领着的幼儿。 ③亲亲：前一个亲是动词，当"爱"讲；后一个亲是名词，指父母。 ④无他：没有其他原因。 ⑤达：通行。

【大意】

孟子说："人不经过学习就会做的，叫作良能；不经过思考就知道的，叫作良知。幼儿没有不知道爱他的父母的，等到他长大了，没有不知道尊敬他的兄长的。爱自己的父母就是'仁'，尊敬自己的兄长就是'义'。没有其他原因，这是通行于天下的。"

这一章提出"良知""良能"这两个概念。孟子说亲亲是仁，敬长是义，而亲亲敬长是"不虑而知""不学而能"的良知、良能。也就是说，仁义是天赋的，人固有的本性。中国人讲的良心，就是指人的这种道德心。

13.16　孟子曰："舜之居深山之中，与木石居，与鹿豕游，其所以异于深山之野人者几希。及其闻一善言，见一善行，若决江河，沛然莫之能御也。"

【大意】

孟子说："舜居住在深山之中时，与树木、石头同处，与鹿和野猪为伍，跟深山中的居民很少差别。但当他听到一句善言、看见一件善行，马上就去追求，像江河决了口，浩浩荡荡没有力量能阻挡。"

这一章的意思也是说对善的追求是人的天性。

13.17　孟子曰："无为其所不为，无欲其所不欲，如此而已矣。"

【大意】

孟子说："不做那我所不做的事，不要那我所不要的东西，这样就行了。"

羞耻之心是做人的底线。有羞耻之心，就有所不为。守住这个底线，然后才可以有所作为。无羞耻之心，就会无所不为，那就不可救药了。所以修身全在于"无为其所不为，无欲其所不欲"。

与8.8、13.6、13.7章参读。

> 13.18　孟子曰："人之有德慧术知①者，恒存乎疢疾②。独孤臣孽子③，其操心也危，其虑患也深，故达。"

【注释】

①德慧术知：德行，智慧，道术，才智。　②疢（chèn）疾：灾患。　③孽子：指非嫡妻所生的子女。

【大意】

孟子说："人们之所以具有德行、智慧、道术、才智，常常是由于他有灾患。唯独那些孤立无助的远臣、贱妾所生的庶子，他们总是警惕不安，忧患灾难也深，所以能够通达。"

这一章也是阐述"生于忧患而死于安乐"（12.15章）的道理。孟子用"孤臣孽子"为例，说因为他们处境艰困，总是心存忧患不安，对于祸患考虑得深刻，所以优秀人士往往出自他们中间。这种现象，直到今天也是如此，值得认真思考。

可与12.15章参读。

13.19　孟子曰："有事君人者,事是君则为容悦者也。有安社稷臣者,以安社稷为悦者也。有天民者,达可行于天下而后行之者也。有大人者,正己而物正者也。"

【大意】

孟子说："有侍奉君主的人,是侍奉君主就以讨君主欢心为乐的人;有安定国家的臣子,是以安定邦国为乐的人;有天民,是在道能够施行于天下时去实行的人;有大人,是端正了自身而使事物随之端正的人。"

这一章讲不同的人品。《论语·为政》说"视其所以,观其所由,察其所安,人焉廋哉?人焉廋哉?"这一章则单说其"所悦",看其所悦,可见人的高下。

13.20　孟子曰："君子有三乐,而王天下不与存焉。父母俱存,兄弟无故①,一乐也;仰不愧于天,俯不怍②于人,二乐也;得天下英才而教育之,三乐也。君子有三乐,而王天下不与存焉。"

【注释】

①故:指灾难病患。　②怍(zuò):惭愧。

【大意】

孟子说:"君子有三种乐趣,而称王天下不在其内。父母都健在,弟兄无灾患,是第一种乐趣;上无愧于天,下不惭于人,是第二种乐趣;得到天下优秀人才而教育他们,是第三种乐趣。君子有三种乐趣,而称王天下不在其内。"

这一章讲君子的三种乐趣。第一种来自孝悌之情,第二种来自自身修养的追求,第三种则来自"己欲立而立人"(《论语·雍也》)的责任。而"王天下",富贵利禄之最大者不在其中。人们都追求乐,而以什么为乐,反映了一个人的理想追求、精神世界。《论语》有"孔颜之乐","益者三乐,损者三乐"。孟子说君子三乐,体现了儒家的精神追求,值得细心体会。

"乐"和"悦"意相近,本章也可与上章联系来看。

13.21　孟子曰:"广土众民①,君子欲之,所乐②不存焉。中天下③而立,定四海之民,君子乐之,所性④不存焉。君子所性,虽大行⑤不加焉,虽穷居⑥不损焉,分定⑦故也。君子所性,仁、义、礼、智根于心⑧。其生色也,睟然见于面⑨,盎⑩于背,施于四体,四体不言而喻。"

【注释】

①广土众民："广"与"众"都是作动词用的。"广土"即扩大土地，"众民"即增加人口。　②所乐：即所高兴的事情。　③中天下：居天下的中央。　④所性：即当作生命、视为性命的东西。⑤大行：大行的含义与下文的"穷居"相反，可理解为通行于天下。大，通达。　⑥穷居：处于困境，理想得不到实现。　⑦分定：即本分所决定的。分，本分。　⑧根于心：根源于心中，或扎根于心中。　⑨睟（suì）然：润泽的意思。见：同"现"，表现。⑩盎：显现。

【大意】

孟子说："扩大土地、增加人口，是君子所希望的，但是他的乐趣不在这里。居于天下的中央，安定天下的百姓，是君子高兴的事情，但是他的本性不在这里。君子的本性，不因为他的理想通行天下而有所增加；也不因为他处于困境而有所减少，这是因为本分已经定了的缘故。君子的性，仁、义、礼、智是深深地扎根于心中的。它发出的神色纯和温润，表现在颜面，显露在肩背，作用于手足的行动，不用说话人们就会明了。"

这一章提出"所欲""所乐""所性"这样三个不同层次的追求。"欲之"的不一定是"所乐"，"乐之"的不一定是"所性"。想要的不一定是快乐之所在,乐于要的也不一定是本性的追求。君子本性的追求就是仁、义、礼、智,实现仁、义、礼、智才是君子的人生价值和终极目标。

这一章说"中天下而立,定四海之民,君子乐之",与上章说君子三乐说法不同,精神则是一致的,须细心体会。

"君子所性,仁、义、礼、智根于心。"君子追求的仁、义、礼、智植根于心中,是生来就有的,它由内而外,表现于人的形体和一切活动。可与3.6、11.6、13.15等章参看。

13.22　孟子曰:"伯夷辟纣,居北海之滨,闻文王作兴,曰:'盍归乎来! 吾闻西伯善养老者。'太公辟纣,居东海之滨,闻文王作兴,曰:'盍归乎来! 吾闻西伯善养老者。'天下有善养老,则仁人以为己归矣。五亩之宅,树墙下以桑,匹妇蚕之,则老者足以衣帛矣。五母鸡、二母彘,无失其时,老者足以无失肉矣。百亩之田,匹夫耕之,八口之家足以无饥矣。所谓西伯善养老者,制其田里,教之树畜,导其妻子,使养其老。五十非帛不暖,七十非肉不饱,不暖不饱,谓之冻馁。文王之民,无冻馁之老者,此之谓也。"

【大意】

　　孟子说："伯夷躲避殷纣,住在北海边,听说周文王兴起,感奋他说:'何不归顺他啊!我听说西伯善于奉养长者。'姜太公躲避殷纣,居住在东海边,听说周文王兴起,感奋他说:'何不归顺他啊!我听说西伯善于奉养长者。'天下有善于奉养长者的,那么仁人便以他作为自己的归宿了。五亩宅田,在墙下种植桑树,妇女养蚕,那么老年人足以穿上丝绸了。五只母鸡、两头母猪,不失时节地畜养,老年人足以不缺少肉食了。百亩耕地,男子去耕种,八口之家足以免于挨饿了。所谓西伯善于奉养长者,就是规定耕地居宅,教给他们种植畜养,引导妻室子女奉养他们的长者。五十岁的人没有丝绸就穿不暖,七十岁的人没有肉食就吃不饱。穿不暖、吃不饱叫作挨冻受饿。周文王的百姓中没有挨冻受饿的老人,就是这个意思。"

　　13.23　孟子曰:"易其田畴①,薄其税敛,民可使富也。食之以时,用之以礼,财不可胜用也。民非水火不生活,昏暮叩人之门户,求水火,无弗与者,至足矣。圣人治天下,使有菽粟②如水火。菽粟如水火,而民焉有不仁者乎?"

【注释】

①易其田畴：就是"正经界"的意思。杨伯峻译为"搞好耕种"（杨伯峻：《孟子译注》，中华书局，2001年版，第311页）。易，改变。畴，界域。孟子在5.3章讲："夫仁政，必自经界始。"

②菽粟：泛指粮食。

【大意】

孟子说："纠正田地的疆界，减轻税收，可以使百姓富足。按时食用，依礼的规定消费，财物是用不尽的。百姓没有水和火就不能生存，黑夜敲门向别人求水或火，没有不给的，这是因为水火极其充足。圣人治理天下，就要使粮食像水火那样充足。粮食像水火那样充足，百姓哪有不仁爱的呢？"

本章和上一章都是讲仁政的经济方面。除了说到一些具体政策，主要是反映了孟子对民生的重视。他追求的目标，是要使百姓温饱，不愁吃穿。可与1.7、5.3章参读。

13.24　孟子曰："孔子登东山①而小鲁，登太山而小天下。故观于海者难为水，游于圣人之门者难为言。观水有术，必观其澜②。日月有明，容光必照③焉。流水之为物也，不盈科不行；君子之志于道也，不成章④不达。"

【注释】

①东山：即蒙山，在今山东蒙阴之南。　②澜：水中之大波。
③容光必照：只要有极细微的缝隙，日月之光就一定会透过去照
到。　④成章：古称乐曲终结为一章，此指事物达到一定阶段。

【大意】

孟子说："孔子登上东山，觉得鲁国小了，登上泰山，觉得天
下小了。所以，看过大海的人，不容易被一般的水所吸引；在圣
人门下游学的人，不容易被一般的言论所影响。看水有方法，一
定要看它大的波澜。太阳月亮有光辉，能透过极细微的缝隙，
照到一切。流水这种东西，不注满洼地不再向前；君子对道的追
求，不到一定的程度不能通达。"

本章以登山观海为比喻，说君子应立志于高远。

13.25　孟子曰："鸡鸣而起，孳孳①为善者，舜之徒
也。鸡鸣而起，孳孳为利者，跖②之徒也。欲知舜与跖之
分，无他，利与善之间③也。"

【注释】

①孳孳：勤勉、不懈怠。　②跖：即本书6.10章中所提及的盗

跖。　③间：不同。

【大意】

孟子说："鸡叫就起，不知疲倦地行善的人，是与舜同一类的人；鸡叫就起，一刻不停地牟利的人是跖的同类。要了解舜和跖的区别，没有别的，只是利与善的不同。"

这一章讲利和善，认为圣人（舜）和大盗（跖）之间的区别只在于是孳孳求善还是孳孳求利。反映了在精神生命和物质生命关系问题上两种对立的人生价值观。可与1.1章参读。

13.26　孟子曰："杨子取为我^①，拔一毛而利天下不为也；墨子兼爱，摩顶放踵^②利天下，为之。子莫^③执中，执中为近之，执中无权^④，犹执一也。所恶执一者，为其贼道也，举一而废百也。"

【注释】

①杨子：即杨朱，见本书6.9章。取：主张。　②摩顶放踵：顶指头颅，踵指脚跟。对"摩顶放踵"有不同解释。摩顶，摩秃其顶。放踵，一说放，至也，从头顶到脚跟；一说放，放纵，放踵是

只穿没有后跟的木屐。杨伯峻以为，"此盖当日成语，已难以求其确诂"（杨伯峻：《孟子译注》，中华书局，2001年版，第313页）。③子莫：鲁之贤人。　④权：权变。

【大意】

孟子说："杨子主张为我，拔一根汗毛而有利于天下，也不干。墨子主张兼爱，摩秃头顶，走破脚跟，只要对天下有利就去干。子莫把握'中'，把握'中'接近于正确；但把握中如果缺乏变通，就和执着于一点一样了。所以嫌恶执着于一点，是因为它损害道，抓住一点而废弃了其余的缘故。"

这一章中孟子指出杨朱、墨子学派都是偏执一端，子莫看到杨朱、墨翟的偏，采取"执中"的态度，比较近于正确。《论语·雍也》说"中庸之为德也，其至矣乎"，《中庸》说"中者，不偏不倚、无过不及之名"，可联系来读。孟子又特别指出子莫"执中无权"的毛病，说"执中无权"和偏于一端是一样的。对这一点要特别认真体会。中，不是固定的，死板的，可以套用到一切事物上的一个模式，它是要根据具体的对象、具体的条件，在具体分析的基础上才能确定的。这就是要"权"，权衡一切条件作具体的分析。没有具体的权衡、分析，拿一个模式用于各种不同的事物、不同的条件，也就等于是偏执一端了。

> **13.27** 孟子曰："饥者甘食，渴者甘饮，是未得饮食之正也，饥渴害之也。岂惟口腹有饥渴之害？人心亦皆有害。人能无以饥渴之害为心害，则不及人不为忧矣。"

【大意】

孟子说："饥饿的人觉得一切食物都是好的，干渴的人觉得一切饮料都是好的，这是没有懂得饮食的正道，是饥渴带给他们的危害。岂止嘴巴肠胃有饥饿、干渴的危害，人心也有这种危害。人们如能不使饥渴之类的危害成为心的危害，就不会因为不如他人而忧虑了。"

饥不择食，渴不择饮，就会背离饮食之道，这是饥渴带来的危害。对于心，同样有这种危险。孟子指出的这一点，应引起我们的注意和警惕。

> **13.28** 孟子曰："柳下惠不以三公易其介①。"

【注释】

①介：耿介，有操守。

【大意】

孟子说:"柳下惠不因为有高官做而改变他的节操。"

13.29 孟子曰:"有为者辟若掘井,掘井九轫^①而不及泉,犹为弃井也。"

【注释】

①九轫:轫,古代度量单位,一轫的长度,有说为八尺,有说为七尺。九是多的意思。

【大意】

孟子说:"要有所作为好比掘井,井掘得很深却没有挖到泉水,也还是一口废井。"

本章说要有所作为,不能半途而废。

13.30 孟子曰:"尧、舜,性之^①也。汤、武,身之^②也。五霸,假之也。久假而不归,恶知其非有^③也。"

【注释】

①性之:行仁义之道是出于本性。此处的"之"指仁义之

道。 ②身之：身体力行。 ③恶知其非有：直译是怎么能知道他不是真的。又有不同解释，一说指本人不自知其非真有，一说是叹世人难于识别其伪。

【大意】

孟子说："尧、舜行仁义之道是出于本性，商汤、周武王是身体力行，五霸是假借仁义。假借时间长久了不回归，哪知道他不是真有呢？"

这一章讲到对仁义的三种态度。"性之"是出于本性的要求；"身之"是闻道之后身体力行；"假之"则是假借仁义之名，另行一套。"假之"是骗人的，但时间久了，也会让人不辨真假。这个问题值得深思。

13.31 公孙丑曰："伊尹曰：'予不狎于不顺。'放太甲于桐①，民大悦。太甲贤，又反之，民大悦。贤者之为人臣也，其君不贤，则固可放与？"

孟子曰："有伊尹之志则可，无伊尹之志则篡也。"

【注释】

①放太甲于桐：事见9.6章。

【大意】

公孙丑说:"伊尹说:'我不愿亲近不正派的人。'他把太甲放逐到桐邑,百姓非常高兴。太甲改好了,又把他接回来,百姓非常高兴。贤者作为臣属,他的君主不贤,就可以放逐吗?"

孟子说:"有伊尹那样的心就可以,没有伊尹那样的心就是篡位了。"

13.32　公孙丑曰:"《诗》①曰:'不素餐②兮'。君子之不耕而食,何也?"

孟子曰:"君子居是国也,其君用之,则安富尊荣;其子弟从之,则孝悌忠信。'不素餐兮',孰大于是?"

【注释】

①《诗》:此处诗句引自《诗经·魏风·伐檀》。　②素餐:无功而食禄。素,空。

【大意】

公孙丑说:"《诗经》说:'不白吃饭啊。'君子不从事耕种就吃,为什么呢?"

孟子说:"君子住在一个国家,国君任用他,就能平安富足、尊贵荣耀；少年子弟信从他，就孝敬父母，敬爱兄长，忠诚守信。'不白吃饭啊'，还有比这更重大的吗？"

本章也是反映孟子关于社会分工的思想。可与5.4、6.4章参读。

> 13.33　王子垫①问曰："士何事？"
>
> 孟子曰："尚②志。"
>
> 曰："何谓尚志？"
>
> 曰："仁义而已矣。杀一无罪，非仁也；非其有而取之，非义也。居恶在③？仁是也；路恶在？义是也。居仁由义④，大人之事备矣⑤。"

【注释】

①垫：齐王子，名垫。　②尚：尊重，崇尚。　③恶（wū）在：在哪里。恶，疑问代词，哪里。　④居：居住，这里指精神家园。由：从这里走。　⑤大人：古代对道德高尚的人的尊称。备：齐备。

【大意】

王子垫问："士要做些什么？"

孟子说："要重视立志"。

王子垫问："重视立志是什么意思？"

孟子说："就是立志于仁义罢了。杀一个无罪的人，是不仁；不是自己的东西却据为己有，是不义。居住的地方在哪里呢？就在仁；路在哪里呢？就是义。安顿在仁的家园中，按照义的路走，大人的事情就齐备了。"

孔子把"志于道"作为做人的第一位的要求，孟子这一章说士要"尚志"，反映了他们对立志的重视。对尚志，孟子解释说"仁义而已矣"，就是要追求仁义。他提出，仁是人的精神家园，义是人要走的正路。要成为一个有道德的人，就是要"居仁由义"，以仁为立身的根本，在仁的基础上建立自己的精神家园；以义为行事的准绳，按照义的要求去做事。这是孟子提出的做人的总原则，又是"富贵不能淫，贫贱不能移，威武不能屈"精神、舍生取义的价值观和浩然之气的基础。可联系3.2、6.2、11.10章读。

13.34　孟子曰："仲子①，不义与之齐国而弗受，人皆信之，是舍箪食豆羹之义也。人莫大焉亡亲戚、君臣、上下，以其小者信其大者，奚可哉？"

【注释】

①仲子：即本书6.10章提到的居于於陵的陈仲子。

【大意】

孟子说："陈仲子这个人，不合乎道义地把齐国给予他，他不会接受，人们都相信这一点，这是舍弃一筐饭、一碗汤的义。对于人，没有比丢弃亲属、君臣、尊卑之礼更重大的事了，根据他的小节就相信他的大节，怎么可以呢？"

这一章讲到大节与小节，可与13.46章参读。关于陈仲子，6.10章说到对他的批评，可参读。

13.35 桃应①问曰："舜为天子，皋陶为士，瞽瞍杀人，则如之何？"

孟子曰："执之而已矣。"

"然则舜不禁与？"

曰："夫舜恶得而禁之？夫有所受之也。"

"然则舜如之何？"

曰："舜视弃天下犹弃敝蹝②也，窃负而逃，遵③海滨而处，终身䜣④然，乐而忘天下。"

【注释】

①桃应：孟子弟子。　②蹝（xǐ）：草鞋。　③遵：循。
④䜣：欣喜。

【大意】

桃应问道："舜当天子，皋陶当法官，舜的父亲瞽瞍杀了人，那么怎么办呢？"

孟子说："抓起来就是了。"

桃应说："那么舜不阻止吗？"

孟子说："舜怎么能阻止呢，皋陶是有根据的。"

桃应说："那么舜怎么办呢？"

孟子说："舜把抛弃王位看得就像抛弃破草鞋一样，偷偷背负着父亲逃走，靠海边住下，一辈子快快乐乐地生活，忘掉做天子的事。"

这一章的讨论，涉及情与法的关系。孟子在这里说的意思主要有两点：一，舜的父亲杀了人，要依法处理，舜也不能阻止；二，舜对放弃天子位看得就像丢弃一双破鞋一样，而对亲情看得很重，宁可背着父亲逃往海边，享天伦之乐。这样，舜既不以情害法，也不因法伤情。

在现代社会如何处理情与法的关系，仍是一个需要很好研究的重要问题。

13.36　孟子自范①之齐，望见齐王之子，喟然叹曰："居移气②，养移体③，大哉居乎！夫非尽人之子与？"

孟子曰："王子宫室、车马、衣服多与人同，而王子若彼者，其居使之然也；况居天下之广居④者乎？鲁君之宋，呼于垤泽之门⑤。守者曰：'此非吾君也，何其声之似我君也？'此无他，居相似也。"

【注释】

①范：地名，今山东范县。　②居移气：生活的环境能够改变人的气质。这里说的生活环境不仅指物质方面的环境。居，生活环境。气，气度，气质。　③养移体：物质生活条件可以改变人的身体。养，供养，物质生活条件。　④天下之广居：指仁。⑤垤（dié）泽之门：宋国都城城门名。

【大意】

孟子从范这个地方来到齐国都城，远远地看见齐国的王子，十分感慨地说："居处环境改变人的气度，物质奉养改变人的体质，生活环境真重要啊！不都是人的儿子吗？"

孟子又说："王子的住所、车马和衣服多半和别人相同，而王子的气质却是那样，这是他的生活环境使他成了这样的。何况以'仁'作为自己住所的人呢？鲁国的国君来到宋国，在垤泽门下叫门，守门人说：'这不是我的国君，为什么他的声音像我的国君呢？'这没有别的原因，是居处相似的缘故。"

本章讲"居移气"，居住环境可以改变人的气质。居，不是指宫室、车马、衣服等物质条件和环境。古注，一指位势，二指仁义。"天下之广居"就是指仁义（参看6.2章）。《论语·里仁》说"里仁为美"，也可参读。

13.37　孟子曰："食而弗爱，豕交之①也；爱而不敬，兽畜之②也。恭敬者，币之未将者也③。恭敬而无实④，君子不可虚拘⑤。"

【注释】

①豕（shǐ）交之：像对待猪一样与人打交道。豕，猪。　②兽畜之：像畜养禽兽一样养活人。　③币：礼物。将：送。　④恭敬而无实：只有形式上的尊敬而无内心的尊敬。　⑤拘：留，留住。

【大意】

孟子说："养活他而不爱他，就是以养猪的态度对待他；爱他但不尊敬他，就是以畜养牲口的态度对待他。尊敬之心是在送礼之前就具备了的。外表恭敬而没有内心的敬意，君子是不会被这种虚假的形式所留住的。"

孟子批评诸侯对待贤人的两种情况：食而弗爱、爱而不敬。如果只是在物质生活上供养或只是表示喜爱贤人，而没有对贤人的尊敬，那就同饲养猪狗家畜一样，这种虚假的恭敬，贤人是不会接受的。

13.38　孟子曰："形色，天性也，惟圣人然后可以践形。"

【大意】

孟子说："身体容貌是天生的，只有圣人才能通过它们体现天性。"

13.39　齐宣王欲短丧。公孙丑曰："为期①之丧，犹愈于已乎？"

孟子曰："是犹或绉其兄之臂，子谓之姑徐徐云尔，亦②教之孝悌而已矣。"

王子有其母死者，其傅为之请数月之丧。公孙丑曰："若此者何如也？"

曰："是欲终之而不可得也。虽加一日愈于已，谓夫莫之禁而弗为者也。"

【注释】

①期（jī）：一年。　②亦：只。

【大意】

齐宣王想要缩短服丧时间。公孙丑说："服丧一年不是还比不服丧要好些吗？"

孟子说："这好比有人在扭折他哥哥的胳膊，你告诉他姑且慢慢扭。只是教导他孝悌就好了。"

有位王子死了生母，他的师傅替他请求服几个月的丧。公孙丑说："像这样的事怎么样呢？"

孟子说："这是他想服完三年丧期而做不到，即使多服一天丧也比不服丧好。上面讲的是针对没有人禁止他却不守丧的人而言的。"

对不同的事进行具体分析，不是只据形式来判断。

13.40　孟子曰："君子之所以教者五：有如时雨化之者，有成德者，有达财①者，有答问者，有私淑艾②者。

此五者，君子之所以教也。"

【注释】

①财：通"材"。　②私淑艾：并未直接施教，求学者仰慕君子之道，私下学习取法。

【大意】

孟子说："君子用以教育的方式有五种，有像及时雨那样进行教化的，有成全品德的，有培养才能的，有解答疑问的，有自身的德行为他人所私下学习的。这五种就是君子用以教育的方式。"

本章说教育的不同方式。

13.41　公孙丑曰："道则高矣，美矣，宜若登天然，似不可及也。何不使彼为可几及而日孳孳也？"

孟子曰："大匠不为拙工改废绳墨，羿不为拙射变其彀率。君子引而不发，跃如也。中道而立，能者从之。"

【大意】

公孙丑说："道真是崇高完美啊，几乎像登天一样，似乎无

法达到；为什么不使它成为能够攀到而让人每天孜孜地去追
求呢？”

　　孟子说："高明的工匠不为拙劣的徒工改变或废弃规矩，羿
不为拙劣的射手改变开弓的标准。君子拉开弓而不发射，做出马
上要射出的姿势，站在道路中央，有能力的就跟着做。"

　　不能因为受教育者的才能低下而改变标准，降低要
求。要确立标准，要求受教者努力达到。

　　13.42　孟子曰："天下有道，以道殉[①]**身；天下无
道，以身殉道。未闻以道殉乎人**[②]**者也。"**

【注释】

①殉：从。　②殉乎人：以道迁就人。

【大意】

　　孟子说："天下清明，道随着自身的出仕而施行；天下黑暗，
付出生命来维护道。从未听说过以道来迁就人的。"

　　《论语·泰伯》："笃信好学，守死善道。"孔曰成仁，
孟曰取义。可联系来读。

13.43　公都子曰："滕更①之在门也,若在所礼。而不答,何也?"

孟子曰："挟贵而问,挟贤而问,挟长而问,挟有勋劳而问,挟故而问,皆所不答也。滕更有二焉。"

【注释】

①滕更:滕君之弟,来学于孟子。

【大意】

公都子说:"滕更在门下时,似乎应该属于以礼相待之列,可是您不回答他的询问,为什么呢?"

孟子说:"倚仗着显贵的地位来发问,倚仗着自己贤能来发问,倚仗着自己年长来发问,倚仗着自己有功劳来发问,倚仗着自己有老交情来发问,都是我所不回答的。其中,滕更就占了两条。"

向人请教,要持谦虚恭敬的态度,不可依仗地位、能力、年龄、功劳、关系等来发问。这反映了孟子对人格平等的重视。

13.44　孟子曰:"于不可已①而已者,无所不已;于所厚者薄,无所不薄也。其进锐者,其退速。"

【注释】

①已：一说"弃"，一说"止"，都可通。

【大意】

孟子说："把不能停止的事停止了，就没有什么事不停止了；该厚待的却薄待，就没有什么不薄待了。前进得猛烈，后退也快。"

本章主旨是说，凡事不可过，也不可不及。进退厚薄，都要适度。旧注有说指用刑过度，不能禁止的禁止，不该罚的受罚。所厚者薄，指行赏不及，该赏的没有受赏。进锐，指前进过快。可以联系《论语》"过犹不及"来理解，不必拘泥于刑赏等具体事物。

13.45 孟子曰："君子之于物也，爱之而弗仁；于民也，仁之而弗亲。亲亲而仁民，仁民而爱物。"

【大意】

孟子说："君子对于万物，爱惜它，却不用仁爱之心对待它；对于百姓，用仁爱之心对待他，却不亲爱他；由亲爱亲人进而仁爱百姓，由仁爱百姓进而爱惜万物。"

这一章是说明儒家仁爱精神的很重要的一段话,包含着两方面意思:一方面,仁爱不仅是对人而言的,也是对整个宇宙而言的,不仅要爱人,也要爱物;另一方面,儒家所主张的爱,不是抽象的"普遍的爱",而是根据关系的远近而有差等的,由亲亲到仁民,由仁民到爱物,关系由近及远,仁爱的表现也就不同。是普遍的,又是有差等的,把握这两个方面,对于正确理解儒家的仁爱精神非常重要。

13.46　孟子曰:"知者无不知也,当务之为急;仁者无不爱也,急亲贤之为务。尧、舜之知而不遍物,急先务也;尧、舜之仁不遍爱人,急亲贤也。不能三年之丧,而缌、小功之察①,放饭、流歠而问无齿决②,是之谓不知务。"

【注释】

①缌、小功之察:缌、小功是古代孝服的名称,是孝服中等级较低的,用在三月、五月的丧期。为父母服丧,丧期三年,所穿的孝服远比缌、小功的等级要高。　②放饭、流歠(chuò):狼吞虎咽的意思,属于失礼的行为。放,大。流歠,饮。齿决:《礼记·曲礼上》云:"干肉不齿决。"即不在宴席上啃干肉,应用手折断后

送入口中。与放饭、流歠相比，齿决干肉只算是"不敬之小者"
（《四书章句集注》）。

【大意】

孟子说："智者无所不知，但把当前要做的事当作紧急的
事；仁者无所不爱，但把爱亲人和贤者放在最先。以尧、舜那样
的智慧而不遍知一切，是因为他急于了解首要的事务；以尧、舜
那样的仁而不遍爱所有的人，是因为他急于亲近贤者。不能服丧
三年，却去讲求缌麻、小功的礼；吃饭狼吞虎咽，却去细究不用
牙啃干肉的事，这就叫作不识大体。"

"当务之为急"，把当前要办的事当作紧急的事，是说凡
事要先抓住主要的。看不到主要的，只在小事上计较，不识
大体，是不行的。可与13.34章参读。

后人用"当务之急"来说明当前急需办的事务。

尽心下

凡三十八章

14.1　孟子曰："不仁哉，梁惠王也！仁者以其所爱及其所不爱，不仁者以其所不爱及其所爱。"

公孙丑曰："何谓也？"

"梁惠王以土地之故，糜烂①其民而战之，大败，将复之，恐不能胜，故驱其所爱子弟以殉之，是之谓以其所不爱及其所爱也。"

【注释】

①糜烂：驱使百姓去打仗，使他们血肉糜烂。

【大意】

孟子说："梁惠王真是不仁啊！仁人把他所爱的推及所不爱的，不仁的人把他所不爱的推及所爱的。"

公孙丑问道："这是指什么呢？"

孟子说："梁惠王为了争夺土地的缘故，驱使百姓去作战，使他们血肉糜烂。大败，准备再战，怕不能取胜，所以驱使他所喜爱的子弟去献身，这就叫作把他所不爱的推及所爱的。"

这一章和下一章，反映了孟子反对当时诸侯争霸战争的态度。

14.2　孟子曰："《春秋》无义战。彼善于此，则有之矣。征者，上伐下也，敌①国不相征也。"

【注释】

①敌：匹敌。

【大意】

孟子说："《春秋》中没有正义的战争，那一方比这一方好一点，那是有的。所谓征，是在上者讨伐在下者，对等的国家不相互征伐。"

14.3　孟子曰："尽信《书》，则不如无《书》。吾于《武成》①，取二三策②而已矣。仁人无敌于天下。以至仁伐至不仁，而何其血之流杵③也？"

【注释】

①《武成》：《尚书》篇名。　②二三策：当时的书写在竹简上，每一片竹简称一策。　③杵：舂杵。

【大意】

孟子说："完全相信《尚书》，不如没有《尚书》。我对于

《武成》篇，不过取它两三支简罢了。仁者无敌于天下，由最具仁德的人讨伐最不仁的人，怎么会血流得把舂米的木棒都漂起来呢？"

本章说的是读《尚书》，其实也是读书的基本原则。读书要重于理解和有批判精神，不可盲目全信。

14.4 孟子曰："有人曰'我善为陈①，我善为战'，大罪也。国君好仁，天下无敌焉。南面而征，北狄怨；东面而征，西夷怨。曰：'奚为后我？'武王之伐殷也，革车②三百两，虎贲③三千人。王曰：'无畏！宁尔也，非敌百姓也。'若崩厥角④稽首。征之为言正也，各欲正己也，焉用战？"

【注释】

①陈：同"阵"。 ②革车：兵车。 ③虎贲：如猛虎之奔走，喻其勇猛，指勇士。贲，通"奔"。 ④厥角：即顿首，头叩地而拜。

【大意】

孟子说："有人说'我善于布设战阵，我善于指挥作战'，这是大罪恶。国君爱好仁,就天下无敌。南向征讨,北方的狄人便埋怨;东向征讨,西方的夷人便埋怨,说:'为什么不先到我们这里来啊!'周武王讨伐殷商,兵车三百辆、勇士三千人,武王说:'不要害怕!我是来安定你们,不是与百姓为敌。'百姓像山崩似的一齐伏地叩头。征是正的意思,各人都想端正自身,哪用得着作战呢?"

孔子说"政者正也。子帅以正,孰敢不正?"(《论语·颜渊》)本章孟子谈战争,也说"征之为言正也,各欲正己也,焉用战?"反映了儒家在力和德的关系上的基本态度,依靠德而不是依靠力,反对凭强力治国和进行征服战争。可与3.3、6.5章参读。

14.5 孟子曰:"梓匠轮舆能与人规矩,不能使人巧。"

【大意】

孟子说:"制作车轮、车厢的木匠能把方法传授给人,却不能使人技艺精巧。"

师傅只能把具体的方法教给徒弟,不能使徒弟成为巧匠。这是说，只懂得具体的规矩、法度，照章办事，是不能真正把事情做好的。要真正做好，重要的是有对道的领悟。可与7.1、10.1章参读。

> **14.6** 孟子曰："舜之饭糗茹草也^①，若将终身焉；及其为天子也，被袗衣^②，鼓琴，二女果^③，若固有之。"

【注释】

①饭：作动词用。糗（qiǔ）：指干饭。茹（rú）：吃。 ②袗（zhěn）衣：画有花纹的贵重衣服。 ③果：侍。

【大意】

孟子说："舜在啃干粮吞野菜时，好像终身都要这样了；到他做了天子，穿着珍贵的衣服，弹着琴，尧的两个女儿侍候着，好像这些都是本来就有的。"

舜在受尧的禅让为天子之前，安于贫困，完全没有去追求富贵的意思。当天子后，又似乎本来就这样，没有什么变化。无论贫贱富贵，都是以平常心处之，这是常人难以做到的。

14.7　孟子曰："吾今而后知杀人亲之重也：杀人之父，人亦杀其父；杀人之兄，人亦杀其兄。然则非自杀之也，一间①耳。"

【注释】

①一间：形容相距很近。

【大意】

孟子说："我今天才知道杀害别人亲人的严重：杀了别人的父亲，别人也会杀他的父亲；杀了别人的哥哥，别人也会杀他的哥哥。这样，虽不是自己杀了父亲和哥哥，也相去不远了。"

孟子说，杀他人的父亲，导致自己父亲被人所杀，虽不是自己杀了父亲，也和自己杀的差不多。是告诫人们，伤害他人，会祸及自己；善待他人，是远祸之途。

14.8　孟子曰："古之为关也，将以御暴。今之为关也，将以为暴。"

【大意】

孟子说："古时候设立关卡是要用来抵御强暴，现在设立关卡是要用来实施强暴。"

本章是对时政的批评。

14.9　孟子曰："身不行道，不行于妻子；使人不以道，不能行于妻子。"

【大意】

孟子说："自身不践行道，对妻室、子女都推行不了；不依道来使唤他人，连妻室、子女都不能差遣。"

正人必先正己。《论语·子路》说："其身不正，虽令不从。"

14.10　孟子曰："周于利者凶年不能杀①；周于德者，邪世不能乱。"

【注释】

①周：充足。杀：匮乏、困窘。一说此处仍用本义，言荒年不致饿死，亦通。

【大意】

孟子说："财富充足的人，荒年不能使他窘困；德行敦厚的人，乱世不能使他迷惑。"

真正有德的人，虽居乱世，也不会被迷惑而走邪路。可与6.2章参读。

14.11　孟子曰："好名之人，能让千乘之国；苟非其人，箪食豆羹见于色。"

【大意】

孟子说："好名的人能把千辆兵车的国家让给别人；如果不是这样的人，为了争一筐饭食、一碗羹汤都会表现在脸色上。"

这一章中的"苟非其人"，一般认为是指让与者，"大意"也取此说。3.2章有"非其君不事，非其民不使"，参照那里"非其君""非其民"的解释，对"苟非其人"也可以作另一解释，即所指是接受者。意思是，如果接受者不够资格，那就连他拿走一筐饭、一碗菜汤也不愿意，会表现在脸上。

14.12　孟子曰："不信仁贤，则国空虚；无礼义，则上下乱；无政事，则财用不足。"

【大意】

孟子说："不相信仁人、贤人，国家就空虚；没有礼、义，上下关系就混乱；没有好的政事，财物就不够使用。"

本章说任用贤人的重要，可与12.6、12.7章参读。

14.13　孟子曰："不仁而得国者，有之矣；不仁而得天下，未之有也。"

【大意】

孟子说："不仁而获得国家，是有过的，不仁而获得天下的，从未有过。"

本章可与3.3、7.2、7.3章参读。

14.14　孟子曰："民为贵，社稷次之，君为轻。是故得乎丘民①而为天子，得乎天子为诸侯，得乎诸侯为大夫。诸侯危社稷②，则变置③。牺牲既成，粢盛④既洁，祭祀以时，然而旱干水溢，则变置社稷。"

【注释】

①丘民：指百姓。　②社稷：此处的社稷指国家；后一个社稷指土神和谷神。　③变置：改立，此处指废掉旧的国君，重新立一个国君。　④粢（zī）盛：古代祭祀用的谷物，这里泛指祭品。

【大意】

孟子说："百姓最为重要，国家其次，国君为轻。所以得到百姓的拥护可以成为天子，得到天子的欢心可以成为诸侯，得到诸侯的欢心可以成为大夫。诸侯危害国家，那就废掉重立一个。祭祀的牲口已合乎要求，祭品已经清洁，祭祀按时做过，然而仍然出现旱灾、水灾，那就改立土神和谷神。"

这一章提出民贵君轻思想。孟子认为，"得乎丘民而为天子"，得到百姓的拥护，才能成为天子，所以百姓的价值高于国君。而国君危害国家，可以"变置"，废黜旧君，另立新君。这是孟子政治思想中最有价值的思想之一，也是中国古代民本思想的重要内容。

关于诸侯可以变置的思想，还可参看2.8、10.9章。

14.15　孟子曰："圣人，百世之师也，伯夷、柳下惠是也。故闻伯夷之风者，顽夫廉，懦夫有立志；闻柳下惠之风者，薄夫敦，鄙夫宽。奋乎百世之上。百世之下，闻者莫不兴起也。非圣人而能若是乎，而况于亲炙^①之者乎？"

【注释】

①亲炙：直接受到熏陶。

【大意】

孟子说："圣人是为百世所效法的老师，伯夷、柳下惠就是。听说伯夷之风范的，贪鄙者变得廉洁，懦弱者有自立的志向；听说柳下惠之风范的，刻薄者变得敦厚，鄙吝者变得宽容。他们在百世以前奋发，百世以后听说的人没有不感动振作的，不是圣人能这样吗？更何况亲身受到熏陶的人呢？"

本章说，所谓圣人，是能成为百姓的榜样，为世代人们学习的"百世之师"。孟子称道伯夷、柳下惠移风易俗的影响，说伯夷、柳下惠就是这样的是圣人。

14.16　孟子曰："仁也^①者，人也。合而言之^②，道^③也。"

【注释】

①也: 语气词, 表示停顿。　②合而言之: 把人和仁合起来说。　③道: 此处指为人之道。

【大意】

孟子说: "仁, 就是人。合起来说, 就是道。"

孟子说: "仁, 人心也。"（11.11章）仁是人的本心, 能有仁心的是人。《论语·卫灵公》: "人能弘道"。仁有赖于人而得以传扬, 人与仁相合而行仁, 就是道。可与《中庸》"率性之谓道"联系理解。

14.17　孟子曰: "孔子之去鲁, 曰: '迟迟吾行也。'去父母国之道也。去齐, 接淅而行, 去他国之道也。"

【大意】

孟子说: "孔子离开鲁国, 说'我们慢慢地走吧。'这是离开祖国的态度。离开齐国, 不等煮饭, 捞起淘好的米漉着水上路, 这是离开别国的态度。"

这一章的内容已见于10.1章。

14.18　孟子曰："君子之厄于陈蔡之间^①，无上下之交也。"

【注释】

①君子：此处的"君子"是指孔子。厄于陈蔡之间：《史记·孔子世家》对此事有记载，《论语》也提到"在陈绝粮"，也是指此事。

【大意】

孟子说："孔子所以在陈国、蔡国之间被困，是因为与这两个国家的君臣都没有交往。"

14.19　貉稽^①曰："稽大不理于口^②。"

孟子曰："无伤也。士憎^③兹多口。《诗》^④云：'忧心悄悄，愠于群小。'孔子也。'肆不殄厥愠^⑤，亦不殒厥问。'文王也。"

【注释】

①貉：姓。稽：名。　②不理于口：没有好的口碑。　③憎：一说"憎"即本意憎恶；一说，此处之"憎"同"增"，意思是凡为士的，多被众人讪笑。　④《诗》：此处诗句引自《诗经·邶风·柏

舟》。　⑤"肆不殄厥愠"二句：引自《诗经·大雅·绵》。肆，发语词，无义。殄，绝。

【大意】

貉稽说："我的口碑很不好。"

孟子说："没有关系，士人憎恶多嘴多舌。《诗经》说'愁思重重压在心，群小当我眼中钉'，这是说的孔子；《诗经》说'别人的怨恨虽未消，自己的声誉并不倒'，这是说的周文王。"

正直的人常常遭到小人的非议。本章孟子告诉貉稽怎样对待小人的这种议论，说他们议论你没有关系，士人就讨厌这种七嘴八舌的议论。自身正，不怕他人的议论。连孔子、周公他们也免不了被人议论、诟病，但丝毫无损于他们的声誉，何况普通人呢。

14.20　孟子曰："贤者以其昭昭使人昭昭，今以其昏昏使人昭昭。"

【大意】

孟子说："贤者以自己的清楚明白，使别人清楚明白；如今的人却以自己的糊里糊涂，使别人清楚明白。"

要使人清楚明白，首先自己要清楚明白。以其昏昏使人昭昭，自己糊里糊涂，却要教人清楚明白，结果必然误人子弟，败坏事业，应引以为戒。尤其是当政主事的领导人和为人师的家长、教师，切忌切忌。

14.21 　孟子谓高子曰："山径之蹊间①，介然用之而成路②，为间③不用，则茅塞之矣。今茅塞子之心矣。"

【注释】

①山径之蹊间：径，小路。蹊，人走过之处，走多了就成了路。杨伯峻《论语译注》以"间"字属下读，读作"山径之蹊，间介然用之而成路"（杨伯峻：《孟子译注》，中华书局，2001年版，第331页）。　②介然用之而成路：一直沿着蹊走，蹊就成了路。介然，专一。　③为间：少顷，很短的时间。

【大意】

孟子对高子说："山间的小道，人走的地方，一直去走它就成了路，隔些时候不走，就被茅草堵塞了。现在茅草堵塞了你的心。"

孟子以山间小道为比喻，说明对道的追求一定要坚持不断地践行。

> 14.22　高子曰："禹之声尚文王之声。"
>
> 孟子曰："何以言之？"
>
> 曰："以追蠡①。"
>
> 曰："是奚足哉？城门之轨，两马之力与？"

【注释】

①追：钟纽。蠡：将要断裂的样子。

【大意】

高子说："夏禹的雅乐胜过周文王的雅乐。"

孟子说："这样说有什么根据呢？"

高子说："因为钟纽快磨断了。"

孟子说："这怎么足以说明呢？城门下的车辙难道是一辆马车的力量所造成的吗？"

本章文义不清楚。朱熹说："此章文义本不可晓"，又说"前圣后圣，所尚者同，三王一体，何得相踰"（《孟子正义》），禹和文王先圣后圣之间不能比较高下。

14.23　齐饥。陈臻曰："国人皆以夫子将复为发棠①，殆不可复。"

孟子曰："是为冯妇②也。晋人有冯妇者，善搏③虎，卒为善士。则之野，有众逐虎④。虎负隅，莫之敢撄。望见冯妇，趋而迎之。冯妇攘臂下车。众皆悦之，其为士者笑之。"

【注释】

①发棠：开仓济贫。棠是在齐城即墨附近的粮仓。　②冯妇：妇是名，不是姓冯的妇人。　③搏：空手对打、捕捉。④"卒为"至"逐虎"：有一说把此句断作"卒为善，士则之，野有众逐虎"，亦通。

【大意】

齐国饥荒。陈臻说："国人都认为老师会再次请求打开棠地的粮仓赈灾，大概不能再这样做了吧。"

孟子说："这样就成为冯妇了。晋国有个叫冯妇的人，善于徒手制服老虎，后来成为行善之人。一次去野外，有许多人正在追逐老虎，老虎背靠山险，没有人敢逼近它。人们望见冯妇，跑过去迎接。冯妇也就将起袖子，伸出胳膊，走下车来。大家都很高兴，可是士人都讥笑他。"

　　冯妇本来已经改行为善，见有人追逐老虎，又跃跃欲试。士人笑他，是笑他"不知止"，要去做那不可能做到的事。孟子讲这个故事，是说如果勉强去做那明知不可能做到的事，就像冯妇一样了。朱熹《四书章句集注》说"疑此时齐王已不能用孟子，而孟子亦将去矣，故其言如此"。

　　14.24　孟子曰："口之于味也，目之于色也，耳之于声也，鼻之于臭①也，四肢之于安佚②也，性也，有命焉，君子不谓性也。仁之于父子也，义之于君臣也，礼之于宾主也，知③之于贤者也，圣人④之于天道也，命也，有性焉，君子不谓命也。"

【注释】：

　　①臭（xiù）：气味，与前文味、色、声并列。本章中指美味、美色、美妙的声音和芳香的气味。　　②安佚：即安逸。③知：《四书章句集注》中为"智"，智慧。　　④圣人：朱熹疑"人"字为衍文。马王堆和郭店出土的《五行》中，"圣"是排列在仁、义、礼、智之后的一种德行，与圣人不是一个概念。此段话中的"圣人"当是"圣"。

【大意】

孟子说:"口对于美味,眼对于美色,耳对于好听的声音,鼻对于芳香的气味,手足四肢对于安逸,这些爱好都是本性的要求,但得到与否又有命的影响,君子不把它们看作人性。仁对于父子,义对于君臣,礼对于宾主,智对于贤者,圣对于天道,能否实现都有命的影响,但它们又是人性的要求,君子不把它们看作命。"

这一章谈精神生活追求和物质生活追求的不同和应取的态度。孟子说,对于声、色、味、嗅、安逸等物质生活方面的追求和对仁、义、礼、智、圣等道德方面的追求,都受到性和命两方面因素的影响,但二者又有区别,对前者"君子不谓性也",对后者"君子不谓命也"。这是一个值得注意的问题。可以联系11.14、11.15、11.16、11.17、13.3等章来思考理解。

14.25　浩生不害①问曰:"乐正子,何人也。"

孟子曰:"善人也,信人也。"

"何谓善,何谓信?"

曰:"可欲之谓善,有诸己之谓信,充实之谓美,充实而有光辉之谓大,大而化之之谓圣,圣而不可知之之谓神。乐正子,二之中,四之下也。"

【注释】

①浩生不害：名不害，齐人。

【大意】

浩生不害问道："乐正子是怎样的人呢？"

孟子说："善人，有信的人。"

浩生不害说："怎么叫善，怎么叫信？"

孟子说："值得喜欢的叫作善；实在地存在于自身言行中叫作信；善和信能充盈实在，叫作美；充盈实在而发出光辉，叫作大；大而且融会贯通叫作圣；圣达到神妙不测的境界叫作神。乐正子是处在善和信两项之中，美、大、圣、神四项之下。"

这一章阐述了个人道德人格完善的不同境界，提出善、信、美、大、圣、神六种境界，须认真仔细领会。

14.26　孟子曰："逃墨必归于杨，逃杨必归于儒。归，斯受之而已矣。今之与杨、墨辩者，如追放豚，既入其苙①，又从而招②之。"

【注释】

①入：接纳。苙（lì）：圈养牲畜的栏。　②招：捆绑。

【大意】

孟子说："离开墨家一定归向杨子一派，离开杨子一派一定归向儒家。回来，接纳他们就是了。现在与杨、墨两家辩论的人，就像找回走失的猪一样，已经关进圈栏了，还要捆住它的脚。"

这一章谈对杨、墨两家的态度，说如果他们改变观点，就接受他们，表现了一种宽容的态度。一般人们都注意到孟子对异端邪说严厉批评，距杨墨、息邪说的一面，却很少注意到孟子态度中的这一面，这是应该引起注意的。《论语·泰伯》说"人而不仁，疾之已甚，乱也"，也是说对不仁的批评不能过度。可联系来读。

14.27 孟子曰："有布缕之征[1]，粟米之征，力役[2]之征。君子用其一，缓其二。用其二而民有殍[3]，用其三而父子离。"

【注释】

[1]征：赋税。 [2]力役：即服劳役。 [3]殍（piǎo）：饿死的人。

【大意】

孟子说："有征收布帛的赋税，有征收谷米的赋税，有征用人力的劳役。君子只用其中的一种，其他两种缓用。同时用两种，百姓就会有饿死的，同时用三种，百姓就会父子离散。"

薄赋敛是孟子仁政思想的重要方面，本章是这方面的具体内容。

14.28　孟子曰："诸侯之宝三：土地，人民，政事。宝①珠玉者，殃必及身。"

【注释】

①宝：动词，把……当作宝贝。

【大意】

孟子说："诸侯的宝贝有三种：土地，人民和政事。把珍珠美玉当作宝贝的，灾祸一定会降临到他身上。"

这一章也反映了孟子的民本思想。可与14.14参读。

14.29　盆成括①仕于齐。孟子曰："死矣盆成括！"

盆成括见杀，门人问曰："夫子何以知其将见杀？"

曰："其为人也小有才，未闻君子之大道也，则足以杀其躯而已矣。"

【注释】

①盆成括：姓盆成，名括。

【大意】

盆成括在齐国做了官，孟子说："盆成括要死了！"

盆成括被杀，学生问道："老师怎么知道他会被杀？"

孟子说："盆成括为人小有才干，但没有懂得君子的大道，这就足以招致杀身之祸了。"

不知大道，只凭小才随意盲目去做，是取祸之道。

14.30　孟子之滕，馆于上宫①。有业屦②于牖上，馆人求之弗得，或问之曰："若是乎从者之廋③也？"

曰："子以是为窃屦来与？"

曰："殆非也④。夫子之设科也⑤，往者不追，来者不拒。苟以是心至，斯受之而已矣。"

【注释】

①上宫：前人对此有多说，一说是"楼"，一说是"别宫"，也有说是上等的馆舍。　②屦（jù）：草鞋。　③廋（sōu）：此指隐匿。　④殆非也：一说是孟子自问自答，下文均孟子所说。⑤夫子：有两种解释，一说"夫子"乃"夫予"之讹，这段话是孟子所说。一说这是馆人所说，夫子是对孟子的尊称。"大意"用后说。设科：设教授之科。

【大意】

孟子来到滕国，住宿在上宫。有双没织完的草鞋放在窗台上，管理住处的人去拿，却不见了。有人问孟子说："是不是随从人员藏起来了呢？"

孟子说："你认为他们是为了偷草鞋而来的吗？"

那人说："恐怕不是。先生设置课目教学，走的不追赶，来的不拒绝。只要抱着学习之心而来，就接纳他们。"

本章讲孟子设科教学的原则："往者不追，来者不拒"。

14.31　孟子曰："人皆有所不忍①，达之于其所忍，仁也。人皆有所不为，达之于其所为，义也。人能充②无欲害人之心，而仁不可胜用③也。人能充无穿踰④之心，而义不可胜用也。人能充无受尔汝⑤之实，无所往而不为义也。士未可以言而言，是以言餂⑥之也；可以言而不言，是以不言餂之也，是皆穿踰之类也。"

【注释】

①不忍：即恻隐之心。忍，与慈悲、怜悯之心相反的一种情感，即狠心。　②充：扩充。　③不可胜用：即用不尽。胜，尽。④穿踰：挖洞跳墙，不端的行为。　⑤尔汝：本是长辈对小辈的称呼，如果平辈以尔、汝相称，就是表示轻视、贱视。⑥餂（tiǎn）：意同"舔"，取，挑取东西。

【大意】

孟子说："人人都有不忍心做的事，把这种情感推及他所忍心做的事情上，便是仁。人人都有不肯做的事，把这种情怀推及他肯做的事情上，便是义。人能够扩充不想害人的心，仁就用不尽了。人能够扩充不挖洞跳墙的心，义就用不尽了。人能够扩充不受人轻贱的行为，无论做什么都不会不合乎义了。一个士人，不可以与他交谈却与之交谈，是用交谈来诱取利益；可以交谈却不与他交谈，是用沉默不语来诱取利益，这些都属于挖洞跳墙之类的行径。"

这一章说仁义的基础在于"无欲害人之心"和"无穿踰之心",可与3.6、11.6章参读。对于"可与言而不与之言"和"不可与言而与言",《论语·卫灵公》说"可与言而不与之言,失人;不可与言而与之言,失言。知者不失人,亦不失言",是从知说;本章则说"皆穿踰之类也",是从道德说,可参读。

14.32　孟子曰:"言近而指远者,善言也;守约而施博者①,善道也。君子之言也,不下带②而道存焉。君子之守,修其身而天下平。人病舍其田而芸③人之田,所求于人者重,而所以自任者轻。"

【注释】

①守约:操守简单。施:施恩惠于别人。博:广博。　②不下带:只看到衣带之上的部位,意思是指眼前之事。带,古人束在腰间的衣带。　③芸:通"耘"。

【大意】

孟子说:"言语浅近而含义深远的话,是'善言';操持简单而恩惠广博的'道',是'善道'。君子的言谈,讲的虽只是眼前平常之事,却有道在其中;君子的操守,虽是修养自身,却可以促使天下太平。人就怕放下自己的田地不种，却去耕别人的田地——对别人的要求很严格，而对自己的要求却很宽松。"

孟子告诫人们，不要对己宽而对人严，放弃自身的修养而要求别人。这和孔子"躬自厚而薄责于人"（《论语·卫灵公》）的要求是一致的。

14.33　孟子曰："尧、舜，性者也；汤、武，反之^①也。动容周旋中礼者，盛德之至也；哭死而哀，非为生者也；经德不回^②，非以干禄也；言语必信，非以正行^③也。君子行法^④，以俟命而已矣。"

【注释】

①反之：通过反思而回复本性。可与尽心知性、反身而诚等联系起来理解。　②经：行。回：违背。　③非以正行：不是为了得到行为端正的名声。　④行法：依法度而行。

【大意】

孟子说："尧、舜，是出于本性的；成汤、周武王是通过反思修为而回复本性的。进退揖让的举动、仪容都合乎礼，这是美德的最高境界。哭泣死者而悲哀，不是为了活着的人；恪守道德而不违背，不是为了谋取爵禄；言语坚持诚信，不是为了行为端正的名声。君子依法度行事，只是期待命运罢了。"

这一章是说圣人之行只是依本性而行，安身立命，道德修养不是为了做给人看，谋取名利。《论语·宪问》说"古之学者为己，今之学者为人"，本章是对为己思想的发挥。

14.34　孟子曰："说大人，则藐之，勿视其巍巍然。堂高①数仞，榱题②数尺，我得志弗为也；食前方丈③，侍妾数百人，我得志弗为也；般乐饮酒④，驱骋田猎，后车千乘，我得志弗为也。在彼者，皆我所不为也；在我者，皆古之制也，吾何畏彼哉？"

【注释】

①堂高：指堂前台阶。　②榱（cuī）题：椽子之房檐处。榱，椽子。　③食前方丈：菜肴摆放身前有一平方丈，喻饮食丰饶。④般乐饮酒：大作乐而饮酒。般，大。

【大意】

孟子说："向诸侯进言，要轻视他们，不要去看他们高高在上的地位。殿基几丈高，屋檐几尺宽，我得志，不这样做；面前的食物摆满一丈见方的地方，侍奉的姬妾几百人，我得志，不这样做；饮酒狂欢，奔驰射猎，随从的车辆千乘，我得志，不这样做。他所有的都是我所不做的，我所做的都合乎古时候的法度，我为什么怕他呢？"

这一章体现了孟子不在权势地位、豪华生活面前自馁，富贵不能淫的独立人格精神，也体现了精神追求高于物质享受的价值观。对于一班在权贵富豪面前自惭形秽的人，这是一面镜子。

14.35　孟子曰："养心莫善于寡欲①。其为人也寡欲，虽有不存②焉者，寡矣；其为人也多欲，虽有存焉者，寡矣。"

【注释】

①养心：心性修养。寡欲：减少物质欲望。　②存：指"存其本心"，保持本性的善良。

【大意】

孟子说："修养心性的方法最好是减少物质欲望。为人物质欲望不多，善心虽然也会有所丢失，丢失的也不会太多；

为人物质欲望很多，即使善良之心有所保存，保存的也不会
太多。"

　　这一章强调"寡欲"，减少物质欲望，认为物质欲望多
了就难以保持本心。精神生活和物质生活轻重先后的问
题，是人生不可回避的一个基本问题。义以为上，把精神生
活的需求放在首位，是中华文化的核心价值之一。但是说物
质欲望少了就好，多了就不好，就把道德修养与物质生活对
立起来了，是不对的。从孔子、孟子思想的总体来看，他们对
物质利益的态度，不是去欲或寡欲，不要物质利益或减少
物质利益，而是要有所节制，"见利思义"，"求之有道"。问
题不在多少，而在是否合理。这一章所说，并不反映这一基
本观点和态度。

　　14.36　曾皙嗜羊枣[①]，而曾子不忍食羊枣。公孙丑
问曰："脍炙与羊枣孰美[②]？"

　　孟子曰："脍炙哉！"

　　公孙丑曰："然则曾子何为食脍炙而不食羊枣？"

　　曰："脍炙所同也，羊枣所独也。讳[③]名不讳姓，姓
所同也，名所独也。"

【注释】

①羊枣：柿子的一种，个体小，初生时色黄，熟后变黑色，像羊屎。　②脍：切细剁碎的肉。炙（zhì）：烧烤。　③讳：不直呼尊长之名。

【大意】

曾皙嗜好羊枣，曾子因而不忍心吃羊枣。公孙丑问道："烤肉末与羊枣哪样好吃？"

孟子说："烤肉末呀。"

公孙丑说："那么曾子为什么吃烤肉末而不吃羊枣呢？"

孟子说："爱吃烤肉末是大家共同的爱好，爱吃羊枣只是个人的爱好。对尊长避讳，只讳名而不讳姓，就因为姓是大家共同的，名是个人独有的。"

14.37　万章问曰："孔子在陈曰①：'盍归乎来！吾党之士狂简，进取，不忘其初。'孔子在陈，何思鲁之狂士？"

孟子曰："孔子'不得中道而与之②，必也狂狷乎③！狂者进取，狷者有所不为也'。孔子岂不欲中道哉？不可必得，故思其次也。"

"敢问何如斯可谓狂矣？"

曰："如琴张、曾晳、牧皮者④，孔子之所谓狂矣。"

"何以谓之狂也。"

曰："其志嘐嘐⑤然，曰'古之人、古之人'。夷⑥考其行而不掩焉者也。狂者又不可得，欲得不屑不洁之士而与之，是狷也，是又其次也。孔子曰：'过我门而不入我室，我不憾焉者，其惟乡原⑦乎！乡原，德之贼也。'"

曰："何如斯可谓之乡原矣？"

曰："'何以是嘐嘐也⑧？言不顾行，行不顾言，则曰：古之人，古之人。行何为踽踽凉凉⑨？生斯世也，为斯世也，善斯可矣。'阉⑩然媚于世也者，是乡原也。"

万子曰："一乡皆称原人焉，无所往而不为原人，孔子以为德之贼，何哉？"

曰："非之无举也，刺之无刺也，同乎流俗，合乎污世，居之似忠信，行之似廉洁，众皆悦之，自以为是，而不可与入尧、舜之道，故曰德之贼也。孔子曰：'恶似而非者：恶莠⑪，恐其乱苗也；恶佞，恐其乱义也；恶利口，恐其乱信也；恶郑声⑫，恐其乱乐也；恶紫，恐其乱朱⑬也；恶乡原，恐其乱德也。'君子反经而已矣⑭。经正，则庶民兴；庶民兴，斯无邪慝矣。"

【注释】

①"孔子在陈曰"一段：这段话亦见于《论语·公冶长》，字句稍有不同。党，乡里。古时称乡里为乡党。狂，志大。简，有两种解释。一，疏略；二，大。狂简据前解即志大才疏；据后解则是进取有大志。　②不得中道而与之：此处孔子之语，亦见于《论语·子路》，作"不得中行而与之"。　③狂：志极高而未能完全做到。狷（juàn）：认识不足而行为拘谨。　④琴张：即子张。牧皮：生平无考。　⑤嘐（xiāo）嘐：志大言大。　⑥夷：语助词，无义。⑦乡原：《论语》作"乡愿"，乡人之愿者。愿，谨，指其人同流合污以媚世。　⑧何以是嘐嘐也：自此至"善斯可矣"，旧注以为是乡原之人讥讽狂者的话。　⑨踽（jǔ）踽：独自行走孤单的样子。凉凉：薄，不见亲厚于人。　⑩阉：低下之意。　⑪莠：田间的杂草。　⑫郑声：郑地的乐歌。　⑬朱：古代以纯色为"正色"，杂色为"间色"。朱即大红色，属正色，紫是间色。　⑭反：同"返"。经：犹言正道。

【大意】

万章问道："孔子在陈国说：'何不回去啊！家乡的学生们狂放而有大志，进取却不忘本。'孔子在陈国，为什么思念鲁国的狂士呢？"

孟子说："孔子曾说'得不到行为合乎中庸的人相交往，

也一定要找狂者和狷者了。狂者进取，而狷者有所不为'。孔子难道不想要行中道的人吗？不一定能得到，所以就想次一等的了。"

万章说："请问怎样才能叫作狂放呢？"

孟子说："像琴张、曾皙、牧皮这样的人，就是孔子所说的狂放的人。"

万章说："为什么说他们狂放呢？"

孟子说："他们志向大而行不足，总说'古人如何如何、古人如何如何'。可考察他们的行为，却不能和他们说的相符合。狂放者如果再不能得到，便想得到洁身自好的人相交往，这就是狷者，这又次了一等。孔子说：'经过我的门却不进我的屋，我对此不感到遗憾的，恐怕只有乡愿了。乡愿，是残害道德的人。'"

万章说："怎样才能叫作乡愿呢？"

孟子说："这种人说，'为什么这样志气高大呢？说话不顾及行为，行为不顾及说话，就只说古人如何、古人如何。处事为什么这样落落寡合呢？生在这个世上，就要做这个世道下的人，只要世人都认为好就行了'。这样低贱地献媚于世人，就是乡愿。"

万章说："整个乡里都称赞他是老好人，无论到哪里都表现为老好人，孔子却认为是残害道德的人，为什么呢？"

孟子说："这种人，要批评他却举不出什么缺点来，要责备他却找不到什么可责备的，他只是同流合污；为人看似忠诚守信，处事看似方正清白，大家都喜欢他，他自己也以为很正确，但却和尧、舜之道没有任何相同之处，所以说是对道德的残害。孔子说：'憎恶似是而非的东西：憎恶稗草，是怕它淆乱了禾苗；憎恶佞才，是怕它淆乱了义；憎恶强辩，是怕它淆乱了信；憎恶郑国的乐曲，是怕它淆乱了雅乐；憎恶紫色，是怕它淆乱了红色；憎恶乡愿，是怕它淆乱了道德。'君子只是回归到正道罢了。道路正确，百姓就振奋；百姓振奋了，就没有邪恶了。"

这一章中孟子解释了《论语·公冶长》中孔子谈中道和狂狷的一段话，分析并批评了乡愿。这里引用的孔子的话"恶似而非者"，指出乡愿的危害在于它似是而非，混淆是非，很值得注意。现实生活中，这种似是而非的东西很多，危害很大，不可不仔细辨别。8.6章说"非礼之礼，非义之义，大人弗为"，可以联系来读。

14.38　孟子曰："由尧、舜至于汤，五百有余岁，若禹、皋陶，则见而知之；若汤，则闻而知之。由汤至于文王，五百有余岁，若伊尹、莱朱①则见而知之；若文王，则闻而知之。由文王至于孔子，五百有余岁，若太公望、散宜生②，则见而知之；若孔子，则闻而知之。由

孔子而来至于今，百有余岁，去圣人之世，若此其未远
也；近圣人之居，若此其甚也，然而无有乎尔，则亦无
有乎尔。"

【注释】

①莱朱：汤的贤臣。　②散宜生：周文王时贤臣，后辅佐武
王灭商。

【大意】

孟子说："从尧、舜到汤有五百多年，像禹、皋陶他们是亲眼
看见而了解的，像汤是听说了而了解的。从汤到周文王有五百多
年，像伊尹、莱朱他们是亲眼看见而了解的，像周文王是听说了
而了解的。从周文王到孔子有五百多年，像太公望、散宜生他们
是亲眼看见而了解的，像孔子是听说了而了解的。从孔子到今天
有一百多年，离开圣人的年代像这样还不远，距离圣人的家乡是
这样的近，然而却没有了解和继承他的人了，也就没有了解和继
承的人了！"

《孟子》以这一章为全书的末章，突出表现出孟子的抱
负。可与4.13章参读。